Florian Schnabel

Das Geschiedenentestament

2., unveränderte Auflage

Herbert Utz Verlag · München

Münchner Juristische Beiträge

Herausgegeben von

Prof. Dr. Thomas Küffner
küffner maunz langer zugmaier, München

Band 12

Zugl.: Diss., 2000

Bibliografische Information der Deutschen Nationalbibliothek:
Die Deutsche Nationalbibliothek verzeichnet diese Publikation in der Deutschen Nationalbibliografie; detaillierte bibliografische Daten sind im Internet über http://dnb.d-nb.de abrufbar.

frühere Ausgabe: ISBN 978-3-89675-873-6

ISBN 978-3-8316-8249-2

Printed in EU
Herbert Utz Verlag GmbH, München
www.utzverlag.de

Meinem Vater

Vorwort

Die vorliegende Arbeit wurde im Dezember 2000 von der Juristischen Fakultät der Universität Regensburg als Dissertation angenommen.

Herzlichst bedanken möchte ich mich bei meinem Doktorvater Herrn Prof. Dr. Wolfgang Reimann für die engagierte Betreuung. Von ihm ging die Anregung aus für die Beschäftigung mit der Problematik des Geschiedenentestaments und er hat mich in vorbildlicher Weise unterstützt bei der Bearbeitung dieses Themas.

Inhaltsverzeichnis:

Abkürzungsverzeichnis:

a.A.	anderer Ansicht
a.a.O.	am angegebenen Ort
a.E.	am Ende
Abs.	Absatz
AcP	Archiv für die civilistische Praxis
ALB	Allgemeine Lebensversicherungsbedingungen
allg.M.	allgemeine Meinung
Alt.	Alternative
Anh.	Anhang
Anm.	Anmerkung
AT	Allgemeines Teil
Aufl.	Auflage
BayObLG	Bayerisches Oberstes Landesgericht
BayObLGZ	Entscheidungen des Bayerischen Obersten Landesgerichts in Zivilsachen
BB	Der Betriebs-Berater
Bd.	Band
BewG	Bewertungsgesetz
BGB	Bürgerliches Gesetzbuch
BGBl.	Bundesgesetzblatt
BGH	Bundesgerichtshof
BGHZ	Entscheidungen des Bundesgerichtshofes in Zivilsachen
BVerfG	Bundesverfassungsgericht
BVerfGE	Entscheidungen des Bundesverfassungsgerichts
BWNotZ	Zeitschrift für das Notariat in Baden-Württemberg
bzgl.	bezüglich
bzw.	beziehungsweise
DB	Der Betrieb
ders.	derselbe
Diss.	Dissertation
DNotZ	Deutsche Notar-Zeitschrift
DR	Deutsches Recht
DStR	Deutsches Steuerrecht
EheG	Ehegesetz
EheSchlRG	Eheschließungsreformgesetz
Einl.	Einleitung
ErbR	Erbrecht
ErbStG	Erbschaftsteuer- und Schenkungsteuergesetz
f.	folgende
FamR	Familienrecht
FamRZ	Zeitschrift für das gesamte Familienrecht
ff.	fortfolgende
Fn.	Fußnote

FS	Festschrift
gem.	gemäß
GG	Grundgesetz
ggf.	gegebenenfalls
h.M.	herrschende Meinung
i.d.R.	in der Regel
i.H.v.	in Höhe von
i.S.v.	im Sinne von
i.V.m.	in Verbindung mit
JA	Juristische Arbeitsblätter
JR	Juristische Rundschau
JURA	Juristische Ausbildung
JurBüro	Das juristische Büro
JuS	Juristische Schulung
JW	Juristische Wochenschrift
JZ	Juristenzeitung
Kap.	Kapitel
KG	Kammergericht
KO	Konkursordnung
LG	Landgericht
lit.	litera
LM	Lindenmaier / Möhring, Nachschlagewerk des Bundesgerichtshofes in Zivilsachen
LZ	Leipziger Zeitschrift für Deutsches Recht
m.	mit
m.w.N.	mit weiteren Nachweisen
MDR	Monatsschrift für deutsches Recht
MittBayNot	Mitteilungen des Bayerischen Notarvereins
MittRhNotK	Mitteilungen der Rheinischen Notarkammer
NJW	Neue Juristische Wochenschrift
NJWE-FER	Neue Juristische Wochenschrift Entscheidungsdienst Familien- und Erbrecht
NJW-RR	Neue Juristische Wochenschrift – Rechtsprechungsreport
Nr.	Nummer
OLG	Oberlandesgericht
OLGZ	Entscheidungen der Oberlandesgerichte in Zivilsachen
Prot.	Protokolle der Kommission für die zweite Lesung des Entwurfs des BGB
Recht	Das Recht

RG	Reichsgericht
RGRK	Das Bürgerliche Gesetzbuch, Kommentar herausgegeben von Reichsgerichtsräten und Bundesrichtern
RGZ	Entscheidungen des Reichsgerichts in Zivilsachen
Rpfleger	Der Deutsche Rechtspfleger
Rspr.	Rechtsprechung
Rz.	Randziffer
S.	Satz, Seite
s.	siehe
SchuldR	Schuldrecht
st.	ständige
u.	und
u.a.	und andere
v.	vor, vom
Var.	Variante
VersR	Versicherungsrecht
vgl.	vergleiche
Vorbem.	Vorbemerkung
VVG	Versicherungsvertragsgesetz
WarnRspr	Warneyer, Die Rechtsprechung des Reichsgerichts auf dem Gebiet des Zivilrechts
WM	Wertpapiermitteilungen
z.B.	zum Beispiel
ZAkDR	Zeitschrift der Akademie für Deutsches Recht
ZEV	Zeitschrift für Erbrecht und Vermögensnachfolge
ZPO	Zivilprozessordnung
zugl.	zugleich
zust.	zustimmend

Teil Eins: Einführung in die Problematik des Geschiedenentestaments

Unter dem Stichwort „Geschiedenentestament" werden in der Literatur Testamentsgestaltungen behandelt, mit denen ein geschiedener Erblasser sicherstellen will, dass sein ehemaliger Ehepartner nichts oder möglichst wenig von seinem Nachlass erhält.[1] Aus der nachfolgenden kurzen Darstellung der gesetzlichen Erbfolge nach einer Scheidung wird ersichtlich, welche Lebenssachverhalte derartigen Testamentsgestaltungen zu Grunde liegen. Im Einführungsteil dieser Arbeit sollen die Problemstellungen angerissen werden, die mit dem Geschiedenentestament einhergehen können. Dazu werden die typischen Zielsetzungen eines Geschiedenentestament erläutert und die gebräuchlichsten Gestaltungsvarianten kurz skizziert. Eine detaillierte Besprechung der einzelnen Probleme erfolgt in Teil Zwei und Drei. Dabei wird es in Teil Zwei darum gehen, was der Erblasser tun muss, um sicher zu stellen, dass der geschiedene Ehepartner nicht unmittelbar nach seinem Tod an seinem Nachlass partizipieren wird. Teil Drei befasst sich sodann damit, wie eine mittelbare Teilnahme des geschiedenen Ehegatten am Nachlass des Erblassers über ein Erb- oder Pflichtteilsrecht des geschiedenen Ehegatten am Nachlass vorversterbender, gemeinschaftlicher Kinder verhindert werden kann. Die Darstellung schließt mit einer Zusammenfassung der Ergebnisse in Teil Vier.

A. Gesetzliche Erbfolge nach einer Scheidung

Voraussetzung für das Ehegattenerbrecht nach § 1931 BGB ist das Bestehen der Ehe im Zeitpunkt des Erbfalles. Spätestens mit Rechtskraft der Scheidung scheidet daher eine unmittelbare Teilnahme des geschiedenen Ehepartner am Nachlass des Erblassers aus (vgl. § 1933 BGB). Wenn jedoch neben dem Erblasser auch noch ein gemeinsames Kind vor dem geschiedenen

---

[1] (Anmerkung zur Zitierweise: Quellenangaben mit ausdrücklicher Nennung der Auflage sind jeweils einer zum 30.6.2000 nicht mehr aktuellen Auflage des entsprechenden Werkes entnommen – für nähere bibliographische Angaben zu den angegebenen Fundstellen vgl. auch das angefügte Literaturverzeichnis)
Dieses Thema wird in der Literatur behandelt bei: Dieterle, BWNotZ 1970, 170 ff. und 1971, 14 ff.; Nieder, ZEV 1994, 156 ff.; derS. in Münchner Vertragshandbuch, Band 4, 2. Halbband, XVI. 16; ders., Handbuch der Testamentsgestaltung, Rz. 1045 f.; Reimann, ZEV 1995, 329 f.; derS. in Dittmann-Reimann-Bengel, 2. Aufl., Teil D, Rz. 22 ff. und Anhang Teil A Formulare, Rz. 22 f.; Wagner, ZEV 1997, 369 ff.; Busse, MittRhNotK 1998, 225 ff.; Schalhorn, JurBüro 1973, 700 f.; Limmer in Dittmann-Reimann-Bengel, Teil E, Rz. 38 ff. und Formularteil Rz. 31 ff.; Langenfeld, Testamentsgestaltung, Rz. 341 ff.; Kössinger, Das Testament Alleinstehender, S. 47 ff.; Mähler/Mähler/Fiedler/Fritz, Das Testament, S. 128 ff.

Ehepartner stirbt, dann kann es dazu kommen, dass dem geschiedenen Ehegatten ein Teil des Erblasservermögens zufließt. Nach dem Tod des Erblassers sind dessen Abkömmlinge nach § 1924 Abs.1 BGB zu gesetzlichen Erben erster Ordnung berufen. Stirbt nun ein Kind, das vom Erblasser und dem geschiedenen Ehegatten gemeinsam abstammt, nach dem Erblasser, aber vor seinem anderen Elternteil ohne eigene Abkömmlinge zu hinterlassen, so wird der überlebende Elternteil, also der geschiedene Ehegatte des Erblassers, zum Erben des vorverstorbenen Kindes (§§ 1925, 1930 BGB). Der Nachlass dieses Kindes, das zuvor den Erblasser beerbt hat, umfasst auch das vom Erblasser stammende Vermögen. Hieran partizipiert nun der geschiedene Ehepartner über das Erbrecht am Vermögen des gemeinsamen Kindes. Anhand der folgenden Beispielsfälle sollen diese Problematik noch einmal verdeutlicht und weitere Lebenssachverhalte dargestellt werden, in denen es zu einem vom Erblasser unerwünschten Abfluss seines Vermögens an den geschiedenen Ehepartner bzw. an dessen einseitige Verwandte kommt:

> *Sachverhalt:* *Der vermögende Erblasser E war verheiratet mit G. Aus dieser Ehe stammen die beiden Kinder K1 und K2. Nach der Scheidung hat G ein zweites Mal geheiratet. Aus dieser Verbindung mit E2 stammt das Kind A. Der unverheiratete und kinderlose K1 stirbt kurz nach dem Tod des E. Weder E noch K1 hatten Verfügungen von Todes wegen errichtet.*

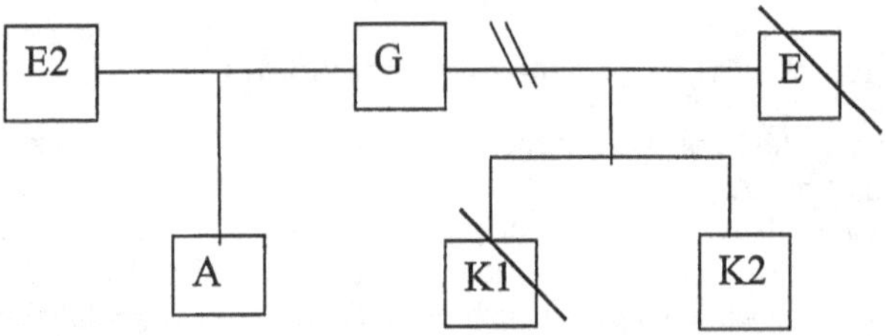

Nach dem Tod des E sind seine Kinder K1 und K2 zu gleichen Teilen Erben geworden nach § 1924 Abs.1 und 4 BGB. Stirbt nun der unverheiratete und kinderlose K1 so werden G und K2 seine Erben zu je ½ als gesetzliche Erben zweiter Ordnung (§ 1925 Abs.1 und 3 BGB). Selbst wenn K1 testamentarisch andere Personen –beispielsweise seine Verlobte- als Erben eingesetzt hätte, hat G einen Anspruch auf einen Teil des Nachlasses des K1 und somit indirekt auch des Vermögens von E. Als Elternteil ist G pflichtteilsberechtigt nach § 2302 Abs.2 BGB. In diesem Fall könnte G ¼ des Nachlasses als Pflichtteil fordern. Der Pflichtteilsanspruch des G besteht jedoch nur, wenn K1 ohne Hinterlassung eigener Abkömmling stirbt. Selbst nach dem

Tod des G besteht weiterhin die Gefahr, dass vom Erblasser unerwünschte Personen in den Genuss seines Vermögens kommen. Hierzu sei beispielsweise auf den Fall verwiesen, dass K1 wiederum unverheiratet und kinderlos stirbt, diesmal jedoch erst nach dem Tod beider Eltern. In diesem Falle sind seine Geschwister K2 zu ¾ und A zu ¼ seine Erben (§ 1925 Abs.1 und 4 BGB). Stirbt nun auch noch K2, könnte sogar der gesamte Nachlass an A fallen, der mit dem Erblasser E in keinerlei verwandtschaftlicher Beziehung stand. Ebenso sind Lebenssachverhalte vorstellbar, in denen die Eltern des G und Großeltern der Kinder K1 und K2 Vermögensnachfolger werden.

Diese Beispiele zeigen, dass die unterschiedlichsten Lebenssachverhalte zu einer Teilnahme des geschiedenen Ehegatten oder dessen einseitigen Verwandten am Nachlass des Erblassers führen können. Der geschiedene Ehepartner kann entweder über sein gesetzliches Erbrecht nach seinen Kindern oder über Pflichtteilsansprüche am Nachlass seiner Kinder daran partizipieren. Gesetzliche Erbansprüche drohen auch von Seiten der Abkömmlinge des geschiedenen Ehegatten, die nicht mit dem Erblasser gemeinschaftlich sind, und von den Verwandten aufsteigender Linie des geschiedenen Ehepartners, die als Halbgeschwister bzw. Groß- oder Urgroßeltern gesetzlich erbberechtigt sein können nach den gemeinschaftlichen Abkömmlingen des Erblassers und des geschiedenen Ehepartners. Selbstverständlich ist auch vorstellbar, dass ein gemeinschaftlicher Abkömmling die vom Erblasser unerwünschten Personen testamentarisch zu seinen Erben macht oder diesen Personen durch Verfügung unter Lebenden Gegenstände aus dem Erblassernachlass zukommen lässt. Jedwede Teilnahme des geschiedenen Ehegatten oder der einseitigen Verwandten des geschiedenen Ehepartners entspricht in der Regel nicht den Wünschen des Erblassers.

B. Typische Interessenlage im Geschiedenentestament

Vorrangiger Beweggrund für ein Geschiedenentestament ist daher, die Teilnahme dieser unerwünschten Personen am Nachlass auszuschließen. Dies kann erreicht werden, indem der Erblasser seine Erstbedachten, im Regelfall also seine Kinder, nicht als unbelastete Vollerben einsetzt, sondern Regelungen trifft, wie sein Nachlass nach dem Tod der Erstbedachten weitergegeben werden soll. So wird ein Erbrecht der auszuschließenden Personen verhindert und ein Pflichtteilsrecht des geschiedenen Ehegatten reduziert auf einen Anteil am nicht aus dem Nachlass des Erblassers stammenden Eigenvermögen des Erstbedachten. Hierzu gibt das bürgerliche Recht einem Erblasser verschiedene Gestaltungsmöglichkeiten an die Hand. Möglich ist beispielsweise die Anordnung von Vor- und Nacherbschaft, ein Nießbrauchvermächtnis oder eine aufschiebend bedingte Vermächtnisanordnung. Diese Gestaltung haben unterschiedliche Auswirkungen auf die Rechtsstellung der Erstbedachten, die durch die entsprechenden Anordnungen in unterschiedlichem Maße in der Verfügungsfreiheit über den Nachlass zu Lebzeiten und von Todes wegen beeinträchtigt werden.

Der typische Erblasser eines Geschiedenentestaments wird aber an derartigen „Nebenwirkungen" seiner Testamentsgestaltung kein Interesse haben. Vielmehr ist davon auszugehen, dass die im Geschiedenentestament verfügten letztwilligen Anordnungen ausschließlich den Zweck verfolgen, eine Teilhabe des geschiedenen Ehegatten und der weiteren auszuschließenden Personen am Nachlass zu verhindern. Für den hier zu behandelnden Regelfall eines Geschiedenentestaments ist anzunehmen, dass der Erblasser die Erstbedachten als ganz normale Vollerben eingesetzt hätte, wenn er nicht der Gefahr der Teilnahme unerwünschter Personen am eigenen Nachlass entgegenwirken wollte. Die Vor- und Nacherbschaft, die Vermächtnisanordnung oder die sonstige komplexe Nachfolgegestaltung, die er für seine Nachlassgestaltung wählt, soll nur seinen geschiedenen Ehepartner und dessen Familienkreis treffen. Die Zuwendungsempfänger sollen jede vermögensrechtliche Freiheit besitzen.[2]

Bei der Abfassung eines Geschiedenentestaments sind also im wesentlichen zwei Zielvorgaben zu beachten:

1. Die Teilnahme des unerwünschten Personenkreises am Nachlass des Erblassers ist unbedingt zu verhindern.

2. Die Bedachten sollen Gestaltungsfreiheit bezüglich der Weitergabe des Nachlasses an die folgenden Generationen haben und in ihrer Verfügungsmacht über den Nachlass zu Lebzeiten sollen sie unbeschränkt sein.

Die folgenden Ausführungen werden zeigen, dass diese beiden Zielsetzungen in gewissem Umfang gegenläufig sind und dass beide zusammen nicht vollständig umgesetzt werden können. Unbedingt ist jedoch der Ausschluss der ungewünschten Personen zu gewährleisten. Für den hier zu behandelnden Regelfall des Geschiedenentestaments soll gelten, dass der Erblasser zu Gunsten einer größeren Verfügungsfreiheit für die Bedachten selbst eine unwahrscheinliche Möglichkeit des Abflusses seines Nachlasses an die Familie des geschiedenen Ehegatten nicht akzeptieren wird. Insoweit besteht zwischen den Zielsetzungen daher eine Rangfolge, die bei der Testamentsgestaltung zu beachten ist.

---

[2] Dieterle, BWNotZ 1971, 14; Nieder, ZEV 1994, 156, 159; Busse, MittRhNotK 1998, 225, 230

Neben diesen beiden Hauptpunkten können im Zusammenhang mit der Ehescheidung weitere Aspekte auftauchen, die im Testament regelungsbedürftig sind. Insbesondere, wenn die gemeinschaftlichen Kinder, die primär bedacht werden sollen, noch minderjährig sind, besteht weiterer Handlungsbedarf.[3] In diesem Fall ist der geschiedene Ehegatte als Träger der Vermögenssorge grundsätzlich auch zuständig für die Verwaltung des vom Erblasser stammenden, ererbten Vermögen des Kindes, was unter Umständen nicht im Interesse des Erblassers liegt.

C. Allgemeine kautelarjuristische Zielsetzungen

Selbstverständlich dürfen bei der Gestaltung des Geschiedenentestaments die allgemeinen Zielsetzungen nicht aus den Augen gelassen werden, die der rechtsgestaltende, vorausblickend handelnde Jurist bei jeder Testamentsgestaltung beachten sollte. An dieser Stelle wird auf einzelne dieser kautelarjuristischen Grundsätze gesondert hingewiesen, da sie Einfluss auf die Auswahl der optimalen Gestaltungsform für das Geschiedenentestament haben werden.

I. Prinzip des „sichersten Weges"

Ein immer wieder betonter Grundsatz insbesondere im notariellen Bereich ist die Verpflichtung zur Wahl des sichersten Weges.[4] Im Interesse der Parteien hat der Kautelarjurist rechtlich zweifelhafte Regelungen zu vermeiden und alle zweckmäßigen Sicherungsmittel vorzuschlagen. Er muss versuchen, sämtliche tatsächliche und rechtliche Risiken vorherzusehen und für alle Eventualitäten Vorsorge zu treffen. Rechtliche Risiken für den Bestand einer letztwilligen Verfügung ergeben sich insbesondere aus dem Pflichtteilsrecht, dem erbrechtlichen Typenzwang und einer etwaigen Selbstbindung des Erblassers durch frühere letztwillige Verfügungen. Aber auch mögliche Veränderungen in tatsächlicher Hinsicht, insbesondere das Hinzutreten neuer Pflichtteilsberechtigter oder der Wegfall von Berechtigten, sind zu bedenken.[5] Nicht zuletzt auch aus Haftungsgründen muss der beratende Jurist zweifelhaften Rechtsfragen aus dem Weg gehen, auch wenn dies mit höheren Kosten für den Mandanten verbunden ist.[6] Besonderes Augenmerk gilt in diesem

[3] Vgl. hierzu Seite 179: „Problemstellungen im Zusammenhang mit Kindern"
[4] Langenfeld, Vertragsgestaltung, Rz. 234 ff.; Rehbinder, S. 29; Reithmann in Handbuch der notariellen Vertragsgestaltung, Rz. 35
[5] Radke, S.6
[6] Rehbinder, S. 29

Zusammenhang auch der Rechtsprechungsprognose.[7] Aus kautelarjuristischer Sicht ist es schlicht ein zwingendes Erfordernis, die Gestaltung an der Rechtsprechung der zuständigen Gerichte auszurichten, denn diese entscheiden letztlich über die Wirksamkeit der Verfügung.[8] Soweit möglich wird man daher auf anerkannte und höchstrichterlich abgesegnete Regelungstypen zurückgreifen. Wo Rechtsprechung fehlt oder stark angegriffen wird, ist die Auffassung der Literatur zu berücksichtigen. In diesem Fall ist der Gestaltungsspielraum für den Rechtsberater auch erheblich breiter. Für die Durchsetzung persönlicher Überzeugungen, die von Rechtsprechung oder herrschender Literaturmeinung abweichen, ist in der Testamentsgestaltung jedoch kein Platz.[9]

Keinesfalls wird man jedoch verlangen dürfen, dass in der Kautelarjurisprudenz ausschließlich rechtlich unstrittige Gestaltungen zu wählen sind. Die Fortentwicklung der Lebensverhältnisse zwingen gerade den gestaltenden Juristen immer wieder dazu, rechtliches Neuland zu betreten. Er muss auf bisher nicht aufgetretene Problemstellungen mit neuen rechtlichen Gestaltungen reagieren. Nur so kann er die ihm gestellten Aufgaben sinnvoll erfüllen, nur so wurde die Kautelarjurisprudenz zu einem wichtigen Motor für die Rechtsfortbildung. Je weiter man sich dabei vom gesicherten Boden bereits erprobter Regelungen entfernt, desto größer die Gefahr, dass die gefundene Lösung einer gerichtlichen Nachprüfung nicht standhält. Entwicklungsrisiken sind jedenfalls nicht ganz vermeidbar.[10]

Im Erbrecht sind dem Erfindungsreichtum der Rechtsgestaltung durch den dort geltenden Typenzwang Grenzen gesetzt.[11] Auch stehen bei der Testamentsgestaltung nicht die im Vertragsrecht üblichen salvatorischen Klauseln zur Verfügung, in denen sich die Parteien verpflichten, bei Unwirksamkeit einer Bestimmung, eine einvernehmliche Regelung zu treffen, die dem wirtschaftlichen Ergebnis der unwirksamen Klausel weitmöglichst entspricht, da die einzige handelnde Partei zum Zeitpunkt, in dem die Unwirksamkeit einer Testamentsklausel festgestellt wird, in der Regel nicht mehr am Leben ist. Insoweit ist bei der Testamentsgestaltung größere Vorsicht geboten als im Vertragsrecht. Wenn bei der Testamentsgestaltung eine Klausel verwendet werden soll, deren „Gerichtsfestigkeit" zweifelhaft ist, bleibt dem beratenden Juristen nur, eine konkrete Ersatzregelung für den Fall der Unwirksamkeit ins Testament aufzunehmen, um die Rechtsunsicherheit abzufedern. Auch mit

---

[7] Langenfeld, Vertragsgestaltung, Rz. 206

[8] Radke, S.6 f.; Köhler, Festschrift 125 Jahre Bayerisches Notariat, 197, 198

[9] Radke, S.6 f.; Köhler, Festschrift 125 Jahre Bayerisches Notariat, 197, 202; Reithmann, Festschrift 125 Jahre Bayerisches Notariat, 159, 165

[10] Odersky, DNotZ-Sonderheft 1989, 46*, 49*; Langenfeld, Vertragsgestaltung, Rz. 239

[11] Vgl. unten Seite 11: „Erbrechtlicher Typenzwang",

derartigen Auffangklauseln wird es jedoch nicht möglich sein, für jeden erdenklichen Fall Vorsorge zu treffen.[12] Trotzdem gilt auch bei der Nachlassgestaltung der Grundsatz des sichersten Weges nicht absolut. Zwar wird der Kautelarjurist versuchen, strittige Rechtsfragen zu umgehen und keine unnötigen Risiken zu wählen. Insbesondere wenn das gewünschte Ziel mit zwei unterschiedlichen Gestaltungen erreichbar ist, wird er die sicherere wählen. Wenn die Vorstellungen des Erblassers jedoch nur mit Gestaltungen erreichbar sind, mit denen rechtliches Neuland beschritten wird, dann dürfen diese nicht von vorne herein wegen der bestehenden Risiken ausgeschlossen werden. Der Erblasser muss über diese Risiken vollständig aufgeklärt werden. Ihm sollten alternative Gestaltungsvarianten genannt werden, mit denen seine Ziele zwar nur eingeschränkt dafür aber auf rechtlich unproblematischem Wege erreicht werden können. Die Entscheidung für oder gegen die riskantere, seinem Willen besser entsprechende Gestaltung ist dann mit ihm zusammen zu treffen.

II. Streitvermeidung

Jeder Erblasser möchte vermeiden, dass seine letztwilligen Verfügungen den Anlass zu Streitigkeiten zwischen seinen Erben geben, die regelmäßig seine engen Verwandten und Freunde sind. Wichtig ist es daher, sowohl in rechtlicher wie auch in sprachlicher[13] Hinsicht eindeutig formulierte und unmissverständliche Regelungen zu treffen. Zur Streitvermeidung wird es notwendig sein, klare Entscheidungen zu treffen, auch wenn dies mit Härten verbunden sein sollte.[14] Ein wichtiger Beitrag zur Streitvermeidung wird

[12] Allgemein zu Auffangklauseln in der Vertragsgestaltung: Reithmann in Handbuch der notariellen Vertragsgestaltung, Rz. 38

[13] In diesem Zusammenhang stellt sich die Frage, ob in letztwilligen Verfügungen auf Umgangssprache zurückgegriffen werden soll oder juristische Fachsprache vorrangig anzuwenden ist. Umgangssprache wird die Allgemeinverständlichkeit der Verfügung fördern und diese für den Laien „benutzerfreundlicher" machen. Andererseits setzt die Forderung nach eindeutigen Formulierungen den Gebrauch von Begriffen voraus, die klar definiert sind. Dies ist aber gerade das Merkmal von Fachsprachen. Um Auslegungsstreitigkeiten zu vermeiden, sollte Klarheit und Eindeutigkeit der Formulierung Vorrang haben vor Allgemeinverständlichkeit. Der juristischen Fachsprache ist daher der Vorzug zu geben. (so auch Langenfeld, Vertragsgestaltung, Rz.213 ff.; Weber, JuS 1989, 818, 822; Radke, S.8 ff.) Unnötig komplizierte Formulierung sind jedoch zu vermeiden. Dies gilt insbesondere für Verweise auf gesetzliche Vorschriften ohne den Inhalt dieser Vorschriften zu erläutern und für Abkürzungen.

[14] Beispielsweise kann Streit bei der Erbauseinandersetzung vermieden werden, wenn der Erblasser neben der quotenmäßigen Erbeinsetzung auch noch klare Vorgaben gibt, wie sein Nachlass unter den einzelnen Erben aufzuteilen ist. Siehe auch Reithmann in Handbuch der notariellen Vertragsgestaltung, Rz. 26, zur Streitvermeidung in der allgemeinen Vertragsgestaltung

gegeben, wenn bei der Testamentsgestaltung auf rechtlich abgesicherte Modelle zurückgegriffen wird. Die Verwendung von Gestaltungsvarianten, deren Gerichtsfestigkeit unsicher ist, fordert geradezu zu einem Streit über die Gültigkeit der entsprechenden Regelung heraus, da sich die vermeintlich benachteiligte Partei Chancen auf ein Obsiegen vor Gericht ausrechnet. Insoweit besteht ein enger Zusammenhang zwischen dem Grundsatz der Wahl des sichersten Weges und dem Prinzip der Streitvermeidung.

III. Praktikabilität

Selbstverständlich darf der Rechtsberater nie die Praktikabilität der vorgeschlagenen Gestaltung aus dem Auge verlieren. Zu komplizierte rechtliche Gestaltungen können zu gravierenden Schwierigkeiten bei der tatsächlichen Durchführung führen. Wenn die von der Regelung betroffenen Parteien die einzelnen Bestimmungen nicht mehr verstehen, dann werden sie sich auch nicht an die Regelung halten. Eine einfache rechtliche Konstruktion ist daher anzustreben, um Rechtslaien ein vernünftiges Arbeiten mit der getroffenen Nachfolgeregelung zu ermöglichen. Dabei kann es zur Kollision mit dem Postulat des sichersten Weges kommen, da eine rechtlich gegen alle Eventualitäten abgesicherte, „ausgetüftelte" Gestaltung für den Rechtsanwender unüberschaubar werden kann.[15]

IV. Flexibilität

Da zukünftige Entwicklungen nicht ohne weiteres vorhersehbar sind, ist gerade bei langfristigen Rechtsgeschäften eine gewisse Anpassungsfähigkeit des Regelwerkes wichtig.[16] Dies gilt auch für letztwillige Verfügungen, die ja gerade darauf angelegt sind, dass sie erst unbestimmte Zeit nach der Errichtung wirksam werden.[17] Zwischen Errichtung und Erbfall kann ein langer Zeitraum liegen. In dieser Zeit können vielfältige Änderungen rechtlicher oder tatsächlicher Art passieren. Außerdem können sich bei der Abwicklung der Vermögensnachfolge einzelne Beteiligte anders verhalten als vom Erblasser vorhergesehen. Ein Bedachter kann das Zugewendete ausschlagen, ein Pflichtteilsberechtigter kann seine Ansprüche geltend machen oder die Verfügung kann angefochten werden.

Bei letztwilligen Verfügungen ist Flexibilität insbesondere bei gemeinschaftlichen Ehegattentestamenten und bei Erbverträgen, die nicht ohne

[15] Rehbinder, S. 31
[16] Rehbinder, S.26 ff.; Radke, S.12 f.
[17] Nieder, Handbuch der Testamentsgestaltung, Rz.216

weiteres einseitig abänderbar sind, notwendig. Bei einseitigen Testamenten kann der Erblasser auf sich ergebende Änderungen grundsätzlich jederzeit durch ein neues Testament reagieren. Trotzdem ist auch hier ein gewisser Grad von Flexibilität notwendig, da die getroffenen Verfügungen unter Umständen noch lange nach dem Erbfall nachwirken (z.B. bei Vor- und Nacherbschaft oder bei aufschiebenden Bedingungen) und da eine Reaktion auf nach dem Erbfall eintretende Änderungen naturgemäß nicht mehr möglich ist.

In gewissem Umfang bietet bereits die ergänzende Testamentsauslegung Anpassungsmöglichkeiten. Jedoch wird sich der Kautelarjurist hierauf nicht verlassen wollen, da zum einen die Anpassung mittels dieses Instruments regelmäßig mit einem Rechtsstreit einhergeht und da zum anderen häufig eine weitgehendere Anpassungsmöglichkeit an künftige Veränderungen dem Interesse des Erblassers entspricht, als sie mittels ergänzender Auslegung möglich ist.[18] Flexibilität in einer letztwilligen Verfügung wird beispielsweise erreicht durch abstrakte Formulierungen (z.B. „Nacherben sind die Abkömmlinge meines Sohnes“ anstatt namentliche Nacherbeneinsetzung der Enkel) oder mittels spezieller Klauseln für bestimmte Situationen (z.B. Pflichtteils- oder Wiederverheiratungsklauseln).[19] Ebenso fördert die Vereinbarung einer einseitigen Rücktrittsmöglichkeit in einem Erbvertrag die Flexibilität der Nachlassgestaltung. Aber auch die Delegation bestimmter Entscheidungen auf Dritte dient der Flexibilität. So kann beispielsweise die Entscheidung über die Details der Erbauseinandersetzung einem Dritten (etwa dem überlebenden Ehegatten oder einem Testamentsvollstrecker) überlassen werden. In gewissem Umfang ist es auch möglich einen Dritten bei der Auswahl eines (Nach-)Erben oder Vermächtnisnehmers zu beteiligen. Bei den Personen, denen der Erblasser derartige Entscheidungsbefugnisse überträgt, wird es sich in der Regel um Vertrauenspersonen handeln, von denen er eine Entscheidung in seinem Sinne erwarten darf. Sie können diese Entscheidungen informierter als der Erblasser selbst treffen, da sie in einer zeitlich günstigeren Position sind und auch die nach der Testamentserrichtung bzw. nach dem Erbfall eingetretenen Änderungen noch in ihrer Entscheidung mit berücksichtigen können. Dabei sind dem Erblasser durch den in § 2065 BGB normierten materiellen Höchstpersönlichkeitsgrundsatz Grenzen gesetzt.[20]

Die Forderung nach einer flexiblen Gestaltung steht auch nur vordergründig im Widerspruch zum Postulat der Streitvermeidung. Richtig ist zwar, dass eine abstrakte Formulierung eher Auslegungsschwierigkeiten bereiten

[18] Ähnlich auch für die Vertragsgestaltung im Allgemeinen: Rehbinder, S.27
[19] Radke, S.12
[20] Die Problematik, in welchem Umfang wesentliche Entscheidungen im Rahmen von letztwilligen Verfügungen auf Dritte übertragen werden dürfen, wird das zentrale Thema sein in Teil Drei dieser Abhandlung.

wird; auch wird eine Gestaltung durch Spezialklauseln für den Eventualfall komplizierter und damit streitanfälliger. Andererseits kann eine unflexible Gestaltung leicht von geänderten Rahmenbedingungen eingeholt werden. Flexibilität ermöglicht Rechtssicherheit in ungewisser Zukunft.[21]

V. Steuerliche Zweckmäßigkeit

Die Frage nach den steuerlichen Auswirkungen einer konkreten Gestaltungsvariante kann für den Erblasser ein wichtiges Argument sein und sollte vom juristischen Berater stets mitbedacht werden. Zwar trifft die Steuerlast nicht mehr den Erblasser, aber da dieser primär nicht den Fiskus begünstigen will sondern die von ihm auserkorenen Personen, ist eine unnötige Steuerbelastung unbedingt zu vermeiden. Dabei geht es im Rahmen von letztwilligen Verfügungen in erster Linie um die Belastung mit Erbschaft- und Schenkungsteuer; jedoch dürfen auch einkommensteuerliche Konsequenzen für die Beteiligten nicht vernachlässigt werden. Vor allem bei einer langfristigen Nachlassplanung, bei der bereits im Wege der vorweggenommenen Erbfolge Vermögen auf Kinder oder Enkel übertragen wird, kann dies ein entscheidender Gesichtspunkt sein. Die steuerlichen Aspekte sollten aber nicht zum dominierenden Faktor der Gestaltung werden. Langenfeld stellt für die allgemeine Vertragsgestaltung den Grundsatz auf, dass kein Vertrag mit Zukunftswirkung nur aus steuerlichen Motiven geschlossen werden sollte, wenn man ihn ohne diese unterlassen oder ganz anders gestaltet hätte.[22] Entsprechendes gilt auch für letztwillige Verfügungen. Primär müssen durch die zivilrechtliche Ausgestaltung der Verfügung die sonstigen Ziele des Erblassers gewährleistet werden. Stehen hierzu mehrere, in gleicher Weise geeignete Wege zur Verfügung, ist selbstverständlich der steuergünstigste zu wählen. Auch ist es durchaus legitim, durch geschicktes Ausnutzen rechtlicher Spielräume zu einer steuerschonenden Gestaltung zu gelangen, auch wenn hierzu die gefundene zivilrechtliche Gestaltung, die zur Verwirklichung der primären Zielsetzungen eigentlich ausreichend wäre, modifiziert werden muss. Die Verwirklichung der Primärziele darf jedoch nicht gefährdet werden, nur um Steuern zu sparen.

[21] Radke, S.13
[22] Langenfeld, Vertragsgestaltung, Rz.262

D. Typenzwang und Pflichtteilsrecht als „Widerlager" der Testierfreiheit

Ein Bestreben dieser Arbeit ist es, dem Erblasser Hilfestellung zu geben bei der Suche nach einer geeigneten Testamentsformulierung, mit der diese unterschiedlichen Zielsetzungen verwirklicht werden können. Die Testierfreiheit als erbrechtliche Ausprägung der rechtsgeschäftlichen Privatautonomie[23] ermöglicht dem Erblasser, rechtswirksame Anordnungen über das Schicksal seines Vermögens für die Zeit nach seinem Tod zu treffen. Anders als die Vertragsfreiheit im Schuldrecht erlaubt sie ihm aber nicht jede beliebige Gestaltung. Eingeschränkt wird die Testierfreiheit des Erblassers insbesondere durch den im Erbrecht herrschenden Typenzwang[24] und durch das Pflichtteilsrecht[25].

I. Erbrechtlicher Typenzwang

Wie im Sachenrecht hat der Gesetzgeber auch im Erbrecht ein System ausdrücklicher Ermächtigungsnormen eingesetzt. In einer ganzen Reihe von Einzelbestimmungen wird präzise festgelegt, welche Anordnungen mit welcher Rechtsfolge der Erblasser in ein Testament oder einen Erbvertrag aufnehmen kann (vgl. etwa §§ 1937-1941, 2044, 2048, etc. BGB).[26] Gerade diesem System der Einzelaufzählung lässt sich entnehmen, dass in einem Testament keineswegs Verfügungen beliebigen Inhalts getroffen werden können, sondern nur solche, die im Gesetz ausdrücklich erwähnt werden oder deren Zulässigkeit durch Auslegung oder Analogie dem Gesetz entnommen werden kann.[27] Der rechtspolitische Grund für diesen erbrechtlichen Typenzwang besteht – ähnlich wie im Sachenrecht - darin, dass nicht nur wie im Schuldrecht obligatorische Rechtswirkungen inter partes geschaffen werden, sondern dass durch

[23] Staudinger-Otte, Vorbem. zu §§ 1937-1941, Rz. 14; Strothmann, JURA 1982, 349, 350

[24] Kipp/Coing, § 20 I; Flume AT II, §1, 8 b; Münchner Kommentar-Leipold, § 1937, Rz. 10; Soergel-Stein, § 1937, Rz.3; Staudinger-Otte, Vorbem. zu §§ 1937-1941, Rz. 14; Reimann in Dittmann-Reimann-Bengel, Teil A, Rz. 57; Strothmann, JURA 1982, 349, 350 (mit ausführlicher Begründung)

[25] Kipp/Coing, § 1 II 4; Lange/Kuchinke, § 37 III 4; Reimann in Dittmann/Reimann/Bengel, Teil A, Rz. 53 und 58; Strothmann, JURA 1982, 349, 356

[26] Umfassende Aufzählungen der zulässigen Anordnungen werden gegeben bei: Münchner Kommentar-Leipold, § 1937, Rz. 12 ff.; Esch/Schulze zur Wiese, Rz. 201; Strothmann, JURA 1982, 349, 353 ff.

[27] Münchner Kommentar-Leipold, § 1937, Rz. 10; Strothmann, JURA 1982, 349, 352

erbrechtliche Verfügungen Güter mit unmittelbarer Wirkungen inter omnes neu zugeordnet werden. Auf Grund dieser unmittelbaren Drittwirkung der Verfügungen von Todes wegen ist eine klare und weitgehend zwingende Ausgestaltung geboten, um für alle Beteiligte ein hohes Maß an Rechtssicherheit zu gewährleisten.[28]

Mit dem Begriff Typenzwang wird zweierlei zum Ausdruck gebracht: zum einen, dass im Erbrecht ein numerus clausus der möglichen Gestaltungstypen herrscht, und zum anderen, dass der Inhalt und die Rechtsfolgen der einzelnen Typen weitgehend gesetzlich festgelegt sind.[29] Der Erblasser kann nur zwischen den gesetzlich vorgegebenen Rechtsfiguren wählen und muss die dazugehörigen Rechtsfolgen als notwendige Konsequenz seiner Wahlentscheidung akzeptieren. Hierdurch erfährt seine Dispositionsfreiheit eine deutliche Beschränkung. Beispielsweise ist ihm verwehrt, einen Einzelgegenstand mit dinglicher Wirkung zuzuwenden oder den Vorerben über den Rahmen des § 2136 BGB hinaus von Beschränkungen freizustellen oder dem Erben durch Vermächtnis oder Auflage die Verfügungsbefugnis über einen Nachlassgegenstand mit dinglicher Wirkung zu entziehen.[30]

Trotzdem gibt es auch im Erbrecht hinsichtlich der vom Gesetz anerkannten Regelungstypen in begrenztem Umfang Gestaltungsfreiheit:

- In Einzelfällen ist die Abänderbarkeit der gesetzlichen Bestimmungen durch den Erblasser ausdrücklich im Gesetz vorgesehen (zum Beispiel: § 2136 BGB für den befreiten Vorerben oder § 2207 BGB für den Testamentsvollstrecker).[31]

- Welche und wie viele der zulässigen letztwilligen Verfügungen der Erblasser in sein Testament aufnimmt und wer als Zuwendungsempfänger benannt wird, bleibt seiner Entscheidung überlassen.[32] Auch besteht Gestaltungsfreiheit im Erbrecht darin, dass die verschiedenen, gesetzlich vorgesehenen Gestaltungsmöglichkeiten miteinander kombiniert werden können (zum Beispiel Vor- und

---

[28] Kipp/Coing, § 20, I; Flume, AT II, § 1, 8 b; Strothmann, JURA 1982, 349, 352; Zawar, Das Vermächtnis in der Kautelarjurisprudenz, S. 79;
[29] Strothmann, JURA 1982, 349, 350
[30] Staudinger-Otte, Vorbem. zu §§ 1937-1941, Rz. 15
[31] Kipp/Coing, § 20 III 1
[32] Münchner Kommentar-Leipold, § 1937, Rz. 11

Nacherbschaft mit Testamentsvollstreckung oder Erbeinsetzung mit Vermächtnisanordnung).[33]

- Die letztwilligen Verfügungen können mit Bedingungen verknüpft werden.[34]

- Bei der inhaltlichen Ausgestaltung von Vermächtnissen und Auflagen hat der Erblasser einen weiten Spielraum. Der Grund dafür, dass in diesem Bereich - ähnlich wie bei Rechtsgeschäften unter Lebenden - nur in geringem Umfang gesetzliche Beschränkungen und Vorgaben bestehen, liegt wohl darin, dass hier nur schuldrechtliche Forderungen gegen den Erben oder Vermächtnisnehmer ohne unmittelbare Drittwirkung begründet werden.[35]

Festzuhalten bleibt, dass der Erblasser durch den numerus clausus der erbrechtlichen Gestaltungsmöglichkeiten und durch die festgelegte Wirkung der jeweiligen Anordnung einem inhaltlichen Sachzwang unterworfen ist. Bei der Testamentsgestaltung muss er auf die vom Gesetz vorgegebenen Typen zurückgreifen. Neue Typen können nicht geschaffen werden. Innerhalb der vorgegebenen Typen besteht jedoch ein mehr oder weniger großer Gestaltungsspielraum. Um den individuellen Wünschen des Erblassers genüge zu tun, muss dieser Spielraum genutzt werden. Die passende Gestaltungsform muss ausgewählt und mit eventuell notwendigen Modifikationen und Ergänzungen kombiniert werden. Hierin besteht die im Einzelfall schwere Kunst des juristischen Beraters.[36]

II. Pflichtteilsrecht

Das Pflichtteilsrecht des BGB sichert den Abkömmlingen, dem überlebenden Ehegatten und, wenn keine Abkömmlinge vorhanden sind, den Eltern des Erblassers zumindest einen Teil des Nachlasses. Der Pflichtteilsberechtigte wird zwar nicht Erbe, ihm steht jedoch ein schuldrechtlicher Abfindungsanspruch in Höhe der Hälfte des Wertes seines gesetzlichen Erbteils zu (§§ 2303 ff. BGB). Durch das Pflichtteilsrecht wird dem Prinzip des Familienerbrechts Ausdruck verliehen, das – wie die Testierfreiheit – zu den Grundprinzipien des deutschen Erbrechts zählt[37] und das ebenso wie die Testierfreiheit grundrechtlich

[33] Kipp/Coing, § 20 III 2; Esch/Schulze zur Wiesche, Rz. 202
[34] Münchner Kommentar-Leipold, § 1937, Rz. 11
[35] Strothmann, JURA 1982, 349, 356; Nieder, Handbuch der Testamentsgestaltung, Rz. 342
[36] Kipp/Coing, § 20 III 2
[37] Kipp/Coing, § 1 II 3

geschützt ist (Art.6 Abs.1 und Art.14 Abs.1 S.1 GG)[38]. Diese beiden Prinzipien, das Familienerbrecht und die Testierfreiheit, stehen in einem notwendigen Gegensatz zueinander.[39] Macht der Erblasser von seiner Testierfreiheit Gebrauch, so wird dadurch das Familienerbrecht, das in der Intestaterbfolge als Normalfall zu Grunde gelegt wird, gefährdet. Das BGB hat diesen Konflikt gelöst, indem es dem Erblasser zwar gestattet, über sein gesamtes Vermögen zu testieren, andererseits aber diese formell unbegrenzte Testierfreiheit de facto einschränkt, da der Erblasser erwarten muss, dass ein übergangener Pflichtteilsberechtigter seinen Anspruch geltend machen wird. Das Pflichtteilsrecht lässt sich vom Erblasser nur in dem Ausnahmefall einseitig ausschließen, wenn ein Grund zum Pflichtteilsentzug nach §§ 2333 ff. BGB gegeben ist. In der Regel bedarf es hierzu die Mitwirkung des Berechtigten (§§ 2346 ff. BGB). Das Pflichtteilsrecht bewirkt der Sache nach, dass der Erblasser nur über einen Teil seines Nachlasses völlig frei verfügen kann, da mögliche Pflichtteilsberechtigte nicht ohne weiteres übergangen werden können. Insoweit ist das Pflichtteilsrecht als „Widerlager der Verfügungsfreiheit"[40] zu bezeichnen und muss als möglicher Störfaktor für die Nachlassplanung ernst genommen werden. Der Erblasser sollte jedenfalls nicht darauf vertrauen, dass der Pflichtteil nicht geltend gemacht wird, und darf nicht übersehen, dass der Pflichtteilsanspruch gemäß § 2317 Abs.2 BGB vererblich und übertragbar ist (jedoch nicht pfändbar – § 852 Abs.1 ZPO).[41] Im Geschiedenentestament bereitet vor allem das Pflichtteilsrecht des geschiedenen Ehegatten am Nachlass der gemeinschaftlichen Kinder Probleme.

III. Mögliche Gestaltungsformen eines Geschiedenentestaments

Nachfolgend sollen die Gestaltungsformen aufgelistet werden, die innerhalb des erbrechtlichen Typenzwangs für das Geschiedenentestament grundsätzlich in Frage kommen:

Das Erbrecht gibt dem Erblasser je nach Zählweise drei bzw. vier verschiedene Grundmodelle an die Hand, um den Nachlass über mehrere Generationen zu erhalten. Dabei handelt es sich um

1. die Vor- und Nacherbschaft,

2. das auf den Tod des Erstbedachten aufschiebend bedingte Vermächtnis,

[38] Lange/Kuchinke, § 37 III 4, m.w.N.
[39] Kipp/Coing, § 1 II 3; Reimann in Dittmann/Reimann/Bengel, Teil A, Rz.53
[40] Schiemann, ZEV 1995, 197, 199
[41] Reimann in Dittmann/Reimann/Bengel, Teil A, Rz.58

3. die auflösend bedingte Erbeinsetzung[42] und

4. das Nießbrauchvermächtnis.

Im Geschiedenentestament geht es zwar nicht in erster Linie um die Erhaltung des Nachlassbestandes für etwaige Endbedachte sondern um den Ausschluss bestimmter Personen von der Teilhabe am Nachlass. Wenn eine Gestaltung den Nachlass über mehrere Generationen sichert, so wird damit aber indirekt auch erreicht, dass den unerwünschten Personen nichts vom vermachten Vermögen zufließt. Daher sind die aufgeführten Gestaltungsmodelle grundsätzlich auch für das Geschiedenentestament interessant. Es gilt aber festzustellen, welches Modell die speziellen Bedürfnissen des Geschiedenentestaments am besten befriedigt. Da innerhalb dieser Grundtypen der Erblasser Modifikationen und Ergänzungen vornehmen kann, muss auch untersucht werden, wie die Ausgestaltung des Testaments im Detail auszusehen hat, um den Erblasserwillen bestmöglich zu verwirklichen. Im Dritten Teil dieser Arbeit, werden die einzelnen Gestaltungsvarianten daher eingehend dargestellt und auf ihre Eignung für das Geschiedenentestament hin untersucht. Bereits im Rahmen dieser Einführung sollen die Grundmodelle des Geschiedenentestaments kurz erläutert werden, um dem Leser einen Überblick über die Problematik des Geschiedenentestaments zu verschaffen.

1. Vor- und Nacherbschaftsanordnung

Bei dieser Gestaltungsvariante werden die Kinder des Erblassers zu befreiten Vorerben eingesetzt. Als Nacherben können beliebige Personen bestimmt werde, nur der geschiedene Ehegatte und dessen einseitige Verwandte dürfen nicht zum Zuge kommen. Den Abfluss von Vermögen an die auszuschließenden Personen vermeidet diese Gestaltung, indem zum einen der Erblasser durch die Nacherbenbestimmung steuern kann, dass diese nicht in der folgenden Generation als Erben seines Vermögens in Frage kommen und zum anderen ein Pflichtteilsanspruch des geschiedenen Ehegatten nicht den vom Erblasser stammenden Teil des Vermögens der gemeinschaftlichen Kinder mitumfasst, da der Nachlass des Erblassers nicht zum Eigenvermögen der Kinder wird, sondern als Sondervermögen nur zeitweise (bis zum Nacherbfall) in deren Eigentum steht. Den Vorerben kann jedoch nicht ohne weiteres die Auswahl der Nacherben überlassen werden, da nach § 2065 Abs.2 BGB die Bestimmung des Zuwendungsempfängers eine vom Erblasser höchstpersönlich zu treffende Entscheidung darstellt. Zudem sind die Nacherben zu Lebzeiten in

[42] Die bedingte Erbeinsetzung wird vielfach zumindest in ihren Folgen gleichgesetzt mit der Vor- und Nacherbschaft. Vgl. hierzu auch unten Seite 171 ff.: „Auflösend bedingte Erbeinsetzung"

ihrer Verfügungsmacht beeinträchtigt durch die Beschränkungen, denen von Gesetz wegen auch die befreiten Vorerben unterliegen (zum Beispiel dem Schenkungsverbot aus § 2113 Abs.2 BGB). Insoweit bedarf der Grundtyp der Vor- und Nacherbschaft einer Modifikation, um den Zielen des Geschiedenentestaments vollständig gerecht zu werden.

2. Aufschiebend bedingtes Vermächtnis

Bei dieser Gestaltungsvariante werden die Kinder des Erblassers zu seinen Erben. Ihr Nachlass ist jedoch beschwert mit einem auf deren Tod aufgeschobenen Vermächtnis, das den gesamten zur Zeit des Todes der Erben noch vorhandenen Nachlass des Erblassers einschließlich etwaiger Surrogate umfasst. Als Vermächtnisnehmer können wiederum beliebige Personen mit Ausnahme des auszuschließenden Personenkreises eingesetzt werden. Hierdurch werden Erb- und Pflichtteilsansprüche der unerwünschten Personen minimiert, da diese Vermächtnisanordnung vorrangig zu bedienen ist[43] und das Vermögen der Erstbedachten, das für Erb- oder Pflichtteilsansprüche zur Verfügung steht, entsprechend reduziert wird. Die Erstbedachten haben hierbei zu Lebzeiten die Rechtsstellung von Vollerben und unterliegen daher keinerlei Beschränkungen. Dies bedeutet jedoch auch, dass sie durch Verfügung unter Lebenden Nachlassgegenstände an die auszuschließenden Personen - auch unentgeltlich – übertragen könnten, was in der Regel nicht im Sinne des Erblassers ist. Wie bei der Nacherbschaftsanordnung muss auch hier geregelt werden, wie die Kinder an der Auswahl der Vermächtnisnehmer beteiligt werden können, um ihnen auch bezüglich der Weitergabe des Vermögens an die folgende Generation weitgehende Verfügungsfreiheit zu gewähren. Dieses Problem lässt sich im Vermächtnisrecht jedoch leichter in den Griff bekommen als im Vor- und Nacherbschaftsfall, da hier der Höchstpersönlichkeitsgrundsatz des § 2065 BGB weitreichende Durchbrechungen erfährt (vgl. §§ 2151 und 2153 BGB).

Diesen beiden Grundtypen gilt das Hauptaugenmerk dieser Arbeit. Im weiteren Verlauf wird sich herausstellen, dass sowohl das Vor- und Nacherbenrecht als auch das Vermächtnisrecht interessante Möglichkeiten bieten, um die Ziele des Geschiedenentestaments zu verwirklichen. Auf die auflösend bedingte Erbeinsetzung wird auch in Teil Drei dieser Arbeit nur kurz eingegangen, da sie zumindest in ihren Rechtsfolgen der Vor- und Nacherbschaft im wesentlichen entspricht bzw. nach der hier favorisierten Ansicht nur eine andere Bezeichnung für eine bestimmte Vor- und Nacherbschaftsgestaltung darstellt. Die Nießbrauchsvariante wird ebenfalls nur kurz behandelt, da ihrer Ungeeignetheit für das Geschiedenentestament

[43] Vgl. Seite 153

angesichts des Maßes der Einschränkungen, denen der Erstbedachte dabei unterliegt, schnell erkennbar wird.

IV. Widerstreitende Zielsetzungen des Erblassers

Das Hauptproblem des Geschiedenentestaments besteht darin, dass keine der im Gesetz vorgesehenen Gestaltungstypen geeignet sind, die Vorstellungen des Erblassers vollständig zu verwirklichen. Allgemein lässt sich sagen, dass je sicherer und umfangreicher der Ausschluss der Teilhabe des geschiedenen Ehepartners durch einen Gestaltungstypus erreicht wird umso größer sind die Beschränkungen des Erstbedachten, die notwendigerweise mit dieser Gestaltung einhergehen. Mit dem Vor- und Nacherbenmodell lässt sich ein umfassender Ausschluss der ungewollten Personen erreichen, andererseits ist der Vorerbe weitreichenden Beschränkungen zu Lebzeiten unterworfen und es ist problematisch, ihn bei der Auswahl der weiteren Erben zu beteiligen. In der Vermächtnisvariante unterliegen die Erben zwar keinen Verfügungsbeschränkungen zu Lebzeiten, andererseits können die auszuschließenden Personen hier durch unentgeltliche Verfügung unter Lebenden in den Genuss von Nachlassgegenständen kommen. Auch ist eine Beteiligung des Erstbedachten an der Entscheidung über die Person zwar leichter zu bewerkstelligen als im Vor- und Nacherbschaftsrecht, aber völlig freie Hand kann ihm dabei auch hier nicht gegeben werden. Ein unbelasteter Vollerbe hätte zwar zu Lebzeiten und von Todes wegen völlige Verfügungsfreiheit über den Nachlass, er wäre jedoch in breitem Umfang Erb- und Pflichtteilsansprüchen der ungewünschten Personen ausgesetzt.

Nur durch Schaffung eines neuen Gestaltungstypus wären die widerstrebenden Interessen des Testators komplett umsetzbar. Für das Geschiedenentestament wäre es optimal, einen Vermögensnachfolger einzusetzten, der in Bezug auf die Erb- und Pflichtteilsansprüche des geschiedenen Ehegatten eine dem Vorerben vergleichbare Stellung hat – der Nachlass müsste also ein Sondervermögen beim Erstbedachten bilden. Andererseits sollte dieser Vermögensnachfolger von Todes wegen völlig frei wie ein Vollerbe verfügen dürfen, solange er nicht die auszuschließenden Personen bedenkt. Bezüglich seiner Verfügungsfreiheit zu Lebzeiten müsste er ebenfalls eine gewisse Zwitterstellung besitzen. Er soll zwar grundsätzlich keinerlei Beschränkungen unterliegen, aber Verfügungen zum Vorteil der ungewollten Personen sollen ihm verboten sein. Der erbrechtliche Typenzwang verbietet jedoch die Schaffung eines derartigen „Halb-Vollerben". Der Erblasser ist auf die oben aufgelisteten Grundtypen für die Gestaltung des Geschiedenentestaments festgelegt.

Ziel dieser Arbeit ist es, eine zulässige Gestaltung zu finden, mit der die Vorstellungen des Erblassers weitmöglichst verwirklicht werden können. Dabei muss die oben angesprochene Abstufung innerhalb der Erblasserzielsetzungen beachtet werden und die allgemeinen kautelarjuristischen Grundsätze müssen berücksichtigt werden. Es soll eine praktikable Gestaltungsmöglichkeit aufgezeigt werden, die das Primärziel des Erblassers, den Ausschluss des geschiedenen Ehegatten und dessen Verwandter, mit ausreichender Sicherheit gewährleistet und gleichzeitig die Zuwendungsempfänger möglichst wenig belastet in ihrer Verfügungsfreiheit zu Lebzeiten und von Todes wegen.

Bevor diese Aufgabe angegangen wird und die verschiedenen Gestaltungsvarianten eines Geschiedenentestaments en detail untersucht werden, soll jedoch in Teil Zwei dieser Arbeit dargestellt werden, welchen Einfluss Trennung oder Scheidung auf bestehende Erbfolgeregelungen haben. Die Problematik des Geschiedenentestaments im engeren Sinne, die Thema des Teil Drei dieser Arbeit sein wird, beschäftigt sich im wesentlichen damit, die indirekte Erbfolge des geschiedenen Ehegatten über dessen Erbberechtigung am Nachlass gemeinschaftlicher Abkömmlinge auszuschließen. Thema der Darstellung in Teil Zwei wird sein, ob der geschiedene oder in Trennung lebende Ehegatte ein direktes Erbrecht am Nachlass des Erblassers hat und was der Erblasser tun kann, um ein etwaiges direktes Erbrecht zu unterbinden.

Teil Zwei: Einfluss von Trennung und Scheidung auf bestehende Erbfolgeregelungen

Bei oberflächlicher Betrachtung scheint die Rechtslage nach einer Scheidung völlig unproblematisch. Der geschiedene Ehegatte ist nicht mehr erbberechtigt. Für die gesetzliche Erbfolge ergibt sich dies aus § 1931 BGB, der eine im Todeszeitpunkt bestehende Ehe voraussetzt. Für das gewillkürte Ehegattenerbrecht sehen die §§ 2077 Abs.1 BGB (für einseitige Testamente), 2268 Abs.1 BGB (für gemeinschaftliche Testamente) und 2279 Abs.2 BGB (für Erbverträge) vor, dass eine letztwillige Verfügung, durch die der Erblasser seinen Ehegatten bedacht hat, unwirksam ist, wenn die Ehe vor dem Tod des Erblassers aufgelöst worden ist. Bei den Regelungen für die gewillkürte Erbfolge handelt es sich jedoch nur um Auslegungsregeln.[44] Die den geschiedenen Ehegatten begünstigende Verfügung von Todes wegen bleibt wirksam, wenn nach dem wirklichen oder mutmaßlichen Willen des Erblassers, diese Verfügung auch für den Fall der Eheauflösung getroffen worden wäre (§§ 2077 Abs.3 und 2268 Abs.2 BGB). Aus diesen Auslegungsregeln können sich Unsicherheiten bzgl. der Erbberechtigung des geschiedenen Ehegatten ergeben, die durch sachgerechte Formulierungen vermieden werden können.[45] Insoweit kann auch nach einer Scheidung noch die Notwendigkeit bestehen, letztwillige Verfügungen zu ändern bzw. aufzustellen, um das direkte Erbrecht des geschiedenen Ehegatten unzweifelhaft auszuschließen.

Eine Trennung der Ehegatten im Vorfeld einer beabsichtigten Scheidung hat ohnehin nur in dem in §§ 1933 bzw. 2077 Abs.1 S.2 BGB[46] geregelten Ausnahmefall, wenn zum Zeitpunkt des Erbfalles die Scheidung bereits beantragt war und die materiellen Scheidungsvoraussetzungen gegeben waren, Auswirkungen auf das Ehegattenerbrecht. Grundsätzlich bleibt das Ehegattenerbrecht jedoch auch nach einer Trennung bestehen. Da der Erblasser aber regelmäßig bereits vor der Rechtskraft des Scheidungsurteils nicht will, dass der Partner, von dem er geschieden werden will, sein Erbe wird, besteht bei einer Trennung in jedem Falle Handlungsbedarf.

---

[44] Die dogmatische Einordnung dieser Regelungen ist strittig. Zum Teil werden sie auch als dispositive Gesetzesnormen betrachtet. Vgl. näheres zu diesem Meinungsstreit unten Seite 26: „§ 2 0 7 7 BGB als Auslegungsregel" und Seite 30: „Ergänzende Regelung für das gemeinschaftliche Testament"

[45] Reimann, ZEV 1995, 329, 330; ders., Festschrift Schippel, 301, 314; J.Mayer, ZEV 1997, 280

[46] Zu den mit dieser Ausnahmeregelung zusammenhängenden Problemen vgl. unten S.22: „§ 1 9 3 3 BGB: Ausschluss des Ehegattenerbrechts bereits nach Scheidungsantrag"

Im folgenden Teil dieser Arbeit werden die Auswirkungen einer Trennung bzw. einer Scheidung auf das gesetzliche und das gewillkürte Ehegattenerbrecht im einzelnen dargestellt, um im Anschluss daran Maßnahmen vorzustellen, mit denen ein Erblasser im Fall der Trennung oder Scheidung reagieren sollte, um ein direktes Erbrecht des (noch nicht) geschiedenen Ehegatten zu verhindern. Dabei wird auch auf Fragen eingegangen, die sich im Zusammenhang mit der Bezugsberechtigung für Lebensversicherungen nach einer Scheidung ergeben.

A. Auswirkungen einer Scheidung

I. Gesetzliche Erbfolge nach einer Scheidung

1. Wegfall des Ehegattenerbrechts

Nur dem mit dem Erblasser bei dessen Tod rechtsgültig verheirateten, ihn überlebenden Ehegatten steht das gesetzliche Erbrecht des Ehegatten nach § 1931 BGB zu. Nach rechtskräftiger Scheidung (§ 1564 BGB) oder Aufhebung[47] (§ 1313 BGB) der Ehe besteht keine eheliche Beziehung mehr zwischen den bisherigen Ehegatten. Selbstverständlich haben die ehemaligen Ehepartner ab diesem Zeitpunkt weder einen gesetzlichen Erbanspruch noch einen Pflichtteilsanspruch nach dem Tod des anderen.[48]

Zur Aufhebung der Ehe kommt es nur auf Antrag eines dazu Berechtigten (§ 1316 BGB). Wurde bis zum Erbfall kein entsprechender Antrag gestellt, so behält der Überlebende einer aufhebbaren Ehe sein Erbrecht, da nach der Auflö-

---

[47] Nach dem EheschlRG vom 4.5.1998 (BGBl. I, S.833) sieht das Gesetz nur noch die Aufhebung einer fehlerhaften Ehe durch Gestaltungsurteil mit Wirkung für die Zukunft vor (§ 1313 S.2 BGB). Die früher nach dem EheG mögliche Nichtigkeitserklärung mit ex tunc Wirkung wurde abgeschafft. Auch nach der Reform des Eheschließungsrecht ist jedoch der Unterschied zwischen einer nur fehlerhaften Ehe und einer Nichtehe geblieben. Wenn also so wesentliche Elemente fehlen, dass schlichtweg schon der Tatbestand einer Eheschließung nicht erfüllt ist, dann hat eine derartige Nichtehe auch in keinerlei Weise rechtliche Wirkung. Eine Aufhebung bzw. Feststellung der Nichtehe durch Gerichtsurteil ist nicht erforderlich, damit die Rechtswirkungen der Nichtehe wegfallen; jedermann darf sich auf des Vorliegen einer Nichtehe berufen (vgl. auch Staudinger-Werner, § 1931, Rz.11; Rohlfing,§2, Rz.176). Von einer Nichtehe wird ausgegangen, wenn es an den Eheschließungserklärungen fehlt, wenn an der Eheschließung kein dazu bereiter Standesbeamter mitgewirkt hat oder wenn die Verlobten nicht geschlechtsverschieden waren. (zu weiteren Einzelheiten des EheschlRG vgl. Hepting, FamRZ 1998, 713,725 ff.)

[48] Palandt-Edenhofer, § 1931, Rz.2

sung der Ehe durch Tod eines Partners ein Auflösungsantrag nicht mehr zulässig ist (§ 1317 Abs.3 BGB). Dies gilt nach § 1318 Abs.5 BGB jedoch nicht für den bösgläubigen Ehegatten, der bereits bei der Eheschließung wusste, dass seine Ehe wegen Geschäftsunfähigkeit, Doppelehe, Verwandtschaft, Formverstoss oder Geistesstörung aufhebbar ist.[49] Ein in diesem Sinne Bösgläubiger verliert sein Erbrecht.

Es kann demnach zu der für die Verwandten des Erblassers unbefriedigenden Situation kommen, dass sie nach den gesetzlichen Regelungen den Nachlass mit dem Ehegatten des Erblassers teilen müssen, obwohl die Ehe fehlerhaft war. Sie haben jedoch keine Möglichkeit mehr, diese Fehlerhaftigkeit nach dem Erbfall geltend zu machen. Diese Rechtsfolge entspricht dem Willen des Gesetzgebers. Auch eine fehlerhafte Ehe soll bis zu ihrer Auflösung durch ein Gericht die Rechtsfolgen einer wirksamen Ehe haben. Da auch ein Gericht die Ehe nur mit ex nunc Wirkung auflösen kann, besteht kein Bedürfnis dafür, etwaigen benachteiligten Erben ein Antragsrecht zu geben, da nach dem Tod des Erblassers die Ehe bereits aufgelöst ist. Diese Gesetzesregelung kommt auch zu gerechten, dem zu vermutenden Erblasserwillen entsprechenden Ergebnissen. Vor einem bösgläubigen Ehegattenerben werden die Verwandten durch § 1318 Abs.5 BGB ausreichend geschützt. Gingen jedoch beide Ehegatten bis zum Erbfall von einer gültigen Ehe aus oder war nur dem Erblasser die Fehlerhaftigkeit der Ehe bekannt und hat er trotzdem nicht den Auflösungsantrag gestellt, so kann wohl regelmäßig unterstellt werden, dass der Erblasser auch mit den erbrechtlichen Konsequenzen seiner Ehe einverstanden war.[50]

Bei einer Doppelehe ist sogar die kuriose Situation denkbar, dass der Erblasser zwei erbberechtigte Ehegatten hinterlässt, wenn die Aufhebung der zweiten Ehe nicht bis zum Erbfall wenigstens beantragt war oder wenn der zweite Ehegatte nicht bösgläubig und § 1318 Abs.5 BGB nicht anwendbar ist. In diesem vom Gesetz nicht geregelten Fall erhalten die beiden hinterbliebenen Ehegatten den Ehegattenerbteil, da die fehlerhafte Ehe bis zur gerichtlichen Aufhebung wie eine vollgültige Ehe wirkt. Der Höhe nach kann jedoch der

---

[49] Palandt-Brudermüller, § 1318, Rz.15; Palandt-Edenhofer, § 1931, Rz.4

[50] Hatte der Erblasser noch vor seinem Tod einen Auflösungsantrag gestellt und kam es in dem Gerichtverfahren über die Eheauflösung wegen des Todes des Erblassers nicht mehr zu einem Urteil, so greift der vorzeitige Erbrechtsausschluss des Ehegatten nach § 1933 S.2 BGB unter der Bedingung, dass die Voraussetzungen für die Auflösbarkeit der Ehe tatsächlich gegeben waren. Vgl. auch unter Seite22: „§ 1933 BGB: Ausschluss des Ehegattenerbrechts bereits nach Scheidungsantrag"

Ehegattenerbteil nur einmal vergeben werden, da sonst in das gesetzliche Erbrecht der Verwandten eingegriffen werden würde.[51]

Festzuhalten ist jedoch, dass das gesetzliche Erbrecht des Ehegatten notwendigerweise an den Bestand der Ehe gekoppelt ist. Nach der Auflösung der Ehe hat der geschiedene Ehegatte unmittelbar keinen Anspruch mehr auf einen Teil des Nachlasses. Insoweit besteht also auch für den Erblasser, der das Erbrecht seines geschiedenen Ehegatten verhindern will, kein Handlungsbedarf.

Der Vollständigkeit halber sei an dieser Stelle darauf hingewiesen, dass unter Umständen familienrechtliche Ansprüche eines geschiedenen Ehegatten auch nach rechtskräftiger Eheauflösung den Nachlass des Erblassers belasten können. Nach § 1586 b BGB geht beim Tod des Unterhaltsverpflichteten die Unterhaltspflicht als Nachlassverbindlichkeit auf die Erben über. Die Erben haften nach § 1586 b Abs.1 S.3 BGB jedoch nicht über einen Betrag hinaus, der dem Pflichtteil entspricht, welcher dem Berechtigten zustände, wenn die Ehe nicht geschieden worden wäre.[52] Ebenso geht auch der Anspruch auf Versorgungsausgleich nach dem Tod des Verpflichteten nicht unter, sondern ist gegen die Erben geltend zu machen (§1587 e Abs.4 BGB).[53]

2. § 1933 BGB: Ausschluss des Ehegattenerbrechts bereits nach Scheidungsantrag

Unter bestimmten Voraussetzungen wird der Zeitpunkt, zu dem das Ehegattenerbrecht untergeht, sogar vorverlegt auf einen Zeitpunkt, zu dem die Ehe noch nicht rechtskräftig aufgelöst ist. § 1933 S.1 BGB sieht vor, dass das Erb-

---

[51] KG v.28.9.1976, OLGZ 1977, 386, 387; Palandt-Edenhofer, § 1931, Rz.5; Münchner Kommentar-Leipold, § 1931, Rz.9, der auch auf sich stellende Fragen eingeht, wenn für die beiden Ehen unterschiedliche Güterstände vereinbart waren.

[52] Streitig ist in diesem Zusammenhang, ob die Unterhaltspflicht erlischt, wenn der Berechtigte auf sein gesetzliches Erbrecht oder auf den Pflichtteil verzichtet hat. Die wohl herrschende Meinung geht in diesem Fall von einem Erlöschen der Unterhaltspflicht nach § 1586 b BGB aus, da der Unterhaltsberechtigte sonst durch die Ehescheidung mehr erhalten würde als ohne sie (Palandt-Edenhofer, § 1933, Rz.9; Palandt-Brudermüller, § 1586 b, Rz.8; Dieckmann, FamRZ 1999, 1029; derS. FamRZ 1992, 633; Münchner Kommentar-Richter, § 1586 b, Rz.2). Die Gegenmeinung lehnt dies ab, da Zweck des § 1586 b BGB nicht der Erhalt einer erbrechtlichen Position sei, sondern die Versorgung des sozial Schwächeren. Auch entspräche eine derart weitreichende Wirkung eines Pflichtteilsverzichts, der meist nur Abkömmlinge vor Pflichtteilsansprüchen schützen soll, regelmäßig nicht dem Willen der Eheleute zum Zeitpunkt der entsprechenden Vereinbarung (Pentz, FamRZ 1998, 1344; Grziwotz, FamRZ 1991, 1258; mit dieser Gegenmeinung sympathisierend: Frenz, MittRhNotK 1995, 227, 228).

[53] Lange/Kuchinke, § 12 VII

recht des überlebenden Ehegatten ausnahmsweise trotz Bestehens der Ehe ausgeschlossen ist, wenn zur Zeit des Todes des Erblassers die Voraussetzungen für die Scheidung der Ehe gegeben waren und der Erblasser die Scheidung beantragt oder ihr zugestimmt hat. Aus § 1933 S.1 BGB kann demnach ein beidseitiger Ausschluss des Ehegattenerbrechts resultieren, wenn ein Ehegatte die Scheidung beantragt hat und der andere diesem Antrag zugestimmt hat, wenn also beide scheidungswillig sind. Andererseits kommt es aber nur zu einem einseitigen Ausschluss des Ehegattenerbrechts, wenn der andere Ehegatte einer Scheidung nicht zustimmt. Die Konsequenz ist in diesem Fall, dass zwar der scheidungswillige Ehepartner das Erbrecht des anderen Partners vereiteln kann, dass aber der scheidungswillige Ehepartner selbst erbberechtigt am Nachlass seines Ehegatten bleibt, wenn dieser nicht scheidungswillig war, also insbesondere wenn der Partner nicht der Scheidung zugestimmt hat. Die Verfassungsmäßigkeit dieses nur einseitig wirkenden Erbrechtsausschlusses des § 1933 S.1, 1.Alt. BGB wird in der Literatur mit guten Argumenten angezweifelt.[54]

§ 1933 BGB knüpft den Ausschluss des Erbrechts des überlebenden Ehegatten im Falle des Todes des Scheidungswilligen an materielle wie formelle Voraussetzungen:

---

[54] Zopfs, ZEV 1995, 309 ff. geht wegen Verstoßes gegen Art.3 Abs.1 und Art.6 Abs.1 GG von Verfassungswidrigkeit des einseitigen Erbrechtsausschlusses auS. Verfassungswidrigkeit des einseitigen Erbrechtsausschlusses wird auch angenommen von Bengel, Anm. zu BGH v. 13.7.1994, ZEV 1994, 360, 361, der von einer nur „schwer verständlichen Rechtsfolge" spricht. Leipold im Münchner Kommentar, § 1933, Rz.3, hält § 1933 BGB für eine „missratene Vorschrift", da ein einseitiger Erbrechtsausschluss nicht mit dem geltenden Scheidungsrecht vereinbar ist, das nicht mehr auf ein Verschulden abstellt. Eine andere Ansicht hierzu vertritt Staudinger-Werner, § 1933, Rz.4, der den einseitigen Erbrechtsausschluss für verfassungsgemäß hält, da durch den Unterhaltsanspruch nach §§ 1933 S.3; 1569 ff. BGB ein Ausgleich gewährleistet wird und da auch der andere Ehegatte seinerseits den Erblasser enterben könnte. In der Rechtsprechung ist diese Frage noch nicht abschließend geklärt. Das BVerfG hat in seiner Entscheidung vom 15.2.1995, ZEV 1995, 183, nur die Verfassungsmäßigkeit des beidseitigen Erbrechtsausschlusses nach § 1933 Satz.1, 2.Alt. BGB bestätigt. Ausdrücklich offen gelassen hat das Gericht in dieser Entscheidung, ob der einseitige Erbrechtsausschluss des Scheidungsgegners auf Grund eines begründeten Scheidungsantrags verfassungsrechtlichen Bedenken unterliegt. Dieser einseitige Erbrechtsausschluss bilde jedenfalls mit dem beidseitigen keine untrennbare Einheit, so dass beide auch unabhängig voneinander bestehen können und aus der Verfassungsmäßigkeit des letzteren nicht auf die Verfassungskonformität des ersteren geschlossen werden könne. Der BGH hat die Frage, ob gegen den einseitigen Erbrechtsausschluss verfassungsrechtliche Bedenken bestehen in mehreren Entscheidungen zwar angesprochen aber im Ergebnis immer offen gelassen (vgl. BGH v.6.6.1990, BGHZ 111, 329, 333; BGH v.13.7.1994, ZEV 1994, 358).

In materieller Hinsicht müssen im Zeitpunkt des Erbfalls die Voraussetzungen für die Ehescheidung gegeben sein. Es muss also das Scheitern der Ehe nach §§ 1565 ff. BGB, ggf. über die Zerrüttungsvermutung des § 1566 BGB, fest-stellbar sein. [55] Die Scheidungsvoraussetzungen müssen im Erbscheinsverfahren oder vor dem Prozessgericht vorgetragen und bewiesen werden. [56] Dabei werden Beweisprobleme keine Seltenheit sein.[57] Die Beweislast dafür, dass die Ehe geschieden worden wäre, trägt auch im Rahmen von § 1933 BGB derjenige, der sich darauf beruft, also die Verwandten, die sich auf das Entfallen des Ehegattenerbrechts berufen. Hieran ändert sich auch dadurch nichts, dass diesen Verwandten ein Erbschein erteilt worden ist.[58] Im Verfahren werden die Voraussetzungen für die Scheidung bezogen auf den Zeitpunkt des Erbfalls hypothetisch geprüft. Hätte danach im Scheidungsverfahren das Gericht die Ehe scheiden müssen, wenn sich nicht wegen des Todes des Erblassers dieses Verfahren nach § 619 ZPO erledigt hätte, dann liegen auch die materiellen Scheidungsvoraussetzungen im Sinne von § 1933 BGB vor.[59]

Formelle Voraussetzung für den einseitigen Ausschluss des Ehegattenerbrechts ist, dass der Erblasser die Scheidung beantragt hatte, und für den beidseitigen Erbrechtsausschluss, dass beide Ehegatten entweder die Scheidung beantragt oder ihr zugestimmt hatten. Umstritten ist allerdings, wann ein Scheidungsantrag bzw. die Zustimmung dazu im Sinne dieser Vorschrift vorliegt. In Bezug auf den Scheidungsantrag geht eine Mindermeinung davon aus, dass der Eingang des Scheidungsantrags bei Gericht genüge. Dies ergebe sich zum einen aus dem Wortlaut des § 1933 BGB, der nur von „beantragen" spricht, und zum

[55] Strittig ist in diesem Zusammenhang, ob bei einer einvernehmlichen Scheidung auch die nach § 630 Abs.1 Nr.2 und Nr.3 ZPO geforderte Einigung über Scheidungsfolgesachen zu den materiellen Scheidungsvoraussetzungen im Sinne von § 1933 BGB gehört. Die wohl herrschende Meinung befürwortet dies, da wegen § 630 Abs.3 ZPO ohne eine entsprechende Einigung eine einvernehmliche Ehescheidung nicht möglich gewesen wäre. Vgl.: OLG Bremen v.23.5.1986, FamRZ 1986, 833; OLG Schleswig-Holstein v.29.7.1992, NJW 1993, 1082; OLG Stuttgart v.3.12.1992, OLGZ 1993, 263; Staudinger-Werner, § 1933, Rz.10; Soergel-Stein, § 1933, Rz.8; Palandt-Edenhofer, § 1933, Rz.6. Die Gegenmeinung lehnt dies ab, da ein durch den Tod eines Partners erledigtes Scheidungsverfahren ohnehin nicht mehr zu einer Scheidung führen könne und da im Rahmen von § 1933 BGB zur Klärung von erbrechtlichen Fragen nur auf den mutmaßlichen Ausgang des Scheidungsverfahrens abgestellt werde. Vgl.: OLG Frankfurt v.6.4.1989, FamRZ 1990, 210; Münchner Kommentar-Leipold, § 1933, Rz.8; Jauernig-Stürner, § 1933, Rz.1; Lange/Kuchinke, § 12 II 2 a; Dieckmann, FamRZ 1979, 389, 396

[56] OLG Bremen v.23.5.1986, FamRZ 1986, 833; Nieder, ZEV 1994, 156, 157

[57] Reimann, Festschrift Schippel, 301, 313

[58] BGH v.30.11.1994, NJW 1995, 1082; ausführlich zur Beweislast im Rahmen von § 1933 BGB vgl. auch: Staudinger-Werner, § 1933, Rz.10

[59] BGH v.30.11.1994, NJW 1995, 1082; Rohlfing, § 2, Rz.181

anderen rechtfertige die Zielsetzung des § 1933 BGB eine analoge Anwendung des § 270 Abs.3 ZPO.[60] Die vorzugswürdige herrschende Meinung fordert, dass der Scheidungsantrag nicht nur bei Gericht eingegangen sondern auch dem Antragsgegner zugestellt worden ist (§§ 622 Abs.2; 253 Abs.1; 261 Abs.1 ZPO). Dies wird zum einen mit der Intention des Gesetzgebers bei der Neufassung des § 1933 BGB durch das 1. Eherechtsreformgesetz vom 14.6.1976 begründet, durch das es nicht zu einer inhaltlichen Änderung gegenüber der früheren Vorschrift kommen sollte. Die alte Fassung des § 1933 BGB forderte ausdrücklich, dass der Erblasser Scheidungsklage „erhoben" habe. Zum anderen wird eine analoge Anwendung des § 270 Abs.3 ZPO („demnächstige" Zustellung) abgelehnt, da es bei § 1933 BGB nicht um die Wahrung einer Frist gehe.[61]

Mit dem Begriff „Zustimmung zur Scheidung" in § 1933 BGB wird nach herrschender Meinung die Formulierung des § 1566 Abs.1 BGB und des § 630 Abs.1 Nr.1 und Abs.2 ZPO aufgenommen. Notwendig ist nach dieser Meinung daher eine formelle Zustimmungserklärung im Scheidungsverfahren durch den Anwalt des Antragsgegners oder durch diesen selbst gemäß § 630 Abs.2 ZPO (mündlich zu Protokoll der Geschäftsstelle oder in der mündlichen Verhandlung zur Niederschrift des Gerichts). So genügt es nach der herrschenden Meinung insbesondere nicht, wenn die Zustimmung nur in einer Unterhaltsvereinbarung zwischen den Parteien erklärt wurde.[62] Nach einer anderen Auffassung soll jedoch bereits formlose Zustimmung, beispielsweise in einer Unterhaltsvereinbarung, ausreichen, um den Erbrechtsausschluss nach § 1933 BGB auszulösen.[63] Wird eine Zustimmung zur Scheidung formgültig widerrufen (§ 630 Abs.2 ZPO), so entfällt damit auch die Wirkung nach § 1933 BGB.

Umstritten ist auch, inwieweit ein nicht rechtskräftig gewordenes, abweisendes Urteil die Rechtsfolgen des § 1933 BGB fortbestehen lässt. Soweit der Antragsteller hiergegen Rechtsmittel eingelegt hat, bestehen keine Bedenken gegen die Anwendbarkeit von § 1933 BGB. Wenn der Antragsteller wegen seines Todes jedoch nicht mehr in der Lage war, ein Rechtsmittel einzulegen, dann ist unklar, ob § 1933 BGB noch fortwirkt. Für die Anwendbarkeit von § 1933 spricht, dass der Antragsteller grundsätzlich die Rechtsmittelfrist voll ausnutzen darf für seine Überlegungen und dass man

[60] Soergel-Stein, § 1933, Rz.4; Brox, Rz.56

[61] BGH v.6.6.1990, BGHZ 111, 329; Staudinger-Werner, § 1933, Rz.5; Münchner Kommentar-Leipold, § 1933, Rz.5; Palandt-Edenhofer, § 1933, Rz.4; Ebenroth, Rz.140; Rohlfing, § 2, Rz.179 f.

[62] BGH v.30.11.1994, NJW 1995, 1082; OLG Zweibrücken v.20.12.1982, OLGZ 1983, 160, 161; OLG Saarbrücken v.18.7.1991, FamRZ 1992, 109; Soergel-Stein, § 1933, Rz.6; Palandt-Edenhofer, § 1933, Rz.4; Münchner Kommentar-Leipold, § 1933, Rz.7; Staudinger-Werner, § 1933, Rz.7

[63] OLG Frankfurt v.6.4.1989,FamRZ 1990, 210

daher bis zur Rechtskraft des abweisenden Urteils nicht ohne weiteres davon ausgehen kann, dass er sein Scheidungsbegehren nicht weiterverfolgen wollte, nur weil er bis zu seinem Tod noch kein Rechtsmittel eingelegt hat.[64]

Das bisher zu § 1933 BGB Erörterte gilt entsprechen auch für den Fall, dass ein Ehegatte vor dem Erbfall den Antrag auf Eheaufhebung gestellt hat, da nach § 1933 S.2 BGB das Erbrecht des anderen Ehegatten auch entfällt, wenn der Erblasser berechtigt war, die Aufhebung der Ehe zu beantragen, und er den Antrag gestellt hatte.

II. Gewillkürte Erbfolge nach einer Scheidung

1. Allgemeines Testamentsrecht

Für das Testament - insbesondere für den Grundfall des einseitigen Testaments - bestimmt § 2077 Abs.1 S.1 BGB, dass eine letztwillige Verfügung, durch die der Erblasser seinen Ehegatten bedacht hat, unwirksam ist, wenn die Ehe vor dem Tod aufgelöst worden ist. Dies gilt nach § 2077 Abs.1 S.2 und 3 BGB ebenso für den Fall, dass ein Scheidungs- oder Eheauflösungsverfahren vor dem Erbfall eingeleitet worden ist und der Erblasser den Scheidungs- bzw. Auflösungsantrag gestellt hat oder er der Scheidung zugestimmt hat. Die Regelung in § 2077 Abs.1 S.2 und 3 BGB entspricht der Vorschrift des § 1933 BGB. Bezüglich der einzelnen Tatbestandsvoraussetzungen wird daher auf die Ausführung zu § 1933 BGB Bezug genommen.[65] Nach § 2077 BGB verliert jedoch nur die den Ehegatten begünstigende Verfügung ihre Gültigkeit. Die sonstigen Verfügungen eines einseitigen Testaments bleiben wirksam, wenn nicht anzunehmen ist, dass der Erblasser diese ohne die unwirksame Verfügung nicht getroffen haben würde (§ 2085 BGB).

a) § 2077 BGB als Auslegungsregel

Die Rechtsnatur des § 2077 Abs.1 BGB ist strittig. Die herrschende Meinung nimmt eine Auslegungsregel an.[66] Diese Einordnung stützt sich vor allem

---

[64] Lange/Kuchinke, § 12 II 2 e, m.w.N.; Rohlfing, § 2, Rz.183, empfiehlt wegen dieser unsicheren Rechtslage aus Gründen der anwaltlichen Vorsorge, den sichersten Weg zu gehen und sofort nach Verkündung des abweisenden Urteils Rechtsmittel einzulegen ohne die Rechtsmittelfrist abzuwarten.

[65] Vgl. oben Seite 22

[66] Staudinger-Otte, § 2077, Rz.4; Münchner Kommentar-Leipold, § 2077, Rz.3; Soergel-Loritz, § 2077, Rz.2; Palandt-Edenhofer, § 2077, Rz.1; Lange/Kuchinke, § 35 I 5 a; Brox, Rz. 216; Nieder, Handbuch der Testamentsgestaltung, Rz. 606;

auf § 2077 Abs.3 BGB, wonach eine Verfügung nicht unwirksam ist, wenn anzunehmen ist, dass der Erblasser sie auch für den Fall der vorzeitigen Eheauflösung oder den Scheidungsfall getroffen haben würde. Die Gegenmeinung nimmt eine Ergänzungs- oder Dispositivnorm[67] an, da es bei § 2077 BGB nicht um die Klarstellung einer mehrdeutigen Erklärung gehe.

Der Meinungsstreit über die Rechtsnatur von § 2077 BGB kann praktische Relevanz erlangen bei der Frage, ob bei der Ermittlung des vorrangigen Erblasserwillens im Sinne von § 2077 Abs.3 BGB auch nach der Testamentserrichtung vom Erblasser nicht formgültig vorgenommene Willensäußerungen unmittelbar beachtlich sind. Einige Vertreter der Gegenmeinung sind dieser Auffassung.[68] Die herrschende Meinung, die von einer Auslegungsregel ausgeht, kann notwendigerweise nur auf den Erblasserwillen zum Zeitpunkt der Testamentserrichtung abstellen, da nur die im Testament vorgenommene Verfügung auslegungsfähig ist. Jede Auslegung muss ihre Grundlage in einer formgültigen Erklärung des Erblassers finden.[69] Wenn man § 2077 BGB für eine Auslegungsregel hält, kann daher bei der Ermittlung des vom Erblasser verfolgten Ziels nicht auf spätere Sinneswandlungen des Erblassers abgestellt werden, sondern muss dessen Motivation zum Zeitpunkt der Testamentserrichtung zu Grunde gelegt werden. Ein Erblasser, der seinen Willen ändert, muss auch sein Testament ändern, wenn er seinen neuen Zielen zur Durchsetzung verhelfen will. Ein zu einem späteren Zeitpunkt geäußerter Wille kann in diesem Zusammenhang nur als Indiz für einen bereits bei der Testamentserrichtung vorhandenen, tatsächlichen oder hypothetischen Willen des Erblassers herangezogen werden. Jede Meinung, die eine spätere Willensäußerung für unmittelbar beachtlich hält, ist mit der herrschenden Meinung abzulehnen, da schon die Formgebundenheit der letztwilligen

---

J.Mayer, ZEV 1997, 280, der jedoch zumindest für die Parallelvorschrift des § 2268 Abs.1 BGB seine Meinung später revidierte und jetzt einen dispositiven Rechtssatz annimmt (vgl. J.Mayer in Dittmann/Reimann/Bengel, § 2268, Rz.3); die Rechtsprechung spricht von einer „dispositiven Auslegungsregel" (vgl. BGH v.6.5.1959, FamRZ 1960, 28; BayObLG v.23.5.1995, ZEV 1995, 331, 332)

[67] Von Lübtow, Band I, S.293; Kipp/Coing § 23 V 4;_Foer AcP 153 (1954), 492, 512 ff.; Muscheler, DNotZ 1994, 733, 736; von einem völlig anderen Ansatz geht Battes, JZ 1978, 733, 735 ff. aus: Aus einem Rechtsvergleich mit dem anglo-amerikanischen Recht heraus will er, soweit ein Erblasserwille nicht ermittelt werden kann, die Frage nach der Wirksamkeit der Erbeinsetzung des Ehegatten danach entscheiden, ob die Erbeinsetzung im Zusammenhang mit den vermögensrechtlichen Scheidungsfolgen noch sinnvoll ist.

[68] Foer AcP 153 (1954), 492, 507; Lange/Kuchinke § 35 I 5 c, der zwar grundsätzlich anerkennt, dass der Wille zur Zeit der Verfügungserrichtung maßgeblich ist, der es jedoch für sinnvoll hält, den mutmaßlichen Willen des Erblassers auch nach der späteren Einstellung des Erblassers zu formen.

[69] BGH v.9.4.1981, BGHZ 80, 242, 246; BGH v.8.12.1982, BGHZ 86, 41, 46

Verfügung ein Abstellen auf eine formlos getätigte Willensäußerung verbietet.[70] Ein Ziel der strengen Formvorschriften im Erbrecht ist die Steigerung der Rechtssicherheit bezüglich des Inhaltes einer letztwilligen Verfügung. Wenn eine nach der Testamentserrichtung getätigte Willensäußerung des Erblassers, die in der letztwilligen Verfügung selbst keinen Anklang findet, für die Erbfolge unmittelbar entscheidend wäre, dann würde die vom Gesetzgeber bezweckte Rechtssicherheit untergraben.

Soweit jedoch auch die Vertreter der Gegenmeinung im Rahmen von § 2077 Abs.3 BGB ausschließlich auf den Erblasserwillen zur Zeit der Testamentserrichtung abstellen, ist die Frage nach der Rechtsnatur von § 2077 Abs.1 BGB ohne praktische Konsequenz und kann daher dahingestellt bleiben. Besonders treffend erscheint jedoch die Klassifizierung dieser Norm als „gesetzliche Regel der ergänzenden Testamentsauslegung".[71]

b) Vorrang des Erblasserwillens nach § 2077 Abs.3 BGB

§ 2077 Abs. 3 BGB ordnet ausdrücklich den Vorrang des Erblasserwillens an. Die Rechtsfolge der Unwirksamkeit der Verfügung nach § 2077 Abs.1 BGB greift demnach nur, soweit nicht ein gegenteiliger Wille des Erblassers festgestellt werden kann. Der Wortlaut des § 2077 Abs.3 BGB spricht zwar expressis verbis nur vom Vorrang des hypothetischen Erblasserwillens. Selbstverständlich kann dies jedoch nicht bedeuten, dass es nur auf den hypothetischen und nicht auch auf den tatsächlichen Erblasserwillen ankommt. Letzterer muss vielmehr erst recht und vorrangig beachtlich sein. Dies ergibt sich bereits ganz allgemein aus der grundsätzlichen Bedeutung des wirklichen Willens bei rechtsgeschäftlichen Erklärungen (§ 133 BGB) und nach § 2084 BGB ganz besonders bei letztwilligen Verfügungen.[72]

[70] So auch: Staudinger-Otte, § 2077, Rz.4; Soergel-Loritz, § 2077, Rz.17; Münchner Kommentar-Leipold, § 2077, Rz.17

[71] Münchner Kommentar-Leipold, § 2077, Rz.4, der auch darauf hinweist, dass dem § 2077 BGB an sich ein Irrtumsfall im Sinne des § 2078 Abs.2 BGB zu Grunde liegt und dass auch der erste Entwurf zum BGB dementsprechend nur die Anfechtbarkeit der letztwilligen Verfügung für diese Konstellation vorsah (vgl. § 1783 E I; Mugdan, Motive V, S.29). Davon hat der BGB-Gesetzgeber jedoch Abstand genommen, da eine gesonderte Anfechtungserklärung nicht zumutbar sei, wenn jemand in seiner Eigenschaft als Ehegatte eingesetzt sei und diese Eigenschaft beim Erbfall bereits verloren hatte (Mugdan, Protokolle V, S.537).; ähnlich auch Staudinger-Otte, § 2077, Rz.4

[72] BGH v.6.5.1959, FamRZ 1960, 28, 29; Staudinger-Otte, § 2077, Rz.20; Münchner Kommentar-Leipold, § 2077, Rz.16; Dieterle, BWNotZ 1970, 170; a.A.: Lange/Kuchinke § 35 I 5 c, der dem mutmaßlichen, an der Zukunft orientierten Willen

Die Streitfrage nach dem für die Ermittlung des Erblasserwillens maßgeblichen Zeitpunkt wurde bereits oben dargestellt[73] und dahingehend beantwortet, dass ausschließlich auf den Zeitpunkt der Errichtung der letztwilligen Verfügung abzustellen ist. Spätere Willensäußerungen sind nur beachtlich, soweit sie Rückschlüsse auf den wirklichen oder mutmaßlichen Erblasserwillen zur Zeit der Errichtung der Verfügung zulassen.

Einen tatsächlichen Erblasserwillen auf Aufrechterhaltung der Verfügung wird man vor allem dann annehmen dürfen, wenn die Verfügung während eines laufenden Ehescheidungsverfahrens oder zu einem anderen Zeitpunkt, zu dem die Zerrüttung der Ehe bereits vorlag, errichtet worden ist.[74] Ein hypothetischer Aufrechterhaltungswille ist anzunehmen, wenn Umstände eintreten, deren Gewicht die Auflösung der Ehe aufheben.[75] In erster Linie ist hier der Fall der Wiederheirat zu nennen. Im einzelnen sind Rechtsfolgen einer Aussöhnung oder einer Wiederheirat jedoch umstritten. Für den Fall, das der Erblasser nach der Scheidung einen anderen Partner heiratet, nimmt die überwiegende Meinung jedoch an, dass die Verfügung unwirksam ist, auch wenn nur „mein Ehemann" bzw. „meine Ehefrau" in der Verfügung bedacht worden ist.[76] Ebenso soll nach der herrschenden Meinung für die Fortgeltung der Verfügung nicht ausreichen, dass sich die beiden ursprünglich verheirateten Partner aussöhnen.[77] Im Falle der Wiederheirat derselben Ehegatten soll nach der herrschenden Meinung jedoch die Fortgeltung der Verfügung anzunehmen sein.[78]

---

auch über einen möglicherweise zur Zeit der Errichtung bestehenden wirklichen Willen Vorrang einräumen will.

[73] Vgl. Seite 27 f.

[74] Soergel-Loritz, § 2077, Rz.16; Staudinger-Otte, § 2077, Rz. 20

[75] Staudinger-Otte, § 2077, Rz.22

[76] RG v.10.12.1931, RGZ 134, 277, 281; Lange/Kuchinke § 34 VI 3 c, Fn. 202; Münchner Kommentar-Leipold, § 2077, Rz.18; Palandt-Edenhofer, § 2077, Rz.7; a.A.: Brox, Rz.216

[77] Staudinger-Otte, § 2077, Rz.22; Münchner Kommentar-Leipold, § 2077, Rz.18; Palandt-Edenhofer, § 2077, Rz.6; Soergel-Loritz, § 2077, Rz.17; Trappmeier, DNotZ 1987, 715, 724; Busse, MittRhNotK 1998, 225, 227; a.A.: Battes, JZ 1978, 733, 737; von Lübtow, Bd.I, S.293; Lange/Kuchinke § 35 I 5 c

[78] Als Begründung für die Fortgeltung wird vielfach jedoch nicht auf den hypothetischen Willen nach AbS. 3 abgestellt (so aber Staudinger-Otte, § 2077, Rz.22; BayObLG v.23.5.1995, ZEV 1995, 331, 332 f. für ein gemeinschaftliches Testament) sondern dieses Ergebnis wird aus einer teleologischen Reduktion des Abs.1 hergeleitet, nach der die Rechtsfolge des Abs.1 nicht greifen solle, wenn zur Zeit des Todes des Erblassers die Ehe nach vorheriger Scheidung wieder bestehe (Soergel-Loritz, § 2077, Rz.17), oder es wird auf den Normzweck des § 2077 BGB verwiesen, nach dem es im Falle der Wiederheirat derselben Ehegatten trotz § 2077 Abs.1 BGB nicht zu einer Unwirksamkeit kommen dürfe (Münchner Kommentar-Leipold, § 2077, Rz.18). Eine Mindermeinung nimmt auch bei Wiederheirat

Bereits diese kurze Auflistung von unterschiedlichen Meinungen zeigt, dass bei der Frage, wann von einem vorrangigen, auf Fortgeltung der Verfügung gerichteten Willen des Erblassers im Sinne von § 2077 Abs.3 BGB auszugehen ist, große Rechtsunsicherheit herrscht.[79] Diese Regelung bietet daher ein Einfallstor für Prozesse und Rechtsstreitigkeiten[80] mit unsicherem Ausgang. Dies wird in den folgenden Ausführungen zur Parallelvorschrift des § 2268 Abs.2 BGB und durch die Darstellung einiger Beispielsfälle aus der jüngeren Rechtsprechung[81] noch weiter verdeutlicht werden.

2. Ergänzende Regelung für das gemeinschaftliche Testament

§ 2268 Abs.1 bestimmt, dass ein gemeinschaftliches Testament in den Fällen des § 2077 BGB seinem ganzen Inhalt nach unwirksam ist. Durch diese Vorschrift wird für den Fall des gemeinschaftlichen Testaments die gegenüber dem allgemeinen Testamentsrecht erweiterte Rechtsfolge der vollständigen Unwirksamkeit vorgesehen, also auch die Unwirksamkeit von Verfügungen, die Dritte begünstigen. Nach § 2077 BGB ist nur die Zuwendung an den anderen Ehegatten unwirksam. Die Wirksamkeit der weiteren Verfügungen wäre ohne die Spezialvorschrift des § 2268 BGB nach den §§ 2085, 2270 BGB zu beurteilen. Haben die Eheleute jedoch nicht ein gemeinschaftliches Testament sondern zwei selbständige, aufeinander abgestimmte Einzeltestamente errichtet, so gilt nicht § 2268 BGB sondern nur § 2077 BGB.[82]

Auch bei § 2268 Abs.1 BGB ist streitig, ob es sich um eine Auslegungsregel oder eine Ergänzungs- bzw. eine Dispositivvorschrift handelt.[83] Als zusätzliches Argument für die Annahme eines dispositiven Rechtssatzes kommt bei § 2268 BGB hinzu, dass die Aufrechterhaltung von in einem gemeinschaftlichen Testament enthaltenen Verfügungen nach Scheidung oder Aufhebung der Ehe auf strukturelle Bedenken stößt, da gemeinschaftliche Testamente nur von Eheleuten errichtet werden können (§ 2265 BGB) und nach Beseitigung der Ehe an sich alle Gründe entfallen, die für ein

---

derselben Ehegatten Unwirksamkeit an: KG v.5.2.1968, FamRZ 1968, 217, 218 (Entscheidung erging zu einem gemeinschaftlichen Testament; sie enthält jedoch allgemeine Ausführungen zu § 2077); Soergel-Damrau, 11. Aufl., § 2077, Rz.6

[79] Reimann, ZEV 1995, 329, 330

[80] J.Mayer, ZEV 1997, 280

[81] Vgl. unten Seite 34 ff.: „Beispiele aus der Rechtsprechung zur Fortgeltung von erbrechtlichen Verfügungen "

[82] Staudinger-Kanzleiter, § 2268, Rz.2; Dieterle, BWNotZ 1970, 170, 171

[83] Vgl. zu dieser Streitfrage vorne Seite 26: „§ 2077 BGB als Auslegungsregel" m.w.N.

gemeinschaftliches Testament sprechen.[84] Wohl wegen dieses zusätzlichen Arguments schließen sich zum Teil auch Autoren, die im Rahmen von § 2077 BGB eine Auslegungsregel annehmen, der Meinung an, § 2268 BGB sei eine dispositive Rechtsregel.[85] Soweit der Streit über die Rechtsnatur dieser Vorschrift zur Folge hat, dass im Rahmen von § 2268 Abs.2 BGB ein nach der Testamentserrichtung nicht formgültig geäußerter Wille des Erblassers für unmittelbar beachtlich gehalten wird und nicht nur als Indiz für einen zur Zeit der Testamentserrichtung vorhandenen wirklichen oder mutmaßlichen Erblasserwillen herangezogen wird, ist eine entsprechende Ansicht abzulehnen.[86] Soweit jedoch auch die Vertreter der Meinung, die eine dispositive Rechtsnorm annehmen, dazu kommen, dass ausschließlich auf den Erblasserwillen zur Zeit der Testamentserrichtung abzustellen ist,[87] ist der Streit über die Rechtsnatur von § 2268 Abs.1 BGB ohne praktische Konsequenz und kann daher unentschieden bleiben. Die besseren Argumente sprechen jedoch wohl dafür, bei § 2268 BGB - anders als bei § 2077 BGB - von einer dispositiven Rechtsnorm auszugehen.

Im Hinblick auf die Formulierung „in den Fällen des § 2077 BGB" wird in der Literatur diskutiert, ob der Tatbestand des § 2268 Abs.1 BGB voraussetzt, dass zumindest einer der Ehegatten den anderen bedacht hat in dem gemeinschaftlichen Testament, da § 2077 BGB hiervon die Unwirksamkeit der Verfügung abhängig macht.[88] Normzweck und Entstehungsgeschichte[89] des § 2268 BGB lassen jedoch erkennen, dass – abgesehen von der Ausnahme des Absatz 2 – ein gemeinschaftliches Testament unabhängig von seinem Inhalt – also auch wenn darin nur Dritte bedacht wurden – bei vorzeitiger Eheauflösung seinem ganzen Inhalt nach unwirksam werden soll, weil die Grundlage für das gemeinschaftliche Testament entfallen ist.[90] Mit der Wendung des § 2268 BGB „in den

---

[84] Muscheler, DNotZ 1994, 733, 736; J.Mayer in Dittmann/Reimann/Bengel, § 2268, Rz.2

[85] Z.B. Edenhofer in Palandt zu § 2268, Rz.1 und zu § 2077, Rz.1

[86] Vgl. hierzu vorne Seite 26 f.: „§ 2 0 7 7 BGB als Auslegungsregel"

[87] Palandt-Edenhofer, § 2268, Rz.2; J.Mayer in Dittmann/Reimann/Bengel, § 2268, Rz.9

[88] Muscheler, DNotZ 1994, 733, 734; Dieterle, BWNotZ 1970, 170, 171; Busse, MittRhNotK 1998, 225, 227; Münchner Kommentar-Musielak, § 2077, Rz.4; J. Mayer in Dittmann/Reimann/Bengel, § 2268, Rz.2

[89] Vgl. Mugdan, Protokolle V, S.721: *„Man erwog, dass alle Gründe, die für die Zulassung eines gemeinschaftlichen Testaments sprächen, entfielen, sobald eine Ehe getrennt werde, und dass es sich aus Zweckmäßigkeitsgründen empfehle, mit der Grundlage des gemeinschaftlichen Testaments das ganze Testament wegfallen zu lassen. Man vermeide damit die schwierige Sonderung der korrespektiven von nicht korrespektiven Verfügungen."*

[90] Münchner Kommentar-Musielak, § 2268, Rz.4; Muscheler, DNotZ 1994, 733, 734 f.

Fällen des § 2077 BGB“ sind nur die dort genannten Ehebeseitigungsfälle gemeint.[91]

§ 2268 Abs.2 BGB ordnet ähnlich wie § 2077 Abs.3 BGB die Wirksamkeit der Verfügung trotz Eheauflösung an, wenn ein entsprechender Erblasserwille anzunehmen ist. Bei der Feststellung des Aufrechterhaltungswillens ist zu unterscheiden zwischen wechselseitigen und nicht wechselseitigen Verfügungen. Bei letzteren kommt es für die Frage der Wirksambleibens allein auf den Willen des Verfügenden an; wechselseitige Verfügungen können dagegen nur wirksam bleiben, wenn bei beiden ehemaligen Ehegatten ein entsprechender Aufrechterhaltungswille anzunehmen ist.[92] Wann ein Aufrechterhaltungswille anzunehmen ist, kann nicht generell beantwortet werden, sondern hängt wesentlich von den individuelle Umständen des Einzelfalls ab. Wenn in der Verfügung nur Dritte bedacht wurden und wenn beide Ehegatten zu den bedachten Dritten eine enge Beziehung haben – also insbesondere wenn eine sofortige Erbeinsetzung der Kinder angeordnet ist, wird man einen entsprechenden Erblasserwillen jedoch häufig vermuten dürfen.[93] Ebenso wird man bei einseitigen Verfügungen, die mit dem Bestand der Ehe nichts zu tun haben, häufig zu einem Aufrechterhaltungswillen kommen.[94] Durch Wiederheirat derselben Ehegatten soll ein gemeinschaftliches Testament nicht automatisch wiederaufleben. [95] Insoweit besteht auch ein Unterschied zur Parallelvorschrift des § 2077 BGB. Dort nimmt die herrschende Meinung die Wirksamkeit einer Verfügung zu Gunsten des Ehegatten an im Fall einer Wiederheirat derselben Ehegatten.[96] Beim gemeinschaftlichen Testament ist man diesbezüglich zurückhaltender, da dieses bereits vor dem Eintritt des ersten Erbfalls Wirkung entfaltet durch die Beschränkung der Testierfreiheit nach § 2271 Abs.1 S.2 BGB. Trotzdem kann die Fortgeltung im Falle einer Scheidung und anschließender Wiederheirat dem Willen der Eheleute im

---

[91] J. Mayer in Dittmann/Reimann/Bengel, § 2268, Rz.2

[92] J. Mayer in Dittmann/Reimann/Bengel, § 2268, Rz.9 f.

[93] OLG Stuttgart v.1.9.1975, OLGZ 1976, 17; BayObLG v.8.6.1993, BayObLGZ 1993, 240; Staudinger-Kanzleiter, § 2268, Rz.10; J. Mayer in Dittmann/Reimann/Bengel, § 2268, Rz.11

[94] Vgl. Beispielsfall bei Dieterle, BWNotZ 1970, 170, 171: Der Ehemann wendet seinem Freund F seine Briefmarkensammlung als Vermächtnis zu durch entsprechende Verfügung in einem gemeinschaftlichen Testament.

[95] BayObLG v. 23.5.1995, ZEV 1995, 331; KG v.5.2.1968, FamRZ 1968, 217, 218; Palandt-Edenhofer § 2268, Rz.2; Soergel-Wolf, § 2268, Rz.5; Staudinger-Kanzleiter, § 2268, Rz.7; J.Mayer in Dittmann/Reimann/Bengel, § 2268, Rz.13; a.A. Foer, AcP 153 (1954), 492, 510

[96] Vgl. Fn. Nr.78

Errichtungszeitpunkt entsprochen haben und daher nach § 2268 Abs.2 BGB Fortgeltung der Verfügung anzunehmen sein.[97]

3. Ergänzende Regelung für Ehegattenerbverträge

§ 2279 Abs.2 BGB stellt klar, dass § 2077 BGB auf Ehegattenerbverträge anwendbar ist. Zudem wird durch § 2279 Abs.2 BGB der Anwendungsbereich des § 2077 BGB dahingehend erweitert, dass im Erbvertrag nicht nur Verfügungen zu Gunsten des Ehegatten sondern auch Verfügungen zu Gunsten Dritter unwirksam sein sollen in den Fällen des § 2077 BGB.[98] Dieser Verweis auf § 2077 BGB gilt jedoch nur für vertragsmäßige Verfügungen; auf einseitige Verfügungen, die im Erbvertrag mitenthalten sind, ist § 2077 BGB direkt anzuwenden (§ 2299 Abs.2 S.1 BGB). Dass für den Erbvertrag eine § 2268 Abs.1 BGB vergleichbare Vorschrift fehlt, die festlegt, dass in den Fällen des § 2077 BGB die Verfügung von Todes wegen ihrem gesamten Inhalt nach unwirksam ist, erklärt sich daraus, dass anders als beim gemeinschaftlichen Testament beim Erbvertrag ein Ehegatte sich darauf beschränken kann, die Verfügung des anderen anzunehmen und nicht notwendigerweise selbst als Erblasser verfügen muss. Bei einem zweiseitigen Erbvertrag, bei dem beide Eheleute vertragsmäßige Verfügungen treffen, ergibt sich die Rechtsfolge der vollständigen Unwirksamkeit jedoch aus § 2298 Abs.1 BGB.[99]

Auch beim Erbvertrag ist nach §§ 2279 Abs.2, 2077 Abs.3 BGB trotz Eheauflösung von einer Fortgeltung der Verfügung auszugehen, wenn ein entsprechender, tatsächlicher oder mutmaßlicher Erblasserwille zum Zeitpunkt des Vertragsschusses anzunehmen ist. Bezüglich der Frage, in welchen Situationen von einem Fortgeltungswillen des Erblassers auszugehen ist, ergeben sich bei Erbvertrag dieselben Probleme und Unsicherheiten wie im Rahmen von §§ 2077 Abs.3 und 2268 Abs.2 BGB.

---

[97] So etwa bei BayObLG v.23.5.1995, ZEV 1995, 311; für regelmäßige Auslegung des Erblasserwillens in diesem Sinne: J. Mayer in Dittmann/Reimann/Bengel, § 2268, Rz.13

[98] Offensichtlich übersehen von OLG Hamm v.8.11.1993, ZEV 1994, 367; vgl. auch Urteilsanmerkung von J. Mayer, ZEV 1994, 368, der auf diesen Fehler hinweist; Staudinger-Otte, § 2077, Rz.28

[99] Münchner Kommentar-Musielak, § 2279, Rz.5

4. Beispiele aus der Rechtsprechung zur Fortgeltung von erbrechtlichen Verfügungen nach einer Scheidung

Bereits mehrfach wurde darauf hingewiesen, dass die §§ 2077 Abs.3 und 2268 Abs.2 BGB zu rechtlicher Unklarheit darüber führen können, ob die Verfügung in einem Testament oder einem Ehevertrag auch nach einer vorzeitigen Eheauflösung fortbesteht. Wann ein vorrangiger, auf den Fortbestand der Verfügung gerichteter Wille des Erblassers im Sinne dieser Vorschriften anzunehmen ist, ist höchst umstritten und wohl ohnehin nur von Fall zu Fall zu entscheiden. Diese Rechtsunsicherheit spiegelt sich auch in der Rechtsprechung wieder, die zum Teil zu überraschenden Urteilen kommt. Exemplarisch seien hier einige Entscheidungen vorgestellt, die sich mit der Fortgeltung erbrechtlicher Verfügungen im Scheidungsfall beschäftigen:

Das OLG Stuttgart hatte einen Fall zu entscheiden, in dem die Ehegatten Gütergemeinschaft vereinbart hatten und in einem Erbvertrag als Erben des Erstversterbenden den überlebenden Ehegatten zu ¼ und die gemeinschaftlichen Abkömmlinge zu ¾ bestimmt hatten.[100] Das Gericht nahm an, dass nur die Erbeinsetzung zu Gunsten der Ehefrau unwirksam wurde. Hier sei nach der Lebenserfahrung davon auszugehen, dass der Erblasser mit der beide Ehegatten bindenden Bestimmung, dass nach dem Tod des erstversterbenden Ehegatten die Kinder zu ¾ Erben werden, bezweckt hat, die Kinder so zu stellen, dass sie durch eine Ehescheidung nicht benachteiligt, d.h. nicht schlechter gestellt werden sollen, und ein zweiter Ehegatte insofern nicht besser gestellt werden soll als der erste Ehegatte. Dies entspreche auch der Gerechtigkeit, jedenfalls wenn aus der zweiten Ehe keine Kinder hervorgehen. Daher sei ein hypothetischer Fortgeltungswille des Erblassers anzunehmen.[101]

In einem vom Bayerischen Obersten Landesgericht zu entscheidenden Fall waren in einem gemeinschaftlichen Testament von jedem Ehegatten sofort die Kinder zu Erben berufen.[102] Das Gericht hat hier die Wechselbezüglichkeit dieser Verfügungen bejaht und auch anerkannt, dass Wechselbezüglichkeit einer letztwilligen Verfügung im allgemeinen gegen die Annahme spreche, dass die Ehegatten sie auch für den Fall des Scheiterns ihrer Ehe aufrechterhalten wollten. Jedoch könne sich aus der Person des Bedachten etwas anderes

[100] OLG Stuttgart v. 1.9.1975, OLGZ 1976, 17

[101] J. Mayer, ZEV, 1997, 280, 281, hält dieses Ergebnis für bedenklich, da die getroffene Erbeinsetzung zu Gunsten der Kinder sich auch nur als nicht selbständige Verweisung auf die gesetzliche Erbfolge bei Gütergemeinschaft hätte verstehen lassen, die durch die vom Gericht vorgenommene Auslegung über die Scheidung hinaus konserviert werde.

[102] BayObLG v.8.6.1993, BayObLGZ 93, 240

ergeben, insbesondere wenn es sich um die gemeinschaftlichen Kinder handele. Daher hat das Gericht auch hier die Fortgeltung angenommen.

Das OLG Hamm hatte sich mit einem Fall zu beschäftigen, in dem sich die Eheleute in einem Ehegattenerbvertrag gegenseitig zu Erben eingesetzt hatten und als (Schluss)Erben nach beider Tod die gemeinschaftliche Tochter.[103] Unstreitig war die Unwirksamkeit der gegenseitigen Erbeinsetzung. Gegenstand des Prozesses war jedoch, ob die Erbeneinsetzung der Tochter aus dem Erbvertrag fortgalt oder ob die zweite Frau des Erblassers auf Grund eines nach der Scheidung errichteten Testaments Erbin wurde. Das Gericht sah bei dieser Sachverhaltskonstellation einen Unterschied zu den oben dargestellten Fällen, weil hier der Tochter lediglich eine vom überlebenden Ehegatten „abhängige Rechtsstellung" als Schlusserben zugewiesen war. Das Gericht hat daher auch ausführlich diskutiert, ob der gesamte Inhalt des Erbvertrages – also auch die Erbeinsetzung der Tochter – entweder nach § 2279 Abs.2 oder nach § 2298 Abs.1 BGB unwirksam ist. Im Ergebnis konnte das Gericht diese Entscheidung jedoch offen lassen. Es konnte dahinstehen, ob ein hypothetischer Wille des Erblassers bei Abschluss des Erbvertrages dahingehend anzunehmen sei, dass die Erbenberufung der Tochter auch für den Scheidungsfall als einseitige Verfügung weitergelten sollte, da eine derartige einseitige Verfügung jedenfalls durch das formwirksame spätere Testament gemäß §§ 2299, 2253, 2254 BGB wirksam widerrufen worden wäre. Diese Entscheidung lässt den Testamentsgestalter mit der offenen Frage zurück, was passiert wäre, wenn der Erblasser kein neues Testament errichtet und nicht wirksam widerrufen hätte. Ob in diesem Fall die Erbeinsetzung der Tochter fortgegolten hätte oder ob gesetzliche Erbfolge anzunehmen gewesen wäre, weil der Erbvertrag insgesamt unwirksam war, bleibt unbeantwortet.[104]

Aus diesen Entscheidungen zieht J. Mayer nicht zu Unrecht den Schluss, dass in der Rechtsprechung eine Tendenz dahingehend besteht, von einem Aufrechterhaltungswillen auszugehen, wenn Dritte als Erben eingesetzt sind und eine besondere Beziehung zwischen den Erblassern und den Bedachten besteht, insbesondere wenn eine sofortige Erbeinsetzung der Kinder angeordnet ist.[105]

In einer anderen Entscheidung des Bayerischen Obersten Landesgerichts kommt das Gericht nicht auf Grund der Person der Bedachten, sondern wegen der Wiederheirat derselben Eheleute zu einer Fortgeltung eines gemeinschaftlichen Testaments.[106] Die Eheleute hatten in diesem Fall ein

---

[103] OLG Hamm v.8.11.1993, ZEV 1994, 367
[104] Vgl. auch Anmerkung zu dieser Entscheidung von J. Mayer, ZEV 1994, 368
[105] J. Mayer, ZEV 1997, 280, 281; derS. in Dittmann/Reimann/Bengel, § 2268, Rz.11
[106] BayObLG v.23.5.1995, ZEV 1995, 331

gemeinschaftliches Testament in Form eines Berliner Testaments errichtet. Nach ihrer Scheidung heirateten sie kurze Zeit später erneut. Das Gericht hat in dieser Entscheidung zwar angenommen, dass ein gemeinschaftliches Testament nach einer Scheidung und anschließender Wiederheirat nicht automatisch wiederauflebt, da ein gemeinschaftliches Testament bereits vor dem ersten Erbfall Rechtswirkungen entfaltet, insbesondere durch die Beschränkung der Testierfreiheit der Ehegatten (§ 2271 Abs.1 S.2 BGB). Trotzdem nahm das Gericht die Weitergeltung des gemeinschaftlichen Testaments an. Durch Auslegung hat es ermittelt, dass beide Ehepartner zur Zeit der Testamentserrichtung zumindest mutmaßlich gewollt hätten, dass das Testament auch nach der Scheidung und Wiederheirat fortgilt. Die Aussöhnung und spätere Wiederheirat der Eheleute sei bei dieser Auslegung entscheidend zu berücksichtigen. Die testierenden Ehegatten hätten ihre beiden Ehen letztlich als Einheit angesehen. Auch mit dieser Entscheidung ist die Rechtsklarheit in Bezug auf eine mögliche Fortgeltung erbrechtlicher Verfügungen nach einer Scheidung nicht unbedingt gefördert worden.[107] Die vermeintlich klare Stellungnahme gegen das automatische Wiederaufleben eines gemeinschaftlichen Testaments nach einer Wiederheirat wird durch das Ergebnis der Auslegung wieder in Frage gestellt. Wenn Aussöhnung und Wiederheirat entscheidende Faktoren im Rahmen der Auslegung des Erblasserwillens sind, dann wird man wohl regelmäßig zu einem Fortgeltungswillen kommen. Das Weitergelten des Testaments wird also die häufigere Rechtsfolge sein nach Scheidung und Wiederheirat als die Unwirksamkeit, obwohl die erste Feststellung des Gerichts gerade auf das Gegenteil schließen ließe.

Demgegenüber lassen sich auch Entscheidungen finden, in denen strenge Maßstäbe für die Annahme der Weitergeltung einer erbrechtlichen Verfügung nach einer Scheidung angesetzt werden. So hält das OLG Zweibrücken allein die Tatsache, dass sich die später geschiedene Ehe bei Abschluss des Erbvertrages bereits in der Krise befand, nicht für ausreichend, um einen Fortgeltungswillen im Sinne von §§ 2279 Abs.2, 2077 Abs.3 BGB anzunehmen, da besondere Umstände vorliegen müssten, um im Einzelfall einen entsprechende Willen des Erblassers annehmen zu können.[108] Nach dem Bayerischen Obersten Landesgericht soll bereits die formale Ausgestaltung einer Verfügung auf deren Abhängigkeit vom Bestand der Ehe zum Zeitpunkt des Erbfalls hindeuten. So sei die Erbeinsetzung des „überlebenden Ehegatten" ein Indiz gegen einen Fortgeltungswillen, da hierdurch zum Ausdruck komme,

---

[107] Reimann, ZEV 1995, 329, 330, hält die Folgen einer derartigen Rechtsprechung für unabsehbar.

[108] OLG Zweibrücken v.24.3.1998, NJW-RR 1998, 941

dass der Erblasser zur Zeit der Verfügungserrichtung vom Fortbestand der Ehe bis zum Erbfall ausgegangen sei.[109]

Diese unterschiedlichen Entscheidungen zeigen deutlich, dass sich ein Erblasser nicht auf die vollständige Unwirksamkeit eines gemeinschaftlichen Ehegattentestaments oder eines Ehegattenerbvertrages oder auf die Hinfälligkeit der den Ehegatten in einem einseitigen Testament begünstigenden Verfügung nach einer Scheidung verlassen kann. Das Gesetz lässt die Wirksamkeit oder Unwirksamkeit einer Verfügung nach einer vorzeitigen Eheauflösung stets von einem vorrangigen Erblasserwillen zur Zeit der Verfügungserrichtung abhängen. Da die Ermittlung dieses wirklichen oder mutmaßlichen Erblasserwillens naturgemäß schwierig ist, kann es bei einer gerichtliche Auslegung dieses Willens auch zu Fehlbeurteilungen kommen. Klarstellende Formulierungen in der Verfügung selbst können hierbei Abhilfe schaffen. Fehlen solche, bestehen auch im Nachhinein noch Möglichkeiten, die gewünschte Erbfolge sicherzustellen. Hierauf wird in Abschnitt C. „Kautelarjuristische Überlegungen bzgl. des Ehegattenerbrechts bei einer Trennung oder Scheidung“ näher eingegangen werden.

B. Auswirkungen einer Trennung auf die Erbfolge

Weder das gesetzliche noch das gewillkürte Erbrecht des Ehegatten wird alleine auf Grund einer Trennung der Eheleute beeinflusst. Auch nach einer Trennung besteht die Ehe fort. Die für das Ehegattenerbrecht einschlägigen Vorschriften (§§ 1931, 1932, 2077, 2268, 2279 Abs.2 BGB) stellen grundsätzlich auf den formalen Bestand der Ehe ab. Ob eine intakte eheliche Beziehung vorliegt ist für den Bestand des Ehegattenerbrechts nicht maßgeblich. Nur für den Ausnahmefall, dass ein Scheidungs- oder Eheaufhebungsverfahren zur Zeit des Erbfalls beantragt war und die materiellen Voraussetzungen einer Scheidung oder Aufhebung gegeben waren, entfällt das Ehegattenerbrecht bereits vor der formellen Beendigung der Ehe (§§ 1933, 2077 Abs.1 S.2 und 3 BGB).

Für einen Erblasser, der bereits vor der Rechtskraft des Scheidungsurteils verhindern will, dass der Partner, von dem er geschieden werden will, sein Erbe wird, besteht nach dieser Rechtslage daher unbedingt Handlungsbedarf. Mögliche Reaktionsalternativen werden im folgenden Abschnitt dargestellt.

---

[109] BayObLG v.22.7.1996; NJW-RR 1997, 7, 9

C. Kautelarjuristische Überlegungen bzgl. des Ehegattenerbrechts bei einer Trennung oder Scheidung

Eine Scheidung oder Trennung bringt – wie oben dargestellt – in verschiedener Hinsicht erhebliche Probleme für erbrechtliche Gestaltungen. Zum einen greifen die gesetzlichen Regelungen (§§ 1933, 2077, 2268, 2279 Abs.2 BGB) erst ziemlich spät.[110] Das Erbrecht des Ehegatten entfällt frühestens, sobald die Voraussetzungen des § 1933 bzw. § 2077 Abs.1 S.2 und 3 BGB gegeben sind. Ist also ein Scheidungsverfahren zwar absehbar, liegen aber die engen Voraussetzungen dieser Vorschriften noch nicht vor, bleibt das Ehegattenerbrecht unverändert bestehen. Zum anderen besteht Unsicherheit darüber, ob die gesetzlichen Vorschriften, welche die Unwirksamkeit eines den Ehegatten begünstigenden Testaments, eines gemeinschaftlichen Ehegattentestaments oder eines Ehegattenerbvertrags im Scheidungsfall vorsehen, überhaupt greifen oder ob nicht im nachhinein durch Auslegung ein auf Fortgeltung der Verfügung gerichteter, vorrangiger Erblasserwille ermittelt wird.[111]

Die Scheidungsproblematik sollte bereits bei der Errichtung von letztwilligen Verfügungen berücksichtigt werden. Aber auch im Ernstfall, wenn also die Ehe bereits geschieden ist oder eine Scheidung zu erwarten ist, besteht Handlungsbedarf. Im Folgenden wird daher vorgestellt, was ein Erblasser bei der Errichtung einer letztwilligen Verfügung für den Eventualfall der Ehescheidung beachten sollte und welche Reaktionsmöglichkeiten er hat, wenn es tatsächlich zu einer Ehekrise kommt.

I. Vorsorgliche Bestimmungen in Ehegattenerbverträgen und Testamenten

Nur selten gehen Erblasser im Rahmen einer erbrechtlichen Verfügung auf mögliche Konsequenzen für ihr Verfügung im Falle einer Trennung oder Scheidung ein. Auch Reimann hält es für bemerkenswert, dass sich zwar ehevertragliche Gestaltungen überwiegend auf das mögliche Faktum der Ehescheidung beziehen, dass bei einer erbrechtlichen Regelung, sei es bei der isolierten, sei es bei derjenigen aus Anlass eines Ehevertrages, die Scheidungsproblematik jedoch weitgehend ignoriert wird.[112] J. Mayer weist darauf hin, dass es in älteren Ehegattenerbverträgen und gemeinschaftlichen

---

[110] Reimann, Festschrift Schippel, 301, 311

[111] Vgl. oben Seite 28: „Vorrang des Erblasserwillens nach § 2 0 7 7 Abs.3 BGB“ und Seite 34: „Beispiele aus der Rechtsprechung zur Fortgeltung von erbrechtlichen Verfügungen nach einer Scheidung“

[112] Reimann, Festschrift Schippel, 301, 310

Testamenten durchaus üblich war, festzulegen, ob die Wirksamkeit der Verfügungen vom Bestand der Ehe abhängen soll, dass derartige Klauseln aber in der modernen Rechtspraxis aus der Mode gekommen sind.[113] Vielfach lässt sich nach einer Trennung oder Scheidung noch korrigierend eingreifen, um dem Erblasserwillen zur Durchsetzung zu verhelfen. Trotzdem ist es ein Manko, wenn die Möglichkeit einer Scheidung vom Erblasser völlig außer Acht gelassen wird.

Da sich ein Kautelarjurist nie auf gesetzliche Auslegungsregeln verlassen sollte,[114] empfiehlt es sich in Ehegattenverfügungen von Todes wegen stets eine klarstellende Klausel aufzunehmen, ob im Falle der Auflösung der Ehe die Verfügung unwirksam sein soll oder nicht, um spätere Auslegungsstreitigkeiten in Bezug auf einen möglichen Fortgeltungswillen im Sinne von §§ 2077 Abs.3, 2268 Abs.2 BGB zu vermeiden. Dies ist nicht nur erforderlich für den Fall, dass die Verfügung auch nach einer Scheidung weiterhin gültig sein soll. Angesichts der oben dargestellten Rechtsprechung[115] sollte dies auch im umgekehrten Fall, dass die Verfügung teilweise oder ihrem ganzen Inhalt nach im Scheidungsfall wegfallen soll, ausdrücklich geregelt werden. In Zweifelsfällen wird es aus Gründen der Rechtssicherheit angebracht sein, vollständige Unwirksamkeit vorzusehen.[116]. Dies lässt sich beispielsweise mit folgender „Präambel" erreichen:

---

[113] J.Mayer, ZEV 1997, 280 mit Verweis auf Fundstellen in den gängigen Formularbüchern, die entsprechende Klauseln nicht enthalten.

[114] Nieder, Handbuch der Testamentsgestaltung, Rz.606

[115] Vgl. oben Seite 34: „Beispiele aus der Rechtsprechung zur Fortgeltung von erbrechtlichen Verfügungen nach einer Scheidung"

[116] So auch Reimann, ZEV 1995, 329, 330; ders., Festschrift Schippel, 301, 311; Nieder Handbuch der Testamentsgestaltung, Rz.606; J. Mayer, Anm. zu OLG Hamm v.8.11.1993, ZEV 1994, 368, 369; ders., ZEV 1997, 280, 281, 284: J. Mayer hält es für sehr schwierig, in diesem Zusammenhang eine sachgerechte Lösung zu finden, da der juristische Berater quasi in die Zukunft schauen müsste, um einen mutmaßlichen Willen der Erblasser auszuforschen. Dies sei jedoch zuviel verlangt und meist auch nicht möglich. J. Mayer bildet daher Fallgruppen, in denen er Unwirksamkeit oder Fortgeltung anraten will. So sei vollständige Unwirksamkeit im Scheidungsfall stets anzuraten, wenn Gütertrennung vereinbart war, da in diesem Fall die Ehegatten ohnehin für getrennte Vermögensverhältnisse sorgen wollten, so wie in einem Ehevertrag, da es dort keine gesetzliche Möglichkeit zur einseitigen Lösung von seiner Bindungswirkung gebe. In allen anderen Fällen seien allgemeine Empfehlungen schwierig. Insbesondere bei Vorhandensein gemeinsamer Kinder, sei häufig die letzte Gemeinsamkeit der Ehegatten, dass die gemeinschaftlichen Kinder das gemeinschaftliche Vermögen erben sollen. Jedoch gelte auch dies nicht immer. Daher will auch Mayer tendenziell eher die Empfehlung geben, dass eine Scheidung zur Unwirksamkeit aller getroffenen Verfügungen von Todes wegen durch ausdrückliche Bestimmung in der Verfügung selbst führen soll.

<u>*Testamentsklausel 1*</u>

Bestand und Wirksamkeit unserer Ehe bis zum Tod des Erstversterbenden von uns oder bis zu unserem gleichzeitigen Tod vorausgesetzt, bestimmen wir was folgt:...[117]

In Ausnahmefällen kann es selbstverständlich gewollt sein, die Gültigkeit der letztwilligen Verfügung auch oder gerade für den Scheidungsfall festzulegen. Zu denken ist beispielsweise an erbvertragliche Regelungen aus Anlass einer bevorstehenden Scheidung oder im Rahmen einer Scheidungsvereinbarung, in denen die gemeinschaftlichen Kinder zu Erben nach dem Tod eines Elternteils berufen werden. Eine ausdrückliche Klarstellung in der Verfügungsurkunde, ob Fortgeltung gewollt ist, ist in jedem Fall unerlässlich. Nur so werden die Unsicherheiten, die sich aus der möglichen Fortgeltung der letztwilligen Verfügung nach §§ 2077 Abs.3, 2268 Abs.2 BGB ergeben, vermieden.

Bei Abschluss eines Ehegattenerbvertrages sollte stets ein Rücktrittsrecht (§ 2293 BGB) vereinbart werden, da der Erbvertrag grundsätzlich binden ist für die Vertragspartner auch im Falle einer Trennung, jedenfalls solange kein Fall des § 2077 Abs.1 S.2 oder 3 BGB vorliegt. Anders als beim einseitigen oder beim gemeinschaftlichen Testament besteht keine gesetzliche Möglichkeit, sich durch Widerruf einseitig von vertraglichen Verfügungen zu lösen. Gerade für die Zeit vor dem Eingreifen der Unwirksamkeit nach §§ 2279 Abs.2, 2077 BGB, zu der die Scheidung jedoch bereits absehbar ist, ist eine derartige Bindung häufig nicht im Interesse des Vertragspartners. Ein entsprechendes Rücktrittsrecht kann entweder völlig frei oder unter bestimmten Voraussetzungen – beispielsweise geknüpft an eine bestimmte Dauer des Getrenntlebens – und im übrigen nach den gesetzlichen Bestimmungen (§ 2296 BGB) vereinbart werden.[118] Der Rücktrittsvorbehalt könnte folgendermaßen lauten:

<u>*Testamentsklausel 2*</u>

„Jeder der Vertragsschließenden behält sich das Recht vor in der Form des § 2296 BGB von allen hier erbvertraglich getroffenen Verfügungen

[117] In Anlehnung an den Formulierungsvorschlag von J. Mayer, ZEV 1997, 280, 282, der an dieser Stelle auch auf andere mögliche Formulierungen eingeht und auf etwaige, darin enthaltene Ungenauigkeit aufmerksam macht.

[118] Reimann, Festschrift Schippel, 301, 312; J. Mayer, ZEV 1997, 280, 282 f., der ein von einer bestimmten Dauer des Getrenntlebens abhängiges Rücktrittsrecht für sachgerechter hält. Des weiteren weist er darauf hin, dass zur Erleichterung der gerichtlichen Überprüfbarkeit das Getrenntleben im Sinne der Scheidungsvorschriften definiert werden sollte.

von Todes wegen zurückzutreten, wenn die Ehegatten länger als drei Monate im Sinne der Scheidungsvorschriften des Bürgerlichen Gesetzbuches getrennt leben."

Die Befreiung von der erbvertraglichen Bindung kann auch mittels einer Bedingung erreicht werden.[119] Vorstellbar ist beispielsweise, dass die erbvertragliche Regelung unwirksam werden soll nach einer bestimmten Dauer des Getrenntlebens. Sowohl bei Vereinbarung eines Rücktrittsvorbehalts wie auch im Falle einer Bedingung ist wegen § 2298 BGB bzw. § 139 BGB klarzustellen, ob der übrige Vertragsinhalt, vor allem ein etwaiger ehevertraglicher Teil, ebenfalls seine Wirkung verlieren soll oder nicht.[120] Bezüglich eines ehevertraglichen Teils wird dies regelmäßig nicht gewollt sein, da dieser meist gerade für den Scheidungsfall geltende Vorkehrungen enthält.

Eine weitere, bisher nicht angesprochene Problematik ergibt sich aus der Regelung des § 2077 Abs.1 S.2 und 3 BGB. In Anlehnung an § 1933 BGB entfällt nach dieser Vorschrift bei Vorliegen der dort geforderten engen Voraussetzungen unter Umständen nur das Erbrecht des nicht aktiv die Scheidung oder Aufhebung der Ehe betreibenden Ehegatten. Stirbt jedoch dieser, so kann es zu der kuriosen Rechtsfolge kommen, dass der die Scheidung suchende Ehegatte dessen Erbe wird, während im umgekehrten Fall, also beim Tod des Scheidungswilligen, das Erbrecht des anderen Ehegatten bereits weggefallen wäre.[121] Um diese häufig als ungerecht empfundene Rechtsfolge zu vermeiden, kann in einer letztwilligen Verfügung von Ehegatten angeordnet werden, dass die getroffene Verfügung insgesamt unwirksam sein soll und dass beide Ehegatten auch nicht gesetzliche Erben werden sollen, wenn die Voraussetzungen des § 2077 Abs.1 S.2 oder 3 BGB gegeben sind. Unter Umständen ist für diesen Fall auch an einen gegenseitigen Pflichtteils- oder Erbverzicht zu denken.[122] Eine entsprechende Formulierung könnte folgendermaßen aussehen:

Testamentsklausel 3

"Ist beim Tod eines Ehegatten ein Scheidungs- oder Eheaufhebungsantrag gestellt und liegen die materiell-rechtliche Voraussetzungen für eine Scheidung oder Aufhebung vor, so werden alle von beiden Eheleuten in dieser Urkunde getroffenen Verfügungen von Todes wegen mit ihrem gesamten Inhalt unwirksam. Der Überlebende soll in diesem Fall auch nicht gesetzlicher Erben des anderen Ehegatten werden."

[119] Reimann, Festschrift Schippel, 301, 312

[120] Münchner Kommentar-Musielak, § 2293, Rz.9, m.w.N.; Reimann, Festschrift Schippel, 301, 312

[121] Vgl. hierzu oben Fn. Nr.54, wo auch die verfassungsrechtlichen Bedenken gegen diese Vorschrift dargestellt werden.

[122] Reimann, Festschrift Schippel, 301, 313; J. Mayer, ZEV 1997, 280, 282

II. Mögliche Reaktionen des Erblassers auf eine Trennung oder Scheidung

Da eine Trennung das Erbrecht des Ehegatten grundsätzlich nicht beeinträchtigt, wird ein Erblasser, der bereits im Vorgriff auf eine Scheidung einen Erbanspruch seines Ehepartners verhindern will, zunächst einmal bestehende letztwillige Verfügungen zu Gunsten des Ehegatten beseitigen. Ein einseitiges Testament kann er nach den §§ 2254-2256 BGB frei widerrufen. Beim gemeinschaftlichen Ehegattentestament muss ein Widerruf nach §§ 2271 Abs.1, 2296 Abs.2 BGB durch notariell beurkundete Erklärung erfolgen, die dem anderen Ehepartner zuzustellen ist. Von einem Ehegattenerbvertrag wird er zurücktreten, wenn ein Rücktrittsvorbehalt vereinbart war. Ist im Erbvertrag kein Rücktrittsrecht vereinbart, bleibt nur die Möglichkeit, den Erbvertrag wegen Motivirrtums gemäß § 2078 Abs.2 BGB durch notariell zu beurkundende und dem anderen Ehegatten zuzustellende Anfechtungserklärung (§§ 2281, 2282 BGB) anzufech-ten. Als Begründung für die Anfechtung könnte etwa angeführt werden, der Erblasser habe geglaubt, die Ehe werde sich harmonisch und glücklich entwickeln.[123] Entsprechende Maßnahmen zur Beseitigung bestehender Verfügungen von Todes wegen sind auch nach einer Scheidung noch sinnvoll wegen der Unsicherheiten, die sich aus einer möglichen Fortgeltung einer Verfügung von Todes wegen nach einer vorzeitigen Eheauflösung gemäß §§ 2077 Abs.3, 2268 Abs.2 BGB ergeben, insbesondere wenn die letztwilligen Verfügungen nicht die oben für diesen Fall vorgeschlagenen Klarstellungen enthalten.

Der Wegfall der erbvertraglichen oder testamentarischen Verfügungen beseitigt allerdings nicht das gesetzliche Erbrecht des Ehegatten. Um auch das gesetzliche Erbrecht des Ehegatten zu verhindern, muss der Erblasser den Ehegatten testamentarisch enterben (§ 1938 BGB). Das Pflichtteilsrecht des anderen Ehegatten lässt sich dagegen nur durch einen notariell beurkundeten Pflichtteilsverzichtsvertrag gemäß §§ 2346 Abs.2, 2348 BGB beseitigen. Ein gegenseitiger Pflichtteils- bzw. Erbrechtsverzicht könnte beispielsweise als Zusatz zu einer Unterhalts- oder Scheidungsvereinbarung vereinbart werden.[124] Kommt es zu einer Scheidungsvereinbarung, so erscheint diese auch als geeigneter Ort, um neben dem Erb- bzw. Pflichtteilsverzicht auch vorher

[123] BayObLG v.13.5.1983, FamRZ 1983, 1275, 1277; BayObLG v.30.10.1989, NJW-RR 1990, 200, 201; Nieder, ZEV 1994, 156, 157; Zu beachten ist in diesem Zusammenhang die Fristgebundenheit des AnfechtungsrechtS. Nach § 2082 BGB kann die Anfechtung nur innerhalb eines Jahres ab Kenntnis des Anfechtungsgrundes erklärt werden. (vgl. hierzu auch die angegebenen Entscheidungen des BayObLG)
[124] Nieder, ZEV 1994, 156, 157

errichtete gemeinschaftliche Testamente oder Erbverträge ausdrücklich aufzuheben oder eben ihre (teilweise) Fortwirkung ausdrücklich festzulegen.[125]

An dieser Stelle soll auch noch auf eine Problematik aufmerksam gemacht werden, die sich im Falle einer bevorstehenden Scheidung ergeben kann, wenn die Ehegatten in Zugewinngemeinschaft leben. Nach der Rechtsprechung des Bundesgerichtshofs [126] hinterlässt ein Erblasser, der im gesetzlichen Güterstand verheiratet war und einen geringeren Zugewinn hat als der andere Ehegatte, seinen Erben nur dann eine Zugewinnausgleichsforderung, wenn diese bereits vor seinem Tod entstanden war. Nach dieser Rechtsprechung gelangt eine Ausgleichsforderung jedoch nicht zur Entstehung, wenn der Erblasser sie zwar in einem Scheidungsrechtsstreit rechtshängig gemacht hat, aber vor der Scheidung der Ehe verstorben ist. Dies hat zur Folge, dass für den Fall des Versterbens des grundsätzlich ausgleichsberechtigten Ehegatten vor der Scheidung die nach ihm Erbberechtigten schlechter gestellt werden als die Erben des überlebenden, zugewinnausgleichspflichtigen Partners, da der nicht zur Entstehung gelangte Zugewinnausgleich letztlich dessen Erben zu Gute kommt.[127] Dies ist vom wirtschaftlichen Ergebnis her betrachtet dann unbedenklich, wenn die Erben beider Ehepartner im wesentlichen dieselben Personen sind, also insbesondere wenn nur gemeinschaftliche Kinder vorhanden sind. Bei Ehen mit nicht nur gemeinschaftlichen Kindern kann dies jedoch zu Verzerrungen führen, die von den Beteiligten nicht als gerecht empfunden werden. Daher hält es Reimann insbesondere bei Ehen mit nicht nur gemeinschaftlichen Abkömmlingen gelegentlich für geboten, für den genannten Fall ehevertraglich oder schuldrechtlich eine Forderung des ausgleichsberechtigten Partners zu begründen und diese vererblich zu gestalten oder aber – um die Besserstellung der Erben des ausgleichspflichtigen Teils zu neutralisieren – diese mit einem Vermächtnis zu Gunsten der zuvor benachteiligten Erben des anderen Ehegatten zu beschweren. Die letztgenannte Variante habe allerdings den Nachteil, dass –falls zwischen beiden Erbfällen eine lange Zeit liegt – die Erfüllung des Vermächtnisses aus tatsächlichen oder rechtlichen Gründen nicht mehr möglich sein könnte.[128]

---

[125] Reimann, Festschrift Schippel, 301, 313; ders., ZEV 1995, 329; J. Mayer, ZEV 1997, 280, 284
[126] BGH v.28.6.1978, NJW 1978, 1855, 1856; BGH v.8.3.1995, ZEV 1995, 262
[127] Klumpp, Anm. zu BGH v.8.3.1995, ZEV 1995, 263
[128] Reimann, Festschrift Schippel, 301, 314 f.

D. Sonderfall: Lebensversicherungsverträge

Eine für die Regelung der Vermögensnachfolge im Scheidungsfall beachtenswerte Problematik ergibt sich auch, wenn in einem Lebensversicherungsvertrag des Erblassers der geschiedene Ehegatte als Bezugsberechtigter benannt ist. Hat der Erblasser bis zum Erbfall diese Bezugsberechtigung nicht widerrufen, so stellt sich die Frage, ob der geschiedene Ehegatte trotz der Scheidung der Nutznießer dieses Vertrages bleibt.

Bei einem Lebensversicherungsvertrag handelt es sich grundsätzlich um einen Vertrag zu Gunsten Dritter auf den Todesfall, auf den zunächst die §§ 328 ff. BGB anwendbar sind. Diese allgemeinen Vorschriften werden jedoch meist überlagert von den Allgemeinen Lebensversicherungsbedingungen und dem Versicherungsvertragsgesetz (vgl. zur Bezugsberechtigung insbesondere § 14 ALB (1994) und § 166 VVG).[129] Der Erwerb des Berechtigten vollzieht sich dabei außerhalb des Erbrechts. Die Lebensversicherungssumme gehört regelmäßig nicht zum Nachlass sondern der Berechtigte erwirbt auf Grund eigenen Rechts aus dem Vertrag zu seinen Gunsten. Mit diesem Rechtsinstitut steht dem Erblasser daher eine erbrechtsfreie Übertragungsmöglichkeit auf den Todesfall zur Verfügung.[130] Daher sind auf Lebensversicherungsverträge die erbrechtlichen Vorschriften nicht direkt anwendbar. Diskutiert wird jedoch, ob die Regelung des § 2077 BGB analog auf den oben beschriebenen Fall anzuwenden ist.[131]

Bevor sich die Frage einer analogen Anwendung des § 2077 BGB stellt, ist zunächst durch Auslegung zu klären, wie die im Lebensversicherungsvertrag vorgenommene Bestimmung der Bezugsberechtigung zu verstehen ist. Diese Bezugsrechtsbenennung durch den Versicherungsnehmer ist – wie jede Willens-erklärung – einer Auslegung gemäß §§ 133, 157 BGB zugänglich.[132] Eine Aus-legung dahingehend, dass die Bezugsberechtigung des geschiedenen Ehegatten ohne weiteres durch die Scheidung auflösend bedingt ist, wird von der herrschenden Meinung abgelehnt. Diese gilt auch für den Fall, dass neben der namentlichen Benennung des Bezugsberechtigten ausdrücklich der Zusatz „meine Ehefrau“ bzw. „mein Ehemann“ im Versicherungsvertrag gemacht worden ist oder wenn keine namentliche Benennung vorgenommen wurde und

[129] Weyers, Rz.674

[130] Staudinger-Jagmann, § 331, Rz.10; Münchner Kommentar-Gottwald, § 331, Rz.4 ff.; Völkel, VersR 1992, 539, 541

[131] Vgl. Seite 45: „Analoge Anwendung von § 2077 BGB bei Bezugsberechtigung des geschiedenen Ehegatten“

[132] BGH v.1.4.1987, NJW 1987, 3131

nur der „Ehemann" oder die „Ehefrau" als begünstigte Person bestimmt wurde. [133] Daher wird sich nach herrschender Meinung aus der Auslegung der Bezugsberechtigungsbenennung im Regelfall noch nicht ergeben, dass die Berechtigung des geschiedenen Ehegatten durch die Scheidung weggefallen ist.

I. Analoge Anwendung von § 2077 BGB bei Bezugsberechtigung des geschiedenen Ehegatten

Die herrschende Meinung lehnt es aber auch ab, die gesetzlichen Regelungen über die Unwirksamkeit der testamentarischen Erbeinsetzung des Ehegatten nach einer vorzeitigen Eheauflösung (§ 2077 BGB) analog anzuwenden auf die Bezugsberechtigung des geschiedenen Ehegatten bei Lebensversicherungsverträgen,[134] obwohl die Interessenlage durchaus vergleichbar ist. In beiden Fällen wird es im Allgemeinen nicht dem Willen des Erblassers / Versicherungsnehmers entsprechen, wenn der geschiedenen Ehegatte aus dem Nachlass bzw. aus der Versicherung Vermögensvorteile erhält.[135] Da durch § 2077 BGB für den Nachlass festgelegt wird, dass die Einsetzung des geschiedenen Ehegatten regelmäßig mit der Ehescheidung unwirksam wird und da diese Rechtsfolge des § 2077 BGB auch dem allgemeinen Gerechtigkeitsempfinden entspricht, besteht die Gefahr, dass der Erblasser / Versicherungsnehmer davon ausgeht, mit der Ehescheidung würden mögliche Zuwendungen aus der Lebensversicherung an den Ehegatten ebenfalls ohne weitere Maßnahmen entfallen. Da jedoch für die Bezugsberechtigung aus einem Lebensversicherungsvertrag eine entsprechende Regelung fehlt und die Benennung des Ehegatten als Bezugsberechtigten funktional durchaus einer den Ehegatten begünstigenden letztwilligen Verfügung gleicht,[136] sprechen gute Gründe für eine analoge Anwendung des § 2077 BGB.

---

[133] BGH v.17.9.1975, VersR 1975, 1020; BGH v.1.4.1987, NJW 1987, 3131; BGH v.30.11.1994, ZEV 1995, 150, 152; Kollhosser in Prölss/Martin, § 167 VVG, Rz.3; Nieder, ZEV 1994, 156, 157

[134] H.M.: BGH v.17.9.1975, VersR 1975, 1020; BGH v.1.4.1987, NJW 1987, 3131; BGH v.30.11.1994, ZEV 1995, 150, 152; Staudinger-Otte, § 2077, Rz.31; Soergel-Loritz, § 2077, Rz.22; Münchner Kommentar-Gottwald, § 330, Rz.7; Palandt-Edenhofer, § 2077, Rz.9; Kollhosser in Prölss/Martin, § 167 VVG, Rz.4; Völkel, VersR 1992, 539, 540 f.; Trappmeier, DNotZ 1987, 715 ff.; a.A.: Münchner Kommentar-Leipold, § 2077, Rz.25; Finger, VersR 1990, 229, 233 ff.; Liebl-Wachsmuth, VersR 1983, 1004, 1005 ff.

[135] Busse, MittRhNotK 1998, 225, 228

[136] Münchner Kommentar-Leipold, § 2077, Rz.25; ähnlich auch Lange/Kuchinke, § 33 II 1 a: „Diese Zuwendungsform nähert sich sehr stark der Zuwendung von Todes wegen an."

Trotzdem ist die herrschende Meinung nicht dieser Ansicht. Zur Begründung für die herrschende Meinung wird angeführt, dass die Vorschrift des § 2077 BGB ein spezifisches erbrechtliches Gehalt aufweise, das auf Lebensversicherungsverträge einfach nicht passe.[137] Die Sachverhalte seien eben gerade nicht vergleichbar. In einem Fall liegt der Begünstigung ein Vertrag unter Lebenden zu Grunde und im anderen Fall eine einseitige Verfügung von Todes wegen. Die Einsetzung als Bezugsberechtigten kann aus unterschiedlichsten Gründen erfolgen, die nicht notwendigerweise mit einer Scheidung wegfielen. Auch sei mit dem Vertrag zu Gunsten Dritter auf den Todesfall gerade eine erbrechtsfreie Übertragungsmöglichkeit geschaffen worden. Bei entsprechender Anwendung des § 2077 BGB fiele die Lebensversicherung jedoch in den Nachlass, so dass Erbrecht anwendbar würde und die erbrechtsfreie Möglichkeit der Vermögensübertragung wieder aufgehoben würde.[138] Der BGH hält an dieser Auffassung auch deshalb fest, weil die für die letztwillige Verfügung gebotene Prüfung des hypothetischen Erblasserwillens gemäß § 2077 Abs.3 BGB bei der Auslegung einer Bezugsberechtigung bedenklich wäre. Vielmehr müsse bei einem Vertrag im Interesse des Vertragspartners (§ 157 BGB) – hier des Versicherers – weitgehend auf den Wortlaut und darauf abgestellt werden, wie die Erklärung aus seiner Sicht zu verstehen sei. Würden die Versicherer in die Auslegungsfragen hineingezogen werden, die sich bei einer entsprechenden Anwendung des § 2077 BGB ergeben würden, dann stünde dies einer schnellen und reibungslosen Abwicklung der in ihrer Mehrzahl unproblematischen Fälle im Wege.[139]

Die Gegenmeinung, die für eine analoge Anwendung des § 2077 BGB eintritt, bringt gegen die vom BGH vertretene herrschende Meinung vor, dass hierdurch ein Wertungswiderspruch zwischen Erbrecht und Lebensversicherungsvertragsrecht unaufgelöst bleibe, da im Erbrecht die Ehescheidung im Regelfall zur Unwirksamkeit der Erbeinsetzung des Ehegatten führe während dies bei der Bezugsberechtigung im Lebensversicherungsvertrag gerade nicht der Fall sein solle.[140] Ein Schutzbedürfnis des Vertragspartners vor Auslegungsfragen sei nicht anzuerkennen, da die notwendige Auslegung den Versicherer nicht über Gebühr belaste. Auch nach der herrschenden Meinung sei der Versicherer zu der Prüfung verpflichtet, ob wegen besonderer Umstände nicht ausnahmsweise nach dem Scheidungsfall die Bezugsberechtigung des geschiedenen Ehegatten entfalle. Die analoge Anwendung des § 2077 BGB würde nur die Vorzeichen dieser Prüfung vertauschen; im Zweifel, also auch ohne besondere Umstände,

---

137 Trappmeier, DNotZ 1987, 715, 726
138 Völkel, VersR 1992, 539, 540 f.
139 BGH v.1.4.1987, NJW 1987, 3131
140 Liebl-Wachsmuth, VersR 1983, 1004, 1008; ähnlich auch Trappmeier, DNotZ 1987, 715, 720 f.

würde die Bezugsberechtigung entfallen.[141] Vom Risiko, an einen Nichtberechtigten zu leisten, könne sich der Versicherer zudem sehr einfach durch die Frage nach dem Fortbestand der Ehe und im Streitfall durch Hinterlegung nach § 372 BGB befreien.[142]

Angesichts der gefestigten und eindeutigen Rechtsprechung des Bundesgerichtshofs, darf sich ein umsichtiger Berater aber nicht darauf verlassen, dass es im Wege einer entsprechenden Auslegung oder wegen analoger Anwendung des § 2077 BGB zur Unwirksamkeit der Bezugsberechtigung des Ehegatten nach einer Scheidung kommt, sondern muss reagieren.

II. Widerruf der Bezugsberechtigung im Testament

Nicht möglich ist es nach herrschender Meinung, einen entsprechenden Widerruf oder eine Änderung der Bezugsberechtigung des geschiedenen Ehegatten im Testament vorzunehmen. Nach der allgemeinen Vorschrift des § 332 BGB, die an sich auch auf Lebensversicherungsverträge anwendbar ist, ist dies zwar so vorgesehen. Für Lebensversicherungsverträge wird § 332 BGB jedoch regelmäßig in den ALB wirksam ausgeschlossen.[143] § 14 Abs.4 ALB 1994 (= § 13 Abs.4 ALB 1986) sieht vor, dass die Einräumung oder der Widerruf eines Bezugsrechts nur und erst dann dem Versicherer gegenüber wirksam wird, wenn dies dem Versicherer schriftlich angezeigt worden ist.

III. Bereicherungsrechtliche Ansprüche der Erben gegen den Bezugsberechtigten

Das bisher Gesagte betrifft jedoch nur das Rechtsverhältnis gegenüber der Versicherung. Untersucht wurde die Frage, ob der Versicherer auch nach einer Scheidung noch an den als Bezugsberechtigten namentlich benannten geschiedenen Ehegatten des Erblassers / Versicherungsnehmers mit befreiender Wirkung leisten kann. Hiervon zu unterscheiden ist jedoch das Rechtsverhältnis zwischen dem Erblasser einerseits und dem geschiedenen Ehegatten andererseits. Damit der geschiedene Ehegatte das aus der Lebensversicherung

[141] Busse, MittRhNotK 1998, 225, 228 f.
[142] Münchner Kommentar-Leipold, § 2077, Rz.25
[143] H.M.: BGH v.14.7.1993, NJW 1993, 3133; BGH v.1.7.1981, NJW 1981, 2245; Staudinger-Jagmann, § 332, Rz.3; Münchner Kommentar-Gottwald, § 332, Rz.2; Nieder, ZEV 1994, 156, 157 f.; Völkel, VersR 1992, 539, 541 f.; Schmalz-Brüggemann, ZEV 1996, 84 ff.; a.A.: Bartholomeyczik, Festschrift Lübtow zum 70. Geburtstag, 729, 734 f.: der Ausschluss von § 332 BGB könne nur individualvertraglich erfolgen, nicht jedoch in den Allgemeinen Versicherungsbedingungen

Zugewendete auch endgültig behalten darf, bedarf es eines wirksamen Valutaverhältnisses zwischen ihm und dem Erblasser. Der Rechtsgrund für die Zuwendung kann sich aus einer Schenkung (auch einer Pflichtschenkung), einer Unterhaltsverpflichtung oder einer unbenannten Zuwendung ergeben.[144] Es stellt sich bei vorliegendem Sachverhalt daher die Frage, ob diesem Valutaverhältnis durch die Scheidung die Geschäftsgrundlage entzogen worden ist.

Der Bundesgerichtshof und die ihm folgenden Stimmen in der Literatur gehen jedenfalls davon aus, dass im Scheitern der Ehe ein Wegfall der Geschäftsgrundlage des Kausalgeschäfts liegen kann und regelmäßig liegen wird.[145] Auch nach der herrschenden Meinung wird der geschiedenen Ehegatte daher regelmäßig nicht das aus der Lebensversicherung Erlangte behalten dürfen, sondern den Erben steht insoweit ein Anspruch aus ungerechtfertigter Bereicherung zu, wenn die Geschäftsgrundlage für das Valutaverhältnis durch die Scheidung weggefallen ist und ein rechtlicher Grund für die Vermögensverschiebung daher nicht mehr vorliegt.

IV. Eigene Stellungnahme und Konsequenzen für die Nachfolgegestaltung

Auch der Bundesgerichtshof stellt also ein Korrektiv zur Verfügung, mit dem ein dem § 2077 BGB entsprechendes Ergebnis erreicht werden kann. Er zieht dabei jedoch den Versicherer als Vertragspartner des Erblassers nicht in den Streit über die Folgen der Ehescheidung hinein. Nach seiner Lösung wird dieser Streit ausschließlich zwischen den unmittelbar Betroffenen, also den Erben einerseits und dem geschiedenen Ehegatten andererseits, ausgetragen. Hierin liegt wohl auch der größte Vorteil der Lösung des Bundesgerichtshofs.

Problematisch ist an dieser Lösung über das Rechtsinstitut des Wegfalls der Geschäftsgrundlage jedoch die hierbei geltende Beweislast. Nach der Rechtsprechung des BGH trägt die Beweislast dafür, dass das Fortbestehen der ehelichen Lebensgemeinschaft Geschäftsgrundlage war, derjenige, der sich auf den Wegfall der Geschäftsgrundlage beruft.[146] Die Erben müssen also beweisen, dass dem Kausalverhältnis für die Berufung des Ehegatten zum

---

[144] Palandt-Edenhofer, § 2077, Rz.9; Muscheler, WM 1994, 921, jeweils m.w.N.; allgemein zu Problemen im Innenverhältnis zwischen Versicherungsnehmer und Bezugsberechtigten und möglichen Folgeansprüchen hieraus: Weyers, Rz.680

[145] BGH v.8.7.1982, BGHZ 84, 361, 368; BGH v.1.4.1987, NJW 1987, 3131; Staudinger-Otte, § 2077, Rz.31; Soergel-Loritz, § 2077, Rz.22; Trappmeier, DNotZ 1987, 715, 725 f.; Völkel, VersR 1992, 539, 542 ff.

[146] BGH v.30.11.1994, ZEV 1995, 150, 152

Bezugsberechtigten die Vorstellung zu Grunde gelegen hat, die Ehe würde bis zum Versicherungsfall fortbestehen. Dabei hilft sicherlich, dass der Bundesgerichtshof annimmt, dies sei regelmäßig der Fall.[147] Dennoch gehen Beweisschwierigkeiten zu ihren Lasten, insbesondere wenn der geschiedenen Ehepartner Tatsachen vorbringen kann, aus denen sich unter Unständen das Gegenteil schließen ließe. Insoweit besteht also bezüglich der Fortgeltung einer Bezugsberechtigung im Scheidungsfall die umgekehrte Beweislastverteilung wie bei der Frage der Fortgeltung einer den geschiedenen Ehegatten begünstigenden Verfügung von Todes wegen (§ 2077 Abs.3 BGB). Daher besteht durchaus ein Wertungswiderspruch in diesen beiden Fällen, der bei einer analogen Anwendung des § 2077 BGB vermeidbar wäre. Auch für die Nachfolgegestaltung hätte dies den Vorteil, dass ohne weiteres Zutun des Erblassers / Versicherungsnehmers die regelmäßig gewünschte Rechtsfolge der Unwirksamkeit der Bezugsberechtigung eintritt. Insgesamt erscheint die Lösung der herrschenden Meinung jedoch als die überzeugendere, insbesondere weil der Versicherer als am Streit Unbeteiligter besser geschützt wird.

Für die Nachfolgegestaltung bedeutet diese Rechtsprechung jedoch, dass der Erblasser / Versicherungsnehmer nach einer Scheidung die Bezugsberechtigung des geschiedenen Ehegatten unbedingt schriftlich gegenüber der Versicherung widerrufen muss, um eine Zuwendung an den geschiedenen Ehegatten von Anfang an zu verhindern. So kann ein unangenehmer und im Ergebnis unsicherer Rechtsstreit zwischen den Erben und dem geschiedenen Ehegatten über die Geschäftsgrundlage im Valutaverhältnis vermieden werden. Angesichts der geschilderten Beweislastregelung ist dies umso dringlicher.

---

[147] Vgl. oben Fn. Nr. 145

Teil Drei: Testamentsgestaltungen zur Verhinderung der indirekten Teilhabe des geschiedenen Ehepartners am eigenen Nachlass

A. Vor- und Nacherbschaft

Bei diesem Gestaltungsmodell wird den gemeinsamen Kindern des Erblassers und dessen geschiedenen Ehegatten der Nachlass als Vorerben überlassen. Der Vorerbe wird zwar Eigentümer der Nachlassgegenstände, aber diese unterliegen wegen der zu Gunsten der Nacherben zwingend angeordneten Beschränkungen (vgl. § 2111 ff. BGB) einem anderen rechtlichen Schicksal als das sonstige Vermögen des Vorerben. Obwohl der Nachlass des Erblassers und das Eigenvermögen der Vorerben demselben Rechtsträger zustehen, bildet der Nachlass daher ein Sondervermögen in der Hand der Vorerben und ist für die weitere Erbfolge getrennt vom sonstigen Eigenvermögen der Vorerben zu behandeln. Dadurch wird zweierlei erreicht:

1. Durch die Nacherbeneinsetzung steuert der Erblasser die Weitergabe seines Vermögens nach dem Tod seiner Kinder und gewährleistet auf diese Weise, dass der Nachlass nicht im Wege der Erbfolge auf den geschiedenen Ehegatten und die sonstigen auszuschließenden Personen übergeht.

2. Der geschiedenen Ehegatte kann auch nicht über ein Pflichtteilsrecht nach seinen Kindern am Vermögen des geschiedenen Partners teilhaben, da dessen Nachlass als Sondervermögen aus der Vorerbschaft nicht zum eigenen Nachlass der Kinder gehört und nicht zur Pflichtteilsberechnung herangezogen wird. Der Nacherbe ist Erbe des Erblassers und nicht Erbe des Vorerben.

Reimann identifiziert als weiteren Vorteil des Vor- und Nacherbschaftsmodell, dass die Vorerben wegen der Verfügungsbeschränkungen der §§ 2111 ff. BGB auch durch Verfügung unter Lebenden nur eingeschränkt Nachlassgegenstände auf den anderen Elternteil übertragen können.[148] Der Verweis auf die gesetzlichen Verfügungsbeschränkungen des Vorerben führt jedoch auch gleich zu einem der Problempunkte, die dieses Gestaltungsmodell aufweist.

---

[148] Reimann in Dittmann-Reimann-Bengel, 2. Aufl., Teil D, Rz. 23

Als typische Interessenlage des Erblassers eines Geschiedenentestaments wurde oben ermittelt, den geschiedenen Ehegatten und dessen nichtgemeinschaftliche Abkömmlinge von jeder Teilhabe am eigenen Vermögen ausschließen und trotzdem den eigenen Vermögensnachfolgern weitgehende Verfügungsfreiheiten über den ihnen vermachten Nachlass überlassen zu wollen. Gerade diese zweite Zielsetzung, den eigenen Erben alle Freiheiten bzgl. des vermachten Vermögens zu gewähren, kann bei der Anwendung des Vor- und Nacherbschaftsmodells zu kurz kommen auf Grund der gesetzlichen Vorgaben, die mit der Anordnung der Vor- und Nacherbschaft einhergehen. Folgende Probleme stellen sich:

- Die Verfügungsfreiheit des Vorerben zu seinen Lebzeiten wird durch die in den §§ 2111 ff. BGB normierten Vorgaben beschränkt. Zwar ist es möglich, den Vorerben gemäß § 2136 BGB von einigen dieser Beschränkungen freizustellen. Insbesondere eine Befreiung vom Verbot der unentgeltlichen Verfügung über Nachlassgegenstände (§ 2113 Abs.2 BGB) ist nach § 2136 BGB jedoch nicht vorgesehen. Zurecht hält es Reimann für einen Vorteil des Vor- und Nacherbschaftsmodells, dass der Vorerbe unter Lebenden nicht unentgeltlich Nachlassgegenstände an die auszuschließenden Personen übertragen kann. Andererseits verhindern dieselben Vorschriften natürlich auch jede unentgeltliche Übertragung an andere Personen. Hierin liegt unzweifelhaft eine Beschränkung des Vorerben, die typischerweise vom Erblasser so nicht gewollt ist. Im folgenden Abschnitt werden die gesetzlich vorgegebenen Verfügungsverbote daher näher erläutert und untersucht, ob es möglich und sinnvoll ist, Befreiungen der Vorerben über § 2136 BGB hinaus vorzunehmen.[149] Danach wird der Frage nachgegangen, ob diese Freistellung von Verfügungsbeschränkungen mittels Bedingungen erreicht werden kann.[150]

- Durch eine vom Erblasser vorgegebene Nacherbfolge wird der Vorerbe daran gehindert, das Vermögen an Personen seiner Wahl weiterzugeben. Auch diese Beschränkung des Vorerben bzgl. Verfügungen von Todes wegen ist vom Erblasser regelmäßig so nicht gewollt. Daher wird in dem Abschnitt, der sich mit möglichen Bedingungen der Vor- und Nacherbschaft auseinandersetzt, auch untersucht, ob mittels einer nur bedingt angeordneten Nacherbfolge dem Wunsch des Erblassers Rechnung getragen werden kann, dem Vorerben die Verfügungsmacht über die Weitergabe des Nachlasses

[149] Vgl. Seite 53 ff.: „Verfügungsbeschränkungen des Vorerben"
[150] Vgl. Seite 63 ff.: „Bedingte oder unbedingte Nacherbschaftsanordnung"

von Todes wegen zu überlassen.[151] Im weiteren Verlauf wird sodann geprüft, ob und wie es möglich ist, trotz der Regelung des § 2065 Abs.2 BGB, die es dem Erblasser verbietet, einem anderen die Bestimmung der Person des Zuwendungsempfängers zu überlassen, dem Vorerben die Auswahl der Nacherben zu übertragen ohne die Nacherbschaft insgesamt wegfallen zu lassen.[152]

Neben diesem speziell für das Geschiedenentestament geltenden Aspekt sind selbstverständlich auch bei Geschiedenentestamenten die generellen Einwände zu bedenken, die gegen die Verwendung von Vor- und Nacherbschaftsanordnungen zur Nachlassgestaltung vorgebracht werden.[153]

Zur Vervollständigung der Darstellung des Vor- und Nacherbschaftsmodells und zur Verdeutlichung der Unterschiede zu den sonstigen Gestaltungsvarianten werden schließlich noch zwei Besonderheiten dieser Gestaltungsvariante, die dingliche Surrogation und das vererbliche Nacherbenanwartschaftsrecht, näher erläutert.[154]

---

[151] Vgl. Seite 63 ff.: „Bedingte oder unbedingte Nacherbschaftsanordnung"
[152] Vgl. Seite 106 ff.: „Wer soll Nacherbe werden?"
[153] Z.B. Nieder, Handbuch der Testamentsgestaltung, Rz. 519 und 544, der die Vor- und Nacherbschaft gerade wegen der gesetzlichen Verfügungsverbote und der in § 2111 BGB angeordneten Surrogation für ein kompliziertes juristisches Kunstgebilde hält, das bei der Vererbung insbesondere von Privatvermögen tunlichst vermieden werden sollte. Er anerkennt zwar durchaus die Gestaltungsmöglichkeiten, die hierdurch eröffnet werden, weist aber darauf hin, dass grundsätzlich derartige Gestaltungen, die über den Nachlass langfristig bestimmen, nur gewählt werden sollten, wenn anzunehmen ist, dass der Erstbedachte die Substanz des überlassenen Vermögens nicht angreifen müsse.
Vgl. auch die Hinweise auf „attraktivitätsmindernde Gesichtspunkte" der Vor- / Nacherbschaft bei Staudinger-Behrends/Avenarius, Vorbem. zu §§ 2100 ff. , Rz 13. Hier wird ausgeführt, dass längerfristige Festlegungen den Rechtsnachfolger unter Umständen in unzweckmäßiger Weise einschränken und dass die insbesondere für unternehmerische Zwecke notwendige Flexibilität des Vorerben erheblich behindert wird durch die unklare Rechtsprechung zu der Frage, wann eine unentgeltliche Verfügung i.S.v. § 2113 Abs.2 BGB vorliegt.
Vgl. auch Frank, MittBayNot 1987, 231, der feststellt, dass die Vor- und Nacherbschaft in der notariellen Praxis zurecht nur zurückhaltend angewendet wird, da diese eine Reihe zivilrechtlicher Probleme aufwirft insbesondere durch die Trennung von Eigenvermögen des Vorerben und Sondervermögen aus dem Nachlass, durch die Regelung der dinglichen Surrogation und durch die Verfügungsbeschränkungen des Vorerben und auch erbschaftsteuerlich von Nachteil ist.
Vgl. auch J. Mayer, ZEV 2000, 1, 2, der schlagwortartig die Nachteile der Vor-Nacherbschaft zusammenfasst.
[154] Vgl. Seite 61 ff. und Seite 129 ff.

I. Verfügungsbeschränkungen des Vorerben

Die Position des Vorerben entspricht der eines auflösend bedingt bzw. befristet Berechtigten. Die Anwendung des § 161 BGB auf Verfügungen des Vorerben liegt daher nahe. Dies würde auch einen hervorragenden Schutz für den Nacherben bieten, da sämtliche Verfügungen des Vorerben im Zeitpunkt des Nacherbenfalls dem Nacherben gegenüber unwirksam wären. Eine solche Konstruktion entspricht jedoch weder der Rechtsstellung des Vorerben noch den Bedürfnissen des Rechtsverkehrs.[155] Der Vorerbe ist während der Vorerbenzeit vollwertiger Erbe und Eigentümer des Nachlasses. Der Rechtsverkehr verlangt, dass zumindest gewöhnliche Verfügungen wirksam sind. § 2112 BGB gewährt dem Vorerben daher ein Verfügungsrecht über Nachlassgegenstände, soweit sich aus den Vorschriften der §§ 2113-2115 BGB nichts anderes ergibt. Dem Nacherben gegenüber unwirksam sind danach insbesondere alle Verfügungen über Grundstücke und Grundpfandrechte (§§ 2113 Abs. 1 und 2114 BGB), unentgeltliche Verfügungen (§ 2113 Abs.2 BGB) und Zwangsverfügungen gegen den Vorerben (§ 2115 BGB), soweit sie die Rechtsstellung des Nacherben im Nacherbfall vereiteln oder beeinträchtigen.

Diese Verfügungsbeschränkungen dienen dem Schutz des Nacherben, dem gemäß der Grundkonzeption der Nacherbschaft die Substanz des Nachlasses erhalten bleiben soll (vgl. § 2130 BGB). Daneben belegen die gesetzlichen Regelungen den Vorerben mit einer Vielzahl weiterer Beschränkungen und Verpflichtungen, welche die Verfügungsbeschränkungen der §§ 2113-2115 BGB ergänzen und die ebenfalls den Nacherben schützen sollen. Das Gesetz nimmt diese Sicherung auf zwei Rechtsebenen vor: zum einen im Innenverhältnis zwischen Vor- und Nacherben mit schuldrechtlichen Mitteln und zum anderen mit dinglicher Wirkung auf der herrschafts- und verfügungsrechtlichen Ebene.[156] Eine wichtige Schutzvorschrift mit dinglicher Wirkung ist neben den Verfügungsbeschränkungen der §§ 2113 - 2115 BGB die Anordnung der Surrogation in § 2111 BGB.[157] Wichtige schuldrechtlich wirkende Schutzvorschriften sind:

- Schadensersatzpflicht des Vorerben bei Verstoß gegen das Schenkungsverbot oder bei absichtlicher Nachlassminderung (§ 2138 Abs.2 BGB),

[155] Lange/Kuchinke § 28 IV 3; Heider, ZEV 1995, 1, 2
[156] Lange/Kuchinke § 28 III 2
[157] Hierzu näheres auf Seite 61 f.: „Exkurs: Dingliche Surrogation"

- Erstellung eines Nachlassverzeichnisses bzw. Feststellung des Zustandes des Nachlasses durch einen Sachverständigen auf Verlangen des Nacherben (§§ 2121, 2122 BGB),

- Verpflichtung zur mündelsicheren Anlage von Geld (§ 2119 BGB),

- Tragung der gewöhnlichen Erhaltungskosten durch den Vorerben (§ 2124 Abs.1 BGB),

- Auskunftsrecht und Recht auf Sicherheitsleistung des Nacherben (§§ 2127, 2128 BGB),

- Gebot der ordnungsmäßigen Verwaltung (§ 2130 BGB),

- Wertersatz für übermäßige Fruchtziehung (§ 2133 BGB)

1. Begrenzte Befreiungsmöglichkeit in § 2136 BGB

Sämtliche dieser Schutzvorschriften für den Nacherben stellen natürlich Einschränkungen der Rechtsstellung des Vorerben dar, die diesem im Geschiedenentestament nicht aufgebürdet werden sollen. Von einigen dieser Beschränkungen kann der Vorerbe unproblematisch in der letztwilligen Verfügung freigestellt werden. Nach § 2136 BGB kann jedoch auch der befreite Vorerbe nicht vollständig von den gesetzlich vorgesehenen Verpflichtungen und Beschränkungen befreit werden. § 2136 BGB enthält eine abschließende Aufzählung der Vorschriften, von denen eine Freistellung möglich ist. Diese Vorschrift zieht also die äußerste Grenze, über die hinaus eine unmittelbare Befreiung des Vorerben durch den Erblasser nicht möglich ist.[158] Der Grund hierfür liegt darin, dass der Nacherbe nach dem Sinn und Zweck der Vor- und Nacherbschaft zumindest gegen willkürliches, nachlässiges oder bösliches Handeln des Vorerben geschützt werden soll.[159]

Nicht möglich ist danach eine Befreiung von:

- § 2111 BGB - Surrogation

- § 2113 Abs.2 BGB - unentgeltliche Verfügungen über Nachlassgegenstände

[158] BGH v. 2.10.1952, BGHZ 7, 274, 276; Soegel-Harder, § 2136, Rz. 1; Müller, ZEV 1996, 179, 180
[159] RG v. 26.10.1911, RGZ 77, 177, 178

- § 2115 BGB - Verfügungen im Wege der Zwangsvollstreckung
- § 2121 BGB - Verzeichnis der Nachlassgegenstände
- § 2122 BGB - Duldung der Feststellung des Zustandes des Nachlasses
- § 2138 Abs.2 BGB - Verpflichtung zum Schadensersatz nach und für Minderungen der Erbschaft in Benachteiligungsabsicht[160] [161]

Von einigen dieser Beschränkungen wird auch der Erblasser eines Geschiedenentestaments keine Befreiung geben wollen. Insbesondere das Zwangsverfügungsverbot zu Gunsten der Eigengläubiger des Vorerben in § 2115 BGB ist für den Nachlass wohl nur vorteilhaft. Andere Vorschriften beeinträchtigen die Rechtsstellung des Vorerben jedoch sehr weitgehend. Insbesondere das Schenkungsverbot in § 2113 Abs.2 BGB wirkt belastend.[162] Oben wurde zwar dargestellt, dass hierin auch ein Vorteil des Nacherbenmodells gesehen werden kann, da somit auch Schenkungen an die auszuschließenden Personen verhindert werden.[163] Generell wird der Erblasser im Geschiedenentestament jedoch versuchen, seinen Vorerben von derartigen Beschränkungen freizustellen. Die Kautelarjurisprudenz hat einige Gestaltungsvorschläge entwickelt, wie mittelbar auch über die Grenze des § 2136 BGB hinausgehende Befreiungen des Vorerben erreichbar sind. Diese mittelbaren Befreiungsmöglichkeiten werden im Folgenden vorgestellt und auf ihre Eignung für das Geschiedenentestament hin geprüft.

---

[160] Vgl. hierzu auch die vollständige tabellarische Übersicht über Beschränkungen und Befreiungsmöglichkeiten bei J. Mayer, ZEV 2000, 1, 10

[161] Befreiungsmöglichkeit von § 2124 BGB ergibt sich nicht aus der an sich abschließenden Aufzählung des § 2136 BGB. Trotzdem ist nach einhelliger Meinung eine Befreiung von der Verpflichtung zur Tragung der gewöhnlichen Erhaltungskosten möglich, da diese sowohl in der Befreiung von der Pflicht zur ordnungsgemäßen Verwaltung (§ 2130 BGB) als auch in der Befreiung vom Verbot Nachlassgegenstände für sich zu verwenden, enthalten ist. (vgl. hierzu Staudinger-Behrends/Avenarius, § 2136, Rz. 10; Soergel-Harder, § 2136, Rz. 3, m.w.N.)

[162] Staudinger-Behrends/Avenarius, vor § 2100 ff., Rz.13, sieht die notwendige Flexibilität im Wirtschaftsleben insbesondere durch das Schenkungsverbot gefährdet wegen der im Detail unklaren Rechtsprechung zur Frage, wann Unentgeltlichkeit anzunehmen ist. Die gängige Definition lautet folgendermaßen: „Unentgeltlichkeit einer Verfügung ist gegeben, wenn nach wirtschaftlichen Gesichtspunkten objektiv eine in den Nachlass zu erbringende Gegenleistung fehlt oder dem aus dem Nachlass erbrachten Opfer nicht gleichwertig ist und subjektiv der Vorerbe die Ungleichwertigkeit entweder erkennt oder hätte erkennen müssen." (st. Rspr.: z.B. BGH v. 23.11.1983, NJW 1984 366; BGH v. 24.10.1990, NJW 1991, 842; Münchner Kommentar-Grunsky, § 2113, Rz.22; Palandt-Edenhofer, § 2136, Rz. 10)

[163] Vgl. oben Seite 19

2. Möglichkeiten zur mittelbaren Befreiung des Vorerben über § 2136 BGB hinaus

a) Vorerbe als Nacherben-Testamentsvollstrecker

Nach § 2222 BGB kann der Erblasser einen Testamentsvollstrecker zu dem Zweck benennen, dass dieser bis zum Eintritt der angeordneten Nacherbfolge die Rechte des Nacherben ausübt und dessen Pflichten erfüllt. Wenn der Vorerbe selbst dieses Amt übernehmen dürfte, könnte er sich sein Leben um vieles leichter machen. Nach herrschender Meinung kann jedoch der alleinige Vorerbe nicht zum einzigen Testamentsvollstrecker gemacht werden, da dieser damit zum Richter in eigener Sache gemacht werden würde.[164] Möglich ist aber, den alleinigen Vorerben neben einer dritten Person zum Testamentsvollstrecker zu machen[165] oder einen von mehreren Vorerben zum Nacherbentestamentsvollstrecker zu ernennen.[166] [167] Eine umfassende Befreiung kann dem Vorerben jedoch auch durch einen ihm wohlwollenden Testamentsvollstrecker nicht verschafft werden, da auch dieser wegen § 2205 S. 3 BGB unentgeltlichen Verfügungen des Vorerben keine Wirksamkeit verleihen kann. Die Nacherbentestamentsvollstreckung ist also nicht geeignet, um dem Vorerben Schenkungen aus dem Nachlass zu ermöglichen. [168]

b) Vollmacht über den Tod hinaus

Auch die Erteilung einer transmortalen Vollmacht für den Vorerben ist keine Lösung. Denn das Rechtsverhältnis, auf dem die Fortdauer der Vollmacht nach § 168 S.1 BGB beruhen würde, bestünde mit dem Erbfall nur zwischen dem Vorerben als Bevollmächtigten und dem Vorerben als Geschäftsherrn in

---

[164] RG v. 26.10.1911, RGZ 77, 177, 178; OLG Karlsruhe v. 8.9.1980, MDR 1981, 943; Staudinger-Reimann, § 2197, Rz.54; Nieder, Handbuch der Testamentsgestaltung, Rz. 541; J. Mayer, ZEV 2000, 1,5; a.A. Rohlff, DNotZ 1971, 518, 531; Staudinger-Behrends/Avenarius, vor § 2100, Rz. 37

[165] BayObLG v. 2.6.1920, BayObLGZ 1920, 242

[166] RG v. 26.10.1911, RGZ 77, 177; KG v.22.12.1921, OLGZ 42, 139, Fn. 1; BayObLG v. 1.6.1989, BayObLGZ 1989, 183, 186

[167] Zu weiteren zulässigen Kombinationsmöglichkeiten vgl. Nieder, Handbuch der Testamentsvollstreckung, Rz. 541 und Wingerter, S.111 ff.

[168] So auch Wingerter, S.121; Die Nacherbentestamentsvollsteckung ist jedoch von großem Vorteil, wenn Minderjährige oder unbekannte Erben vorhanden sind, da dann eine familiengerichtliche Genehmigung (BayObLG v. 1.6.1989, BayObLGZ 1989, 183, 186; D.Mayer in Bengel/Reimann, Handbuch der Testamentsvollstreckung, Kap. 5, Rz. 284) bzw. eine Pflegerbestellung (BayObLG v. 24.4.1997, ZEV 1997, 452; Kanzleiter, DNotZ 1970,326, 335) vermieden werden kann und ein sachgerechtes „handling" für den Vorerben ermöglicht wird. (J.Mayer, ZEV 2000, 1, 5); vgl. auch unten Fn. Nr. 551

der gleichen Person, weshalb die dem Vorerben erteilte Vollmacht mit dem Erbfall durch Konsolidation erlischt.[169]

c) Zustimmungspflicht des Nacherben

Unstreitig dienen die Verfügungsbeschränkungen dem Schutz des Nacherben. Dieser hat also selbstverständlich die Möglichkeit, durch seine Genehmigung den vorschriftswidrigen Verfügungen des Vorerben Geltung zu verleihen. Indem man den Nacherben mit einem Vermächtnis beschwert, im Nacherbfall allen Verfügungen des Vorerben zuzustimmen, könnte man den völlig unbeschränkten Vorerben schaffen. Der Nacherbe wäre dann verpflichtet, mit Eintritt des Nacherbfalls die betreffenden Maßnahmen als ordnungsgemäß im Sinn von § 2120 BGB anzuerkennen.

Es ist jedoch strittig, ob eine solche Zustimmungspflicht generell und für jede Verfügung angeordnet werden kann. Die herrschende Meinung hält es zwar für möglich, den Nacherben zu verpflichten, alle Schenkungen des Vorerben zu genehmigen, da formell die Beschränkung des § 2113 Abs.2 BGB bestehen bleibt und materiell der Privatautonomie des Erblassers und der Verfügungsfreiheit unter Lebenden der Vorrang gebührt vor dem Nacherbenschutz.[170] Die Gegenmeinung sieht darin jedoch eine unzulässige Umgehung des § 2136 BGB.[171] Wegen der zwingenden Rechtsnatur des § 2136 BGB wird man bedenken müssen, dass auch die mittelbaren Befreiungsmöglichkeiten an bestimmte Grenzen stoßen können. Beispielsweise ist es nach der Rechtsprechung nicht möglich, die Rechtsstellung des alleinigen Vorerben zu stärken, indem er zum alleinigen Nacherbentestamentsvollstecker gemacht wird.[172] Daher erscheinen die Bedenken der Gegenmeinung beachtlich. Ein auf bestimmte Sachverhalte begrenztes Zustimmungsvermächtnis wie die Verpflichtung zur Genehmigung bestimmter Verfügungen (beispielsweise aller Schenkungen beweglicher Nachlassgegenstände) dürfte jedoch zulässig sein. Auch kann der Nacherbe wohl durch Vermächtnis verpflichtet werden, die im

[169] Palandt-Edenhofer, § 2112, Rz.7; Staudinger-Behrends/Avenarius, § 2112, Rz.33; J.Mayer, ZEV 2000, 1, 5; a.A.: Wingerter, S.135 f. m.w.N.

[170] Kipp/Coing, § 51 III 1 b; Staudinger-Behrends/Avenarius, § 2136, Rz.7; Palandt-Edenhofer, § 2138, Rz.2; Nieder Handbuch der Testamentsgestaltung, Rz. 529; J.Mayer, ZEV 2000, 1, 5;

[171] Soergel-Harder, § 2136, Rz. 2; Münchner Kommentar-Grunsky, § 2136, Rz.9; Bühler, BWNotZ 1967, 174, 180; Müller ZEV 1996, 179, 180; Busse, MittRhNotK, 1998, 225, 237

[172] Vgl. oben Fn. Nr.164

Nacherbfall entstehenden Schadensersatzansprüche wegen unentgeltlicher Verfügung zu erlassen.[173]

Ob die Freistellung des Vorerben von jeder Beschränkung durch ein derartiges Vermächtnis erreicht werden kann, ist zumindest unsicher. Gesicherte Rechtsprechung hierzu gibt es nicht und die Argumente der ablehnenden Meinung sind nicht von der Hand zu weisen. Für eine Verwendung im Geschiedenentestament sind derartige Vermächtnisse daher nur mit Einschränkungen geeignet. Zumindest muss dem Erblasser der Gefahr bewusst sein, dass die Klausel einer gerichtlichen Überprüfung nicht Stand hält und dass die damit angestrebte Freistellung des Vorerben nicht eintritt. Der Kautelarjurist sollte eine derart unsichere Gestaltung nicht wählen.[174] Auch aus dem Gesichtspunkt der Streitvermeidung heraus sind solche Vermächtnisse insgesamt abzulehnen, da wegen der oben aufgezeigten strittigen Punkte ein Rechtsstreit für beide Seiten erfolgsversprechend erscheinen muss, und zu einem Rechtsstreit zwischen Vor- und Nacherben geradezu eingeladen wird.

d) Vorausvermächtnis

Eine weitere Möglichkeit, den Vorerben mittelbar über die Grenzen des § 2136 BGB hinaus zu befreien, besteht darin, ihm bestimmte Vermögensgegenstände im Wege eines Vorausvermächtnisses zuzuwenden und sie so dem Nacherbenrecht zu entziehen (§§ 2150, 2110 Abs. 2 BGB). Der Vorerbe erwirbt diese Gegenstände ohne weiteres mit dem Erbfall. Sie werden sein freies Vermögen, über das er nach Belieben, also auch unentgeltlich, verfügen kann.[175] Dadurch wird eine Freistellung vom Schenkungsverbot und etwaigen daraus resultierenden Schadensersatzansprüchen erreicht. Jedoch bewirkt die Zuordnung zum Eigenvermögen des Vorerben auch die Aufhebung des Schutzes vor dem Zugriff des ausgeschlossenen Personenkreises. Am Eigenvermögen des Vorerben sind Pflichtteilsansprüche des geschiedenen Ehegatten und Erbansprüche aller auszuschließenden Personen möglich. Die Anordnung eines solchen Vorausvermächtnisses konterkariert daher die Zielsetzung des Geschiedenentestaments und insbesondere für wirtschaftlich bedeutende Vermögensgegenstände kommt ihr Einsatz nicht in Betracht.[176]

[173] Bühler, BWNotZ 1967, 174, 179 f.; Nieder Handbuch der Testamentsgestaltung, Rz. 529; Busse, MittRhNotK, 1998, 225, 237
[174] So auch Wingerter, S.91
[175] BGH v. 10.2.1960, BGHZ 32, 60; LG München II v. 5.7.1994, ZEV 1995, 373, 375, m. Anm. Skibbe; Staudinger-Behrends/Avenarius, § 2136, Rz. 5; Nieder Handbuch der Testamentsgestaltung, Rz. 529; J. Mayer, ZEV 2000, 1, 4; Wingerter, S.5 ff.
[176] So auch Busse, MittRhNotK 1998, 225, 236

Zu bedenken wäre jedoch die bedingte Anordnung derartiger Vorausvermächtnisse.[177] Der Erblasser könnte beispielsweise das Vorausvermächtnis bedingt anordnen für den Fall, dass der Vorerbe über einzelne Nachlassgegenstände unentgeltlich verfügt. Diese Gegenstände soll der Vorerbe als Vorausvermächtnis erhalten. Verfügungen zu Gunsten der auszuschließenden Personen können ausgenommen werden. Dieses bedingte Vorausvermächtnis könnte folgendermaßen formuliert werden:

Testamentsklausel 4

Der Vorerbe ist berechtigt, vor Eintritt des Nacherbfalles über jeden Nachlassgegen-stand unentgeltlich zu verfügen, es sei denn, die Verfügung des Vorerben begünstigt eine der auszuschließenden Personen. Macht der Vorerbe von dieser Befugnis Gebrauch, so gilt ihm der Gegenstand, über den er verfügt hat, als durch Vorausvermächtnis frei von der Vor- und Nacherbschaft zugewendet.

Durch das nur bedingt angeordnete Vorausvermächtnis bleiben zunächst alle Nachlassgegenstände im Sondervermögen des Vorerben. Nur wenn der Vorerbe einen Gegenstand an eine nicht auszuschließende Person verschenken will, soll dieser zu seinem Eigenvermögen werden. Dies scheint die ideale Lösung zu sein. Pflichtteils- und Erbansprüche der auszuschließenden Personen bleiben ausgeschlossen und sogar Schenkungen an diese werden verhindert.

Jedoch unterliegen bis zum Bedingungseintritt alle Nachlassgegenstände selbstverständlich den sonstigen Schutzvorschriften zu Gunsten der Nacherben. Auch wird man wie oben bei der generell angeordneten Zustimmungspflicht des Nacherben die Frage stellen müssen, ob ein derart weitgehendes, für alle Nachlassgegenstände gültiges, bedingtes Vorausvermächtnis nicht die zwingende Regelung des § 2136 BGB unzulässig umgeht.

Für die Zulässigkeit spricht zwar, dass durch unbedingtes Vorausvermächtnis alle Gegenstände dem Vorerben als Eigenvermögen zugewandt werden können. Dadurch wird jedoch die Nacherbschaft auch insgesamt aufgehoben. Der Vorerbe wird faktisch Vollerbe. Die positiven Aspekte der Vor- und Nacherbschaft wie zum Beispiel der Schutz vor Eigengläubigern des Vorerben oder vor Pflichtteilsansprüchen fallen ebenfalls weg. Bei einem nur bedingt angeordneten, aber allgemein für alle Nachlassgegenstände gültigen Vorausvermächtnis sollen die für den Erblasser positiven Auswirkungen der Vor- und Nacherbschaft erhalten bleiben. Wenn es dem Vorerben aber ermöglicht wird, nach Belieben Nachlassgegenstände zu

[177] Nieder, Handbuch der Testamentsgestaltung, Rz. 529; Müller, ZEV 1996, 179, 180; J. Mayer, ZEV 2000, 1, 5 (mit Formulierungsbeispielen); Wingerter, S.31 ff.

verschenken, ist es zweifelhaft, ob man dem Grundgedanke der Vor- und Nacherbschaft, den Nacherben gegen willkürliches, nachlässiges und bösliches Verhalten des Vorerben zu schützen, noch gerecht wird.[178] Daher gilt hier genauso wie oben bei der Anordnung der Genehmigungsverpflichtung, dass die Zulässigkeit der generellen, nicht auf einzelne Nachgegenstände beschränkten Anordnung derartiger bedingter Vorausvermächtnisse rechtlich zweifelhaft ist und höchstrichterlich noch nicht abgesichert ist. Eine Verwendung im Geschiedentestament ist daher nicht anzuraten.

e) Zusammenfassung

Sämtliche der vorgestellten Gestaltungsmodelle zur mittelbaren Befreiung des Vorerben über die Grenze des § 2136 BGB hinaus befriedigen die Zielsetzungen des Erblasser eines Geschiedenentestaments nicht vollständig. Entweder wird die Befreiung nur für Teile des Nachlasses oder von einzelnen Beschränkungen erreicht oder mit der Befreiung werden auch die gewollten Schutzwirkungen der Vor- und Nacherbschaft beseitigt oder die Gestaltung ist rechtlich unzulässig bzw. deren Zulässigkeit ist zumindest fraglich. Eine befriedigende Lösung für den Testator eines Geschiedenentestaments, der seinen Vorerben von sämtlichen Beschränkungen freisprechen will, bieten sie jedenfalls nicht. Zwei weitere Modelle werden in der Kautelarjurisprudenz noch angeboten, deren Wirkung jedoch wesentlich weitergehender ist, als die der bisher vorgestellten Gestaltungen:

1. auflösend bedingte Nacherbeneinsetzung[179]

2. Vollerbeneinsetzung mit Vermächtnisbeschwerung[180]

Diese Varianten werden daher nachfolgend gesondert besprochen.

Zuvor werden in einen kurzen Exkurs die Auswirkungen der in § 2111 BGB angeordneten dinglichen Surrogation näher erläutert.

---

[178] A.A.: Wingerter, S.31 ff., der auch ein den gesamten Nachlass umfassendes, aufschiebend bedingtes Vorausvermächtnis für vereinbar hält mit dem Sinn und Zweck der Vor- und Nacherbschaft und mit dem materiellen Höchstpersönlichkeitspostulat des § 2065 BGB.

[179] Vgl. Seite 63 ff.: „Bedingte oder unbedingte Nacherbschaftsanordnung"

[180] Vgl. Seite 135 ff.: „Aufgeschobenes Vermächtnis"

3. Exkurs: Dingliche Surrogation - § 2111 BGB

Damit die Erbschaft dem Nacherben auch nach längerer Zeit möglichst ungeschmälert und gesondert erhalten bleibt, wird in § 2111 BGB Surrogation angeordnet.[181] Danach gehört zur Erbschaft, was der Vorerbe auf Grund eines zur Erbschaft gehörenden Rechts oder als Ersatz für die Zerstörung, Beschädigung oder Entziehung eines Erbschaftsgegenstands erhält, was er mit Mitteln der Erbschaft erwirbt und was er dem Inventar eines Erbschaftsgrundstücks einverleibt. Der Surrogation steht nicht im Wege, dass die Erbschaftsmittel nur auf Umwegen eingesetzt werden. So gehört ein Grundstück kraft Surrogation auch dann zum Nachlass, wenn der Vorerbe es im eigenen Namen auf Kredit kauft und die Erbschaftsmittel zur Ablösung des Kredits benutzt.[182] Der Surrogationsgrundsatz kommt auch zur Anwendung, wenn ein Erwerb nur teilweise mit Erbschaftsmitteln erfolgt. In diesem Fall gehört ein entsprechender Teil zum Nachlass. Auch das Surrogat des Surrogats gehört zur Erbschaft (Kettensurrogation). Soweit der Vorerbe nach §§ 2112 ff. BGB Verfügungsbeschränkungen unterworfen ist, gilt dies ohne weiteres auch für Surrogate. Die Vorschrift des § 2111 BGB verhütet insbesondere, dass sich der Vorerbe Sachen und Rechte persönlich übertragen lässt und so sein Eigenvermögen mehrt, während die Mittel zum Erwerb aus dem Nachlass stammen, der hierdurch zum Nachteil des Nacherben vermindert würde.[183]

Die Zurechnung zum Sondervermögen erfolgt unmittelbar und automatisch kraft Gesetzes, ohne Rücksicht auf abweichende Willenserklärungen und ohne Durchgangserwerb durch das Vermögen des Vorerben oder eines Dritten. Diese unmittelbare Wirkung unterscheidet die dingliche Surrogation, wie sie in § 2111 BGB angeordnet wird, von der „obligatorischen“ Surrogation. Bei dieser besteht lediglich die Verpflichtung, die ursprüngliche Rechtslage auch am Ersatzgegenstand herzustellen. Es bedarf hierzu eines zusätzlich rechtsgeschäftlichen Übertragungsaktes vom Vermögen des Dritten in das geschützte Vermögen. Bis zu dieser Übertragung ist der Dritte Eigentümer am Ersatzgegenstand, kann darüber wirksam anderweitig verfügen und seine Gläubiger können darin vollstrecken. Die obligatorische

---

181 Mugdan Motive V, 583; strittig ist, ob diese Vorschrift neben dem Schutz des Nacherben auch dem Schutz der Nachlassgläubiger dienen soll. Die h.M. verneint dies: vgl. BGH v. 3.6.1981, BGHZ 81, 8, 12; Palandt-Edenhofer, § 2111, Rz. 1; Jauernig-Stürner, § 2111, Rz. 1; Brox, Rz. 579; a.A.: Staudinger-Behrens/Avenarius, § 2111, Rz. 2 und 11; Münchner Kommentar-Grunsky, § 2111, Rz. 3; Soegel-Harder, § 2111, Rz. 1

182 BGH v. 31.1.1990, BGHZ 110, 176, 178

183 Lange/Kuchinke, § 28 IV 1

Surrogation gewährleistet deshalb den Bestandsschutz nicht im selben Umfang wie die dingliche Surrogation.[184]

Der Umkehrschluss aus § 2136 BGB ergibt, dass eine Befreiung von der Bestimmung des § 2111 BGB nicht vorgesehen ist. Auch Sinn und Zweck dieser Vorschrift verlangen ihre Anwendung bei befreiter Vorerbschaft.[185] § 2111 BGB stellt eine notwendige Ergänzung der gesetzlichen Verfügungsbeschränkungen des Vorerben (§§ 2113 ff. BGB) dar. Nach dem Willen des Gesetzgebers gelten diese Beschränkungen zumindest teilweise auch für den befreiten Vorerben. Ohne Anordnung der Surrogation könnte der Vorerbe diesen Beschränkungen sehr leicht durch Verlagerung von Nachlassgegenständen in sein Eigenvermögen entkommen. Diese Verlagerung verhindert § 2111 BGB. Da einige Verfügungsbeschränkungen auch für den befreiten Vorerben gelten, muss auch die Surrogation für ihn anwendbar sein. Ist allerdings der befreite Vorerbe dazu berechtigt, neben den Nutzungen aus dem Nachlass auch Nachlassgegenstände für sich zu verwenden, und tut er das in einer Weise, dass keinerlei Ersatz an die Stelle des verwendeten Nachlassgegenstands tritt (vgl. §§ 2134, 2136 BGB), dann greift der Surrogationsgrundsatz aus tatsächlichen Gründen nicht, da er in diesem Fall gegenstandslos ist.[186]

Die dingliche Surrogation gewährleistet den Erhalt des Nachlasses als Sondervermögen. Im Geschiedenentestament ist dies von Vorteil, da nur dieses Sondervermögen vor dem Zugriff der auszuschließenden Personen sicher ist. Andererseits ist die Surrogation durchaus auch eine Belastung für den Vorerben, die im Geschiedenentestament eigentlich nicht erwünscht ist. Als Belastung muss bereits empfunden werden, dass nach längerer Dauer der Vorerbschaft und mehrfachen Surrogationsvorgängen selbst der Vorerbe leicht den Überblick darüber verlieren kann, was ihm als Eigenvermögen zusteht und was zum Nachlasssondervermögen zählt. Beispielsweise kann bei einem zum Nachlass gehörenden Bankkonto Streit darüber einstehen, inwieweit Gelder des Erblassers, Surrogate (z.B. wiederangelegte Beträge aus fällig gewordenen Wertpapieren) oder eigene Gelder des Vorerben angelegt sind.[187] Auch das Entstehen von nur teilweise zum Nachlass gehörigen Vermögensgegenständen und die Unmöglichkeit, der Surrogation ohne Zustimmung der Nacherben zu entgehen, wirken belastend. Die Sicherung des Sondervermögens durch § 2111 BGB wird daher erkauft mit einer Erschwerung der freien Teilnahme am

[184] Wolf, JuS 1975, 643, 645; Coester-Waltjen, JURA 1996, 24
[185] Soergel-Harder, § 2111, Rz. 1; Staudinger-Behrends/Avenarius, § 2111, Rz. 3
[186] Staudinger-Behrends/Avenarius, § 2111, Rz. 3
[187] Wagner, ZEV 1997, 369, 371

Wirtschaftsleben für den Vorerben durch die komplexe, in ihren Auswirkungen oft schwer überblickbare Surrogationsanordnung.

II. Bedingte oder unbedingte Nacherbschaftsanordnung

Im Rahmen von Formulierungsvorschlägen für Geschiedenentestamente wird die Nacherbschaft unter die verschiedensten Bedingung gestellt. Die vorgeschlagenen Testamentsklauseln verfolgen immer dasselbe Ziel: Mittels Bedingungen soll erreicht werden, dass die Nacherbschaftsanordnung und damit die Verfügungsbeschränkungen des Vorerben zu Lebzeiten und von Todes wegen in bestimmten Situationen wegfallen. Mit der bedingten Anordnung der Nacherbschaft will man den Vorerben also nicht nur von den Beschränkungen bei Verfügungen zu Lebzeiten befreien, wie dies mit den oben untersuchten Gestaltungen zur mittelbaren Befreiung des Vorerben über die Grenze des § 2136 BGB hinaus bezweckt war, sondern dem Vorerben soll dadurch auch Einfluss auf die Weitervererbung des Nachlasses gegeben werden. Dies macht diese Gestaltung für Geschiedenentestamente auch besonders relevant. In Formulierungsvorschlägen für Geschiedenentestamente tauchen regelmäßig folgende Varianten der bedingten Anordnung auf:

Testamentsklausel 5

Die Nacherbfolgeregelung entfällt mit dem Tod meiner geschiedenen Ehefrau.[188]

oder

Testamentsklausel 6

Die Nacherbfolgeregelung entfällt, wenn der Vorerbe eigene Kinder hinterlässt.[189]

oder

Testamentsklausel 7

Die Nacherbfolge fällt weg, wenn der Vorerbe anderweitig letztwillig über den Nachlass verfügt. Die Verfügung des Vorerben darf jedoch nicht diejenigen Personen begünstigen, die ich vorstehend ausdrücklich von jeder Erbfolge ausgeschlossen habe.[190]

oder

[188] Nieder, ZEV 1994, 156, 159
[189] Busse, MittRhNotK, 1998, 225, 236
[190] Dieterle, BWNotZ 1971, 14, 15; Limmer in Dittmann-Reimann-Bengel, Teil E, Rz.46

Testamentsklausel 8

Die Nacherbfolge tritt nur ein, soweit Gegenstände aus meinem Nachlass nach dem Tod eines meiner Kinder im Wege der Erbfolge oder auf Grund eines Vermächtnisses auf meine geschiedene Frau, einen ihrer Abkömmlinge, die nicht aus unserer Ehe stammen, oder ihre Verwandten aufsteigender Linie übergehen würde oder wenn Teile meines Nachlasses als Grundlage zur Berechnung etwaiger Pflichtteilsansprüche dieser Personen mitherangezogen werden.[191]

Im Folgenden soll dargestellt werden, inwieweit derartige Bedingungen zulässig sind und ob sie ihren Zweck zuverlässig erfüllen.

1. Welche Bedingungen können zulässigerweise angeordnet werden?

Die grundsätzliche Zulässigkeit einer bedingten Erbeinsetzung ist unstreitig.[192] Dies ergibt sich zweifelsfrei aus den §§ 2074 ff. BGB, die voraussetzen, dass der Erblasser eine letztwillige Zuwendung aufschiebend oder auflösend bedingt treffen kann, selbst wenn der Eintritt der Bedingung lediglich in der Willkür des Bedachten liegt (§ 2075 BGB). Diese Bestimmungen gelten selbstverständlich auch für die Einsetzung eines Vor- bzw. Nacherben.[193] Mittelbar wird dies bestätigt durch § 2108 Abs. 2 Satz 2 BGB, der stillschweigend von der Anwendung der §§ 2074 ff. BGB bei Nacherbschaftsanordnungen ausgeht.[194]

Die Zulässigkeit bedingter letztwilliger Verfügungen ist jedoch keine Selbstverständlichkeit. Der römische Rechtsgrundsatz „semel heres, semper heres“[195] untersagte die auflösende Bedingung oder Befristung der Erbenstellung. Dieser im Zuge der Rezeption des römischen Rechts im Mittelalter durch die Glossatoren und später durch die Kommentatoren verbreitete Grundsatz beeinflusste auch noch zur Zeit der Entstehung des BGB weite Teile der Jurisprudenz. Der erste Entwurf des BGB sah daher eine ausdrückliche Bestimmung über die Zulässigkeit von bedingten letztwilligen

191 Dieterle, BWNotZ 1971, 14, 18; Limmer in Dittmann-Reimann-Bengel, Teil E, Rz.47; Nieder, Handbuch der Testamentsgestaltung, Rz. 1047
192 Staudinger-Otte, § 2074, Rz. 1; Münchner Kommentar-Leipold, § 2074, Rz. 4; Nieder, Handbuch der Testamentsgestaltung, Rz. 735
193 Einhellige Meinung, vgl. etwa: BGH v.30.1.1969, WM 1969, 664, 665; Soergel-Harder, vor §2100, Rz. 9; Münchner Kommentar-Grunsky, § 2100, Rz. 11 f.
194 Frank, MittBayNot 1987, 231, 232
195 Gaius, Institutiones, 2, 184 (zitiert nach Kaser, § 68 II 4)

Verfügungen vor (E I § 1760)[196]. Die zweite Kommission hat diese Bestimmung gestrichen, weil sich ihr Inhalt aus dem Allgemeinen Teil (§§ 158, 163 BGB) und einzelnen Bestimmungen des Erbrechts von selbst ergibt.[197] Der historische Gesetzgeber ging also davon aus, dass Bedingungen in letztwilligen Verfügungen und Bedingungen unter Lebenden im Grundsatz gleich zu behandeln sind.[198]

Jedoch schränkt auch das BGB die Möglichkeit ein, letztwillige Verfügungen mit einer Bedingung zu versehen. § 2065 Abs.1 BGB verbietet es, eine letztwillige Verfügung von der Bedingung abhängig zu machen, dass ein anderer sie billigt oder missbilligt; § 2065 Abs. 2 BGB untersagt, dass einem anderen die Bestimmung der Person des Zuwendungsempfängers oder des Zuwendungsgegenstandes überlassen wird. Durch diese Vorschrift wird die Möglichkeit der bedingten Verfügung von Todes wegen - und damit die Testierfreiheit des Erblassers - zu Gunsten des Grundsatzes der materiellen Höchstpersönlichkeit der Erbeinsetzung eingeschränkt. Die Bestimmungen über die Nacherbschaft gewähren keine Ausnahme von § 2065 BGB [199], so dass auch im Rahmen der Nacherbschaft die Zulässigkeit von Bedingungen im Hinblick auf den Grundsatz der materiellen Höchstpersönlichkeit überprüft werden muss.

Im Allgemeinen unterscheidet man drei Gruppen von Bedingungen: Zufallsbedingungen, Wollensbedingungen, und Willkür- oder Potestativbedingungen.[200]

Eine Zufallsbedingung liegt vor, wenn ein Umstand oder ein Ereignis, das nicht vom menschlichen Willen abhängt, zur Bedingung der letztwilligen Verfügung gemacht wird. Alle objektiv feststellbaren Ereignisse, die nicht vom Willen eines Menschen beeinflussbar sind fallen hierunter. Beispielsweise der Tod einer bestimmten Person, das Abstellen auf eine bestimmte rechtliche Situation (z. B. gesetzliche Erben einer bestimmten Person zu einem bestimmten Zeitpunkt) oder auch echte Zufallsereignisse (z. B. Losentscheid, Ziehen der höchsten Spielkarte, etc.) sind derartige vom menschlichen Willen

---

196 Mugdan, Motive V, S. 9; Text des BGB Entwurf I § 1760: *"Einer letztwilligen Verfügung kann eine Bedingung oder eine Zeitbestimmung beigefügt werden."*

197 Mugdan, Motive V, S. 9; Mugdan, Protokolle V, S. 520

198 Staudinger-Otte, § 2074, Rz. 5; Mugdan, Motive V, S. 11

199 Münchner Kommentar-Leipold, § 2065, Rz. 10: Eine Einschränkung des materiellen Höchstpersönlichkeitsgrundsatzes im Rahmen der Nacherbschaft ergibt sich insbesondere nicht aus der Bestimmung des § 2136 BGB, nach der der Vorerbe von gesetzlichen Beschränkungen befreit werden kann, da von dem Verbot der unentgeltlichen Zuwendung gemäß § 2113 Abs.2 BGBauch unter Lebenden nicht befreit werden kann.

200 Nieder, Handbuch der Testamentsgestaltung, Rz. 735; Stiegeler, Diss., S. 6

unbeeinflussbare Ereignisse. Zufallsbedingungen können nie einen Verstoß gegen § 2065 BGB darstellen, da sie per Definition nicht von einem Menschen beeinflussbar sind.[201] Daher wird durch eine Zufallsbedingung niemals einem „anderen" die Entscheidung über die Gültigkeit einer letztwilligen Verfügung oder die Bestimmung des Zuwendungsempfängers überlassen. Sowohl die in Testamentsklausel 5 formulierte Bedingung (Tod der geschiedenen Ehefrau) als auch die in Testamentsklausel 6 (Existenz eigener Nachkommen bei Tod des Vorerben) sind Zufallsbedingungen im Sinne der obigen Definition und als solche unstreitig zulässig, da jeweils ein Ereignis zur Bedingung erhoben wird, dessen Eintritt durch menschliches Verhalten nicht steuerbar ist.

Wird die Zustimmung oder Ablehnung eines Dritten zur Bedingung für die Erbeinsetzung erhoben, spricht man von einer reinen Wollensbedingung. Verfügt der Erblasser beispielsweise: „X wird Nacherbe, wenn der Vorerbe zustimmt", so unterwirft er die Nacherbeneinsetzung vollständig dem Willen des Vorerben und entscheidet nicht mehr selbständig über die Erbeinsetzung. Derartige Klauseln verstoßen stets gegen § 2065 Abs.1 BGB.[202]

Als Willkür- oder Potestativbedingungen werden Bedingungen bezeichnet, die die Erbeinsetzung von einem Ereignis abhängig machen, dessen Eintritt vom Willen eines anderen abhängt.[203] Die Rechtsfolge (z. B. Erbeinsetzung) tritt ein, wenn das zur Bedingung erhobene Verhalten des anderen vorliegt und ist unabhängig von einem diesbezüglichen Wollen der anderen. Bei Willkürbedingungen ist der Wille des anderen unmittelbar auf die Herbeiführung eines von der letztwilligen Verfügung unabhängigen Ergebnisses gerichtet. Die letztwillige Verfügung des Erblassers wird nur mittelbar beeinflusst. Darin ist der Unterschied zur reinen Wollensbestimmung

---

201 Lange/Kuchinke, § 25 I 6 d; Staudinger-Otte, § 2065, Rz. 12; Stiegeler, Diss., S. 11; a.A. bzgl. Losentscheide: Münchner Kommentar-Leipold, § 2065, Rz. 14, der durch einen Losentscheid über die Erbeinsetzung den Zweck von § 2065 BGB als verletzt ansieht, da dem Erblasser die Festlegung der Person des Erben nicht gleichgültig sein darf

202 Staudinger-Otte, § 2065, Rz. 13; Münchner Kommentar-Leipold, § 2065; Rz. 5; RGRK-Johannsen, § 2065, Rz. 3; Stiegeler, Diss., S. 6

203 Münchner Kommentar-Leipold, § 2074, Rz. 10; Stiegeler, Diss., S.6; bei Staudinger-Otte, § 2074, Rz. 27, wird der Begriff anders definiert: Willkürbedingungen sind alle Bedingungen, deren Eintritt vom Willen eines anderen abhängen; die hier als Wollensbedingungen bezeichneten Bedingungen stellen nach der Definition Ottes nur eine Untergruppe der Willkürbedingungen dar, die er einer zweiten Untergruppe, den Willkürbedingungen im engeren Sinne (= Willkürbedingung im Sinne der hier benutzten Definition) gegenüberstellt; Brox, Rz. 103 a.E., verwendet eine nochmals abweichende Terminologie: danach ist die Wollensbedingung der Oberbegriff und die Potestativbedingung stellt einen Unterfall dar.

zu sehen. Zu Potestativbedingungen zählen die in Testamentsklausel 7 (Nacherbfolge entfällt, wenn der Vorerbe anderweitig letztwillig verfügt) und Testamentsklausel 8 (Nacherbfolge tritt nur ein, wenn auszuschließende Personen Nachlassgegenstände erhalten) vorgeschlagenen Bedingungen. Bei Testamentsklausel 7 ist diese Einordnung offensichtlich, da die Entscheidung des Vorerben, letztwillig über seinen Nachlass zu verfügen oder es bei der gesetzlichen Erbfolge zu belassen, eine klassische Willensentscheidung des Vorerben darstellt, die mittelbar auch die Verfügung des Erblassers beeinflusst. Für Testamentsklausel 8 gilt dies genauso, wenn die auszuschließenden Personen auf Grund gewillkürter Erbfolge am Nachlass teilnehmen würden. Nicht so eindeutig stellt sich der Fall dar, wenn die Teilnahme auf Grund gesetzlicher Erbfolge eintritt. Diese ergibt sich aus der geltenden Gesetzeslage und den Familienverhältnissen zum Zeitpunkt des Todes des Vorerben. Der Vorerbe kann hierin nicht eingreifen. Er kann die gesetzlich Erbfolge lediglich insgesamt zum Wegfall bringen. Pflichtteilsrechte entziehen sich sogar völlig seiner Einflussnahme. Testamentsklausel 8 stellt daher quasi eine Mischung aus Zufalls- und Willkürbedingung dar. Sie ist jedoch trotzdem anhand der Kriterien für Willkürbedingungen zu prüfen, da sie zumindest auch eine solche darstellt.

Die Vereinbarkeit von Potestativbedingungen mit § 2065 BGB ist differenziert zu beurteilen. Die grundsätzliche Zulässigkeit von Potestativbedingungen ergibt sich zwar schon aus § 2075 BGB[204], da in dieser Bestimmung deren Zulässigkeit stillschweigend vorausgesetzt wird. Jedoch kann aus § 2075 BGB nicht die schrankenlose Zulässigkeit von Potestativbedingungen begründet werden. Sinn und Zweck der Regelung des § 2075 BGB ist es nicht, eine Aussage über die Zulässigkeit bestimmter Bedingungen zu treffen, vielmehr wird eine Auslegungsregel vorgegeben für zulässige Testamentsbedingungen in einem Sonderfall.[205] Die Zulässigkeit der einzelnen Bedingung ist vor der Anwendbarkeit dieser Auslegungsregel anhand der allgemeinen Regeln und insbesondere anhand § 2065 BGB zu ermitteln.[206]

Insbesondere Testamentsklausel 7 aber auch Testamentsklausel 8 sind hinsichtlich § 2065 BGB problematisch, da die Geltung der letztwilligen Verfügung (Nacherbschaftsanordnung) zumindest mittelbar von der Willkür

[204] Staudinger-Otte, § 2074, Rz. 27

[205] Münchner Kommentar-Leipold, § 2075, Rz.1; Staudinger-Otte, § 2075, Rz.1: Im Zweifel soll eine auflösende Bedingung anzunehmen sein, wenn ein Tun oder Unterlassen des Bedachten während eines unbegrenzten Zeitraumes verlangt wird, da bei Annahme einer aufschiebenden Bedingung der Begünstigte nie in den Genuss der Zuwendung kommen könnte.

[206] Münchner Kommentar-Leipold, § 2074, Rz. 10 ff. ; Staudinger-Otte, § 2074, Rz. 27 ff.

eines anderen - hier des Vorerben - abhängig gemacht wird. Der Vorerbe kann gemäß dieser Klauseln durch sein eigenes Testament die Nacherbschaftsanordnung - unter gewissen Beschränkungen - beseitigen. Es ist daher notwendig, den Grundsatz der materiellen Höchstpersönlichkeit näher zu untersuchen, um die Zulässigkeit derartiger Testamentsbedingungen beurteilen zu können.

a) Grundsatz der materiellen Höchstpersönlichkeit: § 2065 BGB

Die Rechtsfolge des in § 2065 BGB zum Ausdruck gebrachten Grundsatz der materiellen Höchstpersönlichkeit liegt auf der Hand: Der Erblasser muss persönlich und eigenverantwortlich die wesentlichen Entscheidungen der Weitergabe seines Nachlasses bestimmen. Nur einen eigenen, selbständigen Willen des Erblassers erkennt das Gesetz an.[207] Zu diesen wesentlichen Entscheidungen zählen die Frage der Geltung der letztwilligen Verfügung (§ 2065 Abs. 1 BGB), die Person des Zuwendungsempfängers und der Gegenstand der Zuwendung (§ 2065 Abs. 2 BGB).

Nicht so eindeutig zu erschließen ist die Begründung für die Regelung des § 2065 BGB.[208] Das BGB verleiht dem Erblasser die grundsätzliche Testierfreiheit. Die Testierfreiheit ist ein tragendes Element der Erbrechtsgarantie des Art. 14 Abs. 1 GG. Sie gewährt die Verfügungsbefugnis des Eigentümers über den Tod hinaus, ist somit eng mit der allgemeinen Garantie des Eigentums verknüpft und genießt als Element der Sicherung der persönlichen Freiheit besonders ausgeprägten Schutz.[209] Die Testierfreiheit ist als erbrechtliche Konkretisierung des allgemeinen Privatrechtsgrundsatzes der Privatautonomie zu verstehen.[210] Privatautonomie umfasst auch das Recht, sich vertreten zu lassen, also einzelne Entscheidungen, die für die eigene Sphäre unmittelbare Geltung haben, freiwillig einem anderen zu übertragen. Aus der Testierfreiheit ergibt sich daher grundsätzlich auch das Recht des Erblassers, bestimmte Entscheidungen auf Dritte zu delegieren. Durch § 2065 BGB wird dieses

---

[207] BGH v. 18.11.1954; BGHZ 15, 199, 200; Münchner Kommentar-Leipold, § 2065, Rz. 1; Lange/Kuchinke, § 27 I 1; Flad, S. 431; Westermann, Festschrift Möhring, 183, 194; Immel, S.1

[208] Grossfeld, JZ 1968, 113: *„Dies ist ein im Erbrecht häufig anzutreffendes Problem. Dieses Rechtsgebiet ist im hohen Maße geschichtlich bedingt und deshalb lässt sich die eigentliche Begründung einzelner Erbrechtsnormen häufig nur schwer auf den ersten Blick feststellen.“*

[209] BVerfG v. 16.10.1984, BVerfGE 67, 329, 341; BVerfG v. 14.12.1994, ZEV 95, S. 184, 186

[210] Münchner Kommentar-Leipold, Einl. zum Erbrecht, Rz. 12; Soergel-Stein, Einl. zum Erbrecht, Rz.4 ff. und Rz.11

Delegationsrecht eingeschränkt. Unklar bleibt aber, warum eine höchstpersönliche Entscheidung vom Erblasser gefordert wird und warum eine Vertretung bei Entscheidungen im Sinne von § 2065 BGB nicht möglich sein soll. Die Delegation von erbrechtlichen Verfügungen könnte durchaus eine sinnvolle Maßnahme zur Regelung der erbrechtlichen Verhältnisse sein.[211] Eine Beschränkung des fundamentalen Rechtsgrundsatzes der Privatautonomie und der verfassungsrechtlich eingeräumten Erbrechtsgarantie kann nicht willkürlich erfolgt sein sondern bedarf einer Legitimation.[212] Im Folgenden wird die Legitimation für § 2065 BGB näher untersucht. Dies ist notwendig, um Kriterien für die Zulässigkeit von Bedingungen zu ermitteln.[213]

Eine Vielzahl von Begründungen für die vom Gesetzgeber geforderte Eigenverantwortung des Testators wurde seit dem Bestehen dieser Regelung in der Literatur entwickelt. Sämtliche Begründungsansätze wurden von anderen Autoren mehr oder weniger heftig kritisiert und bis heute hat sich keine einhellige Meinung gebildet zu der Frage, wie der Grundsatz der materiellen Höchstpersönlichkeit zu rechtfertigen ist. Am weitesten geht die Kritik Reinhard Zimmermanns, der keine materielle Rechtfertigung für die Regelung des § 2065 BGB anerkennt und die Norm für eine „Fehlentscheidung des Gesetzgebers" hält.[214] Auch andere Autoren kommen zu dem Schluss, dass materielle Gerechtigkeitspostulate für die Höchstpersönlichkeitsregel nicht bestehen und der Vorschrift des § 2065 BGB daher kein sehr großes Gewicht beizumessen ist.[215]

Als Konsequenz der Auffassung Zimmermanns steht die Berufung auf den Auslegungsgrundsatz „cessante ratione legis cessat lex ipsa"[216] im Raum. Die Einschränkungen der Testierfreiheit, die sich aus § 2065 BGB ergeben, wären damit obsolet und die Zulässigkeit der vorgestellten Testamentsklauseln wäre

[211] Lange / Kuchinke, § 27 I 3: z. B. wenn der Erblasser noch nicht in der Lage ist, die Vermögensnachfolge endgültig zu regeln, weil er im Hinblick auf das Lebensalter und den Ausbildungsstand der möglichen Erben deren Fähigkeiten nicht abschätzen kann.

[212] Kanzleiter, DNotZ 1992, 511, 512: wegen der verfassungsrechtlich garantierten Testierfreiheit gilt generell der Satz „in dubio pro libertate"

[213] Westermann, Festschrift Möhring, 183, 193

[214] R. Zimmermann, S. 50

[215] Westermann, Festschrift Möhring, 183, 194; ähnlich auch Sens, S. 89 ff. ; Frey, S.124

[216] Larenz / Canaris, S. 171 f.; Bydlinski, S. 588 ff. : Für den Extremfall, dass für ein Gesetz im Rahmen der heutigen Rechtsordnung kein vernünftiger Zweck (mehr) erkennbar ist, so verliert dieses Gesetz trotz fehlendem formellen Aufhebungsaktes seine Anwendbarkeit, da anderenfalls gegen zwei wesentliche Elemente der Rechtsidee, gegen Gerechtigkeitsgleichheit und Zweckmäßigkeit, verstoßen werden würde.

völlig unproblematisch. Jedoch ist es nur in absoluten Extremfällen möglich, sich mit Berufung auf Funktionsverlust der Norm über bestehende Gesetze hinwegzusetzen. Im Falle des § 2065 BGB ist dies jedenfalls völlig undenkbar, da im Folgenden dargelegt wird, dass es durchaus legitime Gründe für die Regelung des § 2065 BGB gibt und dass daher die Forderung des Gesetzgebers nach einer höchstpersönlichen Entscheidung bei der Untersuchung der Zulässigkeit von Bedingungen für die Erbeinsetzung beachtet werden muss.[217] Dazu werden die verschiedenen Ansätze einer Begründung für § 2065 BGB nachfolgend dargestellt und bewertet.

(1) Gesetzesmaterialien

Eine Beschäftigung mit der Entstehungsgeschichte[218] des § 2065 BGB zeigt, dass sich die Verfasser des BGB ihre Entscheidung zu Gunsten des materiellen Höchstpersönlichkeitsgrundsatzes nicht leicht gemacht haben. In der Rechtswissenschaft der damaligen Zeit gab es ein weitgefächertes Meinungsspektrum zu dieser Frage, das von der generellen Zulassung der Stellvertretung[219] über den Ausschluss von Wollensbedingungen bei gleichzeitiger Zulassung aller Willkürbedingungen[220] bis zur restriktive Haltung des BGB, wie sie in § 2065 BGB zum Ausdruck kommt,[221]reicht. Den Protokollen ist zu entnehmen, dass diese Frage heftig diskutiert wurde und letztlich mit einer äußerst knappen Mehrheit von 9 gegen 8 Stimmen für die heutige Regelung entschieden worden ist.[222] Als Begründung hierfür wird in den Protokollen zum BGB zum einen angeführt, es sei eine Überspannung der Testierfreiheit, wenn der Erblasser nach seinem Tod die Weitergabe seines

[217] Nicht einmal Zimmermann lässt mit dem Hinweis auf die Gewaltenteilung die Nichtberücksichtigung des § 2065 BGB zu; er will aber vielfach die Umdeutung von Bedingungen, die mit § 2065 BGB unvereinbar sind, in Auflagen zulassen, um so eine weitreichende Umgehung des § 2065 BGB zu erreichen: vgl. R. Zimmermann, S. 57

[218] Eingehende Schilderungen der Entstehungsgeschichte findet man bei Immel, S. 117 ff.; Stiegeler, Diss., S.30 ff.; Sens, S. 50 ff.; Frey, S. 68 ff.

[219] Etwa § 2086 des Bürgerlichen Gesetzbuches des Landes Sachsen von 1865, der gestattete, dass die Person des Bedachten vom Willen eines oder mehrerer Dritter abhängig gemacht wird (zitiert nach Sens, S. 51)

[220] Etwa § 92 des Erbrechtsentwurfes von Friedrich Mommsen: *„Der Erblasser kann die Person des Bedachten oder den Gegenstand seiner Verfügung nicht schlechthin vom Willen eines Dritten abhängig machen. Dagegen kann der Erblasser eine Zuwendung davon abhängig machen, dass ein Dritter eine äußere Handlung vornimmt oder unterlässt, wenn auch die Vornahme oder Unterlassung dieser Handlung vom Willen des Dritten abhängt"* (vgl. Mommsen, S. 24 und S. 204 f.)

[221] Vgl. auch BGB Entwurf I § 1765 und Entwurf II § 1938, der dem heutigen § 2065 BGB wörtlich entspricht

[222] Mugdan, Protokolle V, S. 522

Vermögens nicht von seinem eigenen Willen sondern vom Willen eines Dritten abhängig machen könne. Zum anderen wird die Gefahr der Erbschleicherei als Begründung herangezogen, der Vorschub geleistet würde, wenn ein Dritter über die letztwillige Verfügung bestimmen könne.[223]

(2) Gefahr der Erbschleicherei

Das Argument aus den Protokollen zum BGB, Drittbestimmung bei letztwilligen Verfügungen erleichtere Erbschleichung, wird in der modernen Literatur weitergeführt. So wird eine Notwendigkeit für die Regelung des § 2065 BGB gesehen, da der Erblasser dem Drängen seiner möglichen Erben auf Erbeinsetzung leichter widerstehen könne als der Aufforderung, einem anderen die Entscheidung über die Erbeinsetzung zu überlassen.[224] Es ist aber lediglich eine unbewiesene Behauptung, dass ein Erblasser auf das Drängen von erbschleicherischen Verwandten eher eine Vollmacht geben wird als eine Erbeinsetzung vornehmen wird. Ein willensstarker Erblasser wird beiden Forderungen leicht widerstehen können und ein willensschwacher Erblasser kann wohl zu beidem überredet werden. Dieses Argument steht daher auf sehr schwachen Füssen und stellt sicher nicht die tragende Legitimation für § 2065 BGB dar.

(3) Sittliche Verantwortung

Auch das Argument, dem Erblasser obliege eine sittliche Verantwortung gegenüber seinen Nachkommen, seine Nachlassangelegenheiten höchstpersönlich zu regeln, das ebenfalls bereits in den Gesetzesmaterialien zum BGB anklingt, wird von der Rechtsprechung und Teilen der Literatur aufgegriffen[225]. Es kann aber als Begründung des Höchstpersönlichkeitsgrundsatzes nicht ausreichen, da mit dem Hinweis auf die sittliche Verantwortung de facto nur die Rechtsfolge des § 2065 BGB, den Testator zu selbständigen, eigenverantwortlichen Entscheidungen zu zwingen, umformuliert wird. Es bleibt jedoch offen, warum sich ein Erblasser, der nicht höchstpersönlich handelt, seiner sittlichen Verantwortung entziehen soll.[226]

---

[223] Mugdan, Protokolle V, S. 522

[224] Lange / Kuchinke, § 27 I 3

[225] BGH v. 10. Nov. 1954, BGHZ 15, 199, 200; Flad, ZAkDR 1938, 431; von Lübtow, Bd. I, S. 139

[226] So auch Wagner, Diss., S. 31; ebenfalls gegen die Berufung auf die „sittliche Verantwortung" als Legitimation für § 2065 BGB: Großfeld JZ 1968, 113, 116 und Stiegeler, Diss., S. 51, mit dem Hinweis, wo die sittliche Verantwortung bei einem Losentscheid bleibe, der nach h.M. zulässige Bedingung einer letztwilligen Verfügung sein kann; sowie Lange/Kuchinke, § 27 I 3, mit dem Argument, dass im

(4) Praktisches Bedürfnis

Ein „praktisches Bedürfnis" wird darin gesehen, dass verhindert werden muss, dem Bestimmungsberechtigten die Möglichkeit zu geben, sich selbst zum Erben einzusetzen. Aber auch dies kann § 2065 BGB nicht gerechtfertigen, da der Erblasser eine Selbsteinsetzung des Bestimmungsberechtigten leicht durch eine entsprechende Beschränkung der Bevollmächtigung verhindern kann.[227]

(5) Förderung der Rechtssicherheit

Als weiteren Legitimationsansatz für den Höchstpersönlichkeitsgrundsatz wird die Förderung der Rechtssicherheit angeführt. Die Einschaltung eines Dritten für die Bestimmung des Erben könne dazu führen, dass für eine Schwebezeit der Universalnachfolger des Erblassers nicht eindeutig feststeht.[228] Auch dies ist jedoch keine befriedigende Begründung für den materiellen Höchstpersönlichkeitsgrundsatz, da das BGB an anderer Stelle, insbesondere im Rahmen der Ausschlagungsregeln und bei der bedingten Erbeinsetzung, einen derartigen Schwebezustand akzeptiert oder Regelungen trifft, um einen derartigen Schwebezustand zu vermeiden (vgl. § 2105 BGB).[229]

(6) Notwendige Ergänzung zu § 2064 BGB

Eine gewichtige Meinung geht davon aus, dass § 2064 und § 2065 BGB sachlich zusammenhängende Fragen regeln.[230] Das materielle Höchstpersönlichkeitsrecht könne daher als notwendige Ergänzung zum formellen Höchstpersönlichkeitsgrundsatz des § 2064 BGB gesehen werden, da durch § 2065 BGB sichergestellt wird, dass Sinn und Zweck der Formalvorschrift des § 2064 BGB nicht durch Delegation wichtiger Entscheidungen auf Dritte unterlaufen werden.

Wie noch zu zeigen ist, kann § 2064 BGB auch ohne Ergänzung durch § 2065 BGB seine Funktion erfüllen. Ein notwendiger Zusammenhang zwischen beiden Normen besteht nicht und der materielle

Einzelfall die Übertragung der Entscheidungsmacht auf einen Dritten ein höheres Maß an sittlicher Verantwortung erkennen lassen könne.

[227] So auch R. Zimmermann, S. 37

[228] Vogels, Anm. zu RG v. 6.2.1939, DR 1939, 310

[229] So auch R. Zimmermann, S. 39, Wagner, Diss., S. 32 f.; Großfeld, JZ 1968, 113, 116

[230] Staudinger-Otte, § 2064, Rz. 2; Soergel-Loritz, § 2064, Rz. 2

Höchstpersönlichkeitsgrundsatz lässt sich daher auch nicht mit einem Hinweis auf ein notwendiges Zusammenspiel der beiden Normen rechtfertigen.[231]

§ 2064 BGB fordert vom Testator eine höchstpersönliche Errichtung seines Testaments. Eine Stellvertretung soll bei diesem höchstpersönlichen Rechtsgeschäft nicht möglich sein.[232] Wie jede Formvorschrift soll auch § 2064 BGB zum einen der Beweissicherung dienen und zum anderen vor übereilten Entscheidungen schützen. Bei Zulassung einer Delegation wichtiger Entscheidungen auf Dritte scheint die Gefahr zu bestehen, dass § 2064 BGB umgangen und dessen Normzweck daher nicht in vollem Umfang durchgesetzt werden kann.

Auch in anderen Bereichen des Zivilrechts taucht das Problem auf, dass durch Bevollmächtigung die Formvorschriften für das Grundgeschäft unterlaufen werden (z.B. Grundstücksveräußerung § 313 BGB, Bürgschaft § 766 BGB oder Erbvertrag § 2276 BGB). Dies beruht auf der ausdrücklichen Entscheidung des BGB-Gesetzgebers, der in § 167 Abs. 2 BGB für die Vollmacht und in § 182 Abs. 2 BGB für die Zustimmung festgelegt hat, dass die für das Grundgeschäft vorgeschriebene Form nicht automatisch auch für Vollmacht oder Zustimmung notwendig ist. [233]

Wie die Regelungen in §§ 167 Abs. 2 und 182 AbS. 2 BGB zeigen, geht das BGB davon aus, dass durch Formvorschriften die Möglichkeit der Delegation von Entscheidungen im Rahmen der formbedürftigen Rechtsgeschäfte nicht grundsätzlich eingeschränkt werden soll. In einigen Sonderfällen (z.B. Grundstücksveräußerung) wird das Formgebot als so wesentlich für die Rechtsordnung angesehen, dass die Rechtswissenschaft die Formvorschrift des Grundgeschäftes entgegen der allgemeinen Regel des § 167 Abs. 2 BGB auch auf die Vollmacht ausdehnt. Jedenfalls dann, wenn die Delegation in der für das Grundgeschäft angeordneten Form erfolgt, besteht keine Gefahr des Unterlaufens der Formvorschriften. Sinn und Zweck der Formvorschrift ist sichergestellt und die Delegation ist zulässig.

Etwas anderes kann auch für die Testamentserrichtung nicht gelten. Wenn die Delegation bestimmter vom Erblasser zu treffender Entscheidungen im Testament selbst, also unter Beachtung des § 2064 BGB erfolgt, ist dem

[231] So auch Lange / Kuchinke, § 27 I 3 mit dem Hinweis, dass die Frage der Zulässigkeit der Drittbestimmung der Formfrage vorausgeht; R. Zimmermann, S. 35 f

[232] Zur Abfassung seiner letztwilligen Verfügungen hat der Testator einen lange andauernden Zeitraum zur Verfügung. Anders als bei Rechtsgeschäften unter Lebenden kommt es nicht auf den konkreten Zeitpunkt der Vornahme an, so dass eine Stellvertretung entbehrlich ist. (Wagner, Diss., S. 30)

[233] Vgl. zu diesem Problemkreis: Kanzleiter, NJW 1999, S. 1612, m.w.N.

Normzweck dieser Vorschrift in jedem Fall genüge getan. Das formelle Höchstpersönlichkeitspostulat würde daher auch ohne Ergänzung durch § 2065 BGB und bei genereller Zulässigkeit der Delegation wesentlicher Erblasserentscheidungen seine eigenständige Funktion behalten. Ein Unterlaufen dieser Formvorschrift für die Testamentserrichtung kann durch die Ausdehnung des Formzwanges auf die Delegationshandlung ohne große Einschränkung der Testierfreiheit verhindert werden. § 2065 BGB stellt daher keine notwendige Ergänzung zu § 2064 BGB dar.

(7) Wirtschafts- und sozialpolitische Zielsetzungen

Auf Großfeld geht eine Meinung zurück, die § 2065 BGB mit wirtschafts- und sozialpolitischen Zielsetzungen des Erbrechts rechtfertigen will.[234] Die Regeln des Erbrechts seien darauf ausgerichtet, eine langzeitige Vinkulierung von Vermögen und die Konzentration großer Vermögen in einer Hand zu verhindern. Großfeld geht davon aus, dass die Zulassung der Vertretung regelmäßig dazu genutzt wird, das Vermögen an eine einzelne Person weiterzugeben. Er hatte dabei die Problematik des frühzeitigen Unternehmertestaments vor Augen, in dem einem Dritten die Auswahl eines geeigneten Nachfolgers für den Unternehmer übertragen werden soll. Für die Argumentation Großfelds spricht, dass auch das Pflichtteilsrecht und die 30-Jahresfrist des § 2109 BGB die von Großfeld beschriebene Wirkung haben. Auch lässt sich in den Motiven zum BGB ein Beleg dafür finden, das der Gesetzgeber aus nationalökonomischen Überlegungen zu lange Vinkulierung von Vermögen verhindern wollte.[235] Jedoch wird an anderer Stelle in den Materialien zum BGB die Vermögenszersplitterung sogar als Nachteil angesehen, der aber in Kauf genommen werden muss.[236] Aus den Gesetzesmaterialien lässt sich daher kein eindeutiger Beleg für Großfelds Meinung entnehmen.

Ein weiteres Indiz gegen die These, die Verhinderung von Vermögenskonzentration sei ein Ziel des Erbrechts, ist die Behandlung des Fideikommisses [237]

[234] Großfeld JZ 1968, 113, 118

[235] Mugdan, Motive V, S. 48: zur Rechtfertigung der zeitlichen Beschränkung der Nacherbschaft; Mugdan, Motive V, S. 192: zum Ausschluss eines bloßen Nießbrauches bei der Intestaterbfolge von Eltern, Voreltern und Ehegatten.

[236] Mertens, S. 92, Fn. 24, bezogen auf das Pflichtteilsrecht

[237] Fideikommiss ist ein aus dem römischen Erbrecht entlehnter Begriff (fidei commissum = der Treue anvertraut), der im deutschen Recht eine Vermögensmasse bezeichnet, die nach dem durch Rechtsgeschäft unter Lebenden oder durch Verfügung von Todes wegen erklärten Willen des Berechtigten unveräußerlich bleiben soll und nach bestimmten Regeln - meist innerhalb einer Familie - vererbt werden soll. (Creifelds, Rechtswörterbuch, S. 403)

durch den BGB-Gesetzgeber.[238] Dieser wurde nicht beseitigt durch die Einführung des BGB, sondern nach dem inzwischen praktisch bedeutungslos gewordenen Art. 59 EGBGB blieb die Möglichkeit eines Fideikommisses auf landesrechtlicher Ebene bestehen[239]. Gerade das Rechtsinstitut des Fideikommisses ermöglicht die Konzentration und Vinkulierung von Vermögen. Wenn die Verhinderung einer langfristigen Vinkulierung von Vermögen tatsächlich das Ziel des BGB-Gesetzgebers gewesen wäre, hätte er zunächst das Rechtsinstitut des Fideikommisses konsequent beseitigen müssen. Da dies nicht geschehen ist, ergibt sich aus der historischen Analyse keine eindeutige Stützung für Großfelds These.

Großfeld selbst räumt bereits ein, dass der sozialpolitische Gedanke, eine Vermögenskonzentration zu verhindern mit Hilfe des Erbrechts aus heutiger Sicht nicht mehr ganz überzeugend ist.[240] Die größten Vermögen sind heute bei Unternehmen konzentriert, deren Existenz sich quasi verselbständigt hat und deren Vermögen durch einen Erbfall nicht aufgeteilt wird. Schon aus dieser von Großfeld selbst genannten Überlegung ist sein Ansatz anzulehnen.

Auch ist die Vermögenskonzentration durchaus keine zwangsläufige Folge der Stellvertretung. Der Vertreter könnte ebenso eine Aufteilung des Vermögens bestimmen wie der Erblasser selbst. Großfeld ging bei seiner Argumentation von einer Fallgestaltung (dem frühzeitigen Unternehmertestament) aus, in der es regelmäßig zu einer Konzentrierung auf eine Person kommen wird. Es steht jedoch keineswegs fest, dass gerade hierin der Hauptanwendungsbereich der Delegation von Testierbefugnissen auf Dritte liegen würde. Es sind auch anderer Fallgestaltungen denkbar, in denen gerade die Delegation zu einer Aufteilung des Vermögens führen wird. Aus diesen Gründen kann dieses Argument Großfelds nicht überzeugen.[241]

(8) Unverzichtbarer Kern der Privatautonomie

Ein weiterer Begründungsansatz geht davon aus, dass durch § 2065 BGB der unverzichtbare Kern der Privatautonomie geschützt werden soll. Ausgangspunkt dieser Überlegung ist ein Vergleich mit der Generalvollmacht, die grund-

[238] So auch Stiegeler, Diss., S. 55

[239] Staudinger-Mayer, Art. 59 EGBGB, Rz. 1 und 22 ff.

[240] Großfeld, JZ 1968, 113, 121

[241] Mit demselben Ergebnis auch: R. Zimmermann, S. 24 ff.; Lange/ Kuchinke, § 27 I 3; Sens, S. 83 ff.; Stiegeler, Diss., S. 55 ff.; Frey, S. 86 f.; a.A. Wagner, Diss., S.39 f., der Großfelds Argument mit Einschränkungen zustimmt; aber sogar Großfeld selbst wollte diesen sozialpolitischen Erklärungsansatz nur in „geringerem Maße" und neben anderen Aspekten als Begründung des materiellen Höchstpersönlichkeitsgrundsatzes heranziehen (JZ 1968, 113, 118);

sätzlich nicht unwiderruflich erteilt werden kann, da die Bevollmächtigung Dritter zur Vornahme von Rechtshandlungen stets zu beschränken ist, wenn dadurch das Selbstbestimmungsrecht des Vollmachtgebers zu stark eingeschränkt wird und einem nahezu vollständigen Verzicht des Vollmachtgebers auf seine Privatautonomie gleichkommt. Da die Delegation von Entscheidungen im Sinne von § 2065 BGB auf einen Dritten nach dem Tod des Testators unwiderruflich ist, gibt der Testator dadurch die wichtigsten aus seiner Testierfreiheit fließenden Rechte (Auswahl des Erben/ Geltung des Testaments) unwiderruflich aus den Händen. Dies dürfe nicht zugelassen werden, da hiermit der Kernbereich der Privatautonomie ausgehöhlt werde. Durch die Vorschrift des § 2065 BGB werde dem entgegengewirkt.[242]

Ergänzt wird dieser Begründungsansatz durch die Überlegung, dass ein Dritter, dem die letztwilligen Entscheidungen i.S.v. § 2065 BGB zugewiesen worden sind, anders als ein Bevollmächtigter unter Lebenden vom (gestorbenen) Testator (und Vollmachtgebers) nicht für Fehlverhalten zur Rechenschaft gezogen werden kann. Der Dritte könnte also ohne Kontrollmöglichkeit durch den Testator willkürliche Entscheidungen treffen über wesentliche Nachlassfragen. Auch dies soll einen Eingriff in den Kernbereich der Privatautonomie darstellen.[243]

Der Vergleich mit der Generalvollmacht, auf den dieser Rechtfertigungsversuch aufbaut, ist jedoch sehr weit hergeholt. Die Ausgangslage bei einer Bevollmächtigung unter Lebenden und einer Delegation von Verfügungen von Todes wegen auf Dritte ist sehr verschieden. Einmal werden die Rechte des Vollmachtgebers selbst durch die Entscheidungen des Dritten berührt, das andere Mal sind nur die Rechte möglicher Erbberechtigter betroffen. Das Verbot der unwiderruflichen Generalvollmacht soll aber vor allem vor einer völligen Entrechtung und Selbstvernichtung des Vollmachtgebers schützen. Bei einer Delegation letztwilliger Verfügungen besteht diese Gefahr nicht, da das zu schützende Individuum ohnehin nicht mehr am Leben ist.[244]

Auch die zweite Überlegung, auf der dieser Begründungsansatz aufbaut (fehlende Kontrollmöglichkeit über den Stellvertreter), ist nicht zwingend. Zum einen besteht nach dem Tod nur noch sehr eingeschränkt das Bedürfnis, die Entscheidungen des „Stellvertreters“ rückgängig zu machen. Nach dem Tod wären auch die eigenen Verfügungen des Erblassers nicht korrigierbar. Die

[242] Großfeld, JZ 1968, 113, 116 f.
[243] Lange/ Kuchinke, § 27 I 3; Wagner, Diss., S. 42 f.; ähnlich auch Soergel-Loritz, § 2064 Rz. 2; Staudinger-Otte, § 2064, Rz. 4
[244] Sens, S. 70 f.

Delegation soll aber gerade sicherstellen, dass jemand mit einem zeitlich besseren Entscheidungshorizont als der Erblasser die „besseren" Entscheidungen bzgl. der Nachlassverteilung trifft. Laut R. Zimmermann zeige diese Überlegung, dass § 2065 BGB nicht die Privatautonomie schützen soll sondern im Gegenteil diese einschränkt, indem die Übertragung der Entscheidungsbefugnis auf Dritte verhindert wird.[245] Zum anderen ist zwar selbstverständlich eine Kontrolle vor der Willkür des „Stellvertreters" nicht mehr unmittelbar durch den Erblasser selbst möglich, aber man kann wohl davon ausgehen, dass vom Erblasser im Testament vorgegebene Auswahlkriterien eingehalten werden. Im Zweifel werden etwaige benachteiligte Erben deren Durchsetzung auch gerichtlich prüfen lassen. Diese Überlegungen zeigen, dass auch der Schutz der Privatautonomie nicht die Begründung für das materielle Höchstpersönlichkeitspostulat sein kann.

(9) Schutz der Intestaterbfolge

Quasi als Standardrechtfertigung für § 2065 BGB wird darauf verwiesen, dass die gesetzliche Erbfolge nur dann aufgehoben werden dürfe, wenn der Erblasser selbst und abschließend einen Willen über die anderweitige Erbfolge gebildet hat. Anderenfalls solle es bei der gesetzlichen Erbfolge bleiben.[246] Anders ausgedrückt: Der Zweck des § 2065 BGB soll der Schutz der Intestaterbfolge sein. Ein Eingriff in das Verwandtenerbrecht, das in der gesetzlichen Erbfolge zum Ausdruck kommt, soll nur bei einer höchstpersönlichen Entscheidung des Erblassers zulässig sein. Der Eingriff des § 2065 BGB in die Testierfreiheit erfolgt also zu Gunsten des Familienerbrechts. In diesem Sinne kann auch eine Formulierung aus den Protokollen zum BGB gedeutet werden. Danach beruhe das Erbrecht auf der Familie und dieser müsse das Vermögen möglichst erhalten bleiben. Die Testierfreiheit sei nur zulässig, um den Verhältnissen des Einzelfalles Rechnung zu tragen.[247]

Vorausgesetzt wird bei dieser Argumentation, dass die gesetzliche Erbfolge ein schützenswertes Rechtsgut darstellt. Jedoch ergibt sich weder aus dem Gesetzestext noch aus der Systematik, dass eine Vorrangstellung des gesetzlichen Erbrechts gegenüber dem gewillkürten Erbrecht gewollt ist. Auch nach dem Willen des historischen Gesetzgebers stehen gesetzliches Erbrecht und gewillkürtes Erbrecht wohl gleichwertig nebeneinander,[248] wenn sich auch

---

[245] R. Zimmermann, S. 27

[246] RG v. 6.2.1939, RGZ 159, 296, 299; BGH v. 18.11.1954, BGHZ 15, 199, 200; Münchner Kommentar-Leipold, § 2065, Rz. 1; Staudinger-Otte, § 2065, Rz. 1; Großfeld, JZ 1968, 113, 118; Westermann, Festschrift Möhring, 183, 193 f

[247] Mugdan, Protokolle V, S. 522

[248] Stiegeler, Diss., S. 59; Wagner, Diss., S. 35

teilweise Stellen in den Materialien in eine andere Richtung deuten lassen.[249] Zudem hat ererbtes Vermögen heute kaum mehr die Aufgabe, die materielle Grundversorgung der Angehörigen sicherzustellen. Staatliche Leistungen wie Sozialrenten und Ausbildungsunterstützungen sind diesbezüglich weitaus bedeutsamer. Auch fließt das Erbe wegen der gestiegenen Lebenserwartung meist erst zu, wenn sich der Begünstigte bereits eine ausreichende Lebensbasis geschaffen hat. Es ist daher nicht offensichtlich, warum die gesetzliche Erbfolge überhaupt schützenswert sein soll.[250]

Ein Schutz der gesetzlichen Erbfolge und damit des Familienerbrechtes durch § 2065 BGB ist auch überflüssig, da das Pflichtteilsrecht bereits ausreichenden und effektiven Schutz bietet.[251] Zudem kann § 2065 BGB diesen Schutz nicht leisten, weil im Rahmen des Vermächtnisrechts durch § 2151 BGB eine weitreichende Durchbrechung von § 2065 BGB gestattet und weil als Rechtsfolge für einen Verstoß gegen § 2065 BGB nicht die gesetzliche Erbfolge sondern die Nichtigkeit der Verfügung und damit möglicherweise ein Wiederaufleben eines früheren Testaments angeordnet wird. Letztlich entscheidet die zufällige Gegebenheit, ob der Erblasser bereits früher ein Testament aufgesetzt hat oder nicht, über die Geltung oder Nichtgeltung der gesetzlichen Erbfolge. Wäre der Schutz der gesetzlichen Erbfolge der tiefere Zweck des § 2065 BGB, müsste als Rechtsfolge eines Verstoßes gegen § 2065 BGB die gesetzliche Erbfolge vorgesehen sein.[252]

Auch die generelle Zulässigkeit von Zufallsbedingungen spricht gegen den Schutz des Familienerbrechts als Rechtfertigung für § 2065 BGB. [253] Der Gesetzgeber schloss nur die Entscheidungsüberlassung an eine andere Person aus. Der Zufall (z.B. Würfel) kann aber sehr wohl darüber richten, ob das Erbe innerhalb der Familie bleibt oder nach außer abwandert. Eine am Schutz des Familienerbrechts orientierte Regelung dürfte nicht allein die Stellvertretung ausschalten sondern müsste insbesondere auch Zufallsbedingungen verbieten.[254] Daher ist auch der Schutz der gesetzlichen Erbfolge keine Rechtfertigung für § 2065 BGB.

---

[249] Vgl. Fn. Nr. 247
[250] So auch Sens, S. 70 ff.; Wagner, Diss., S. 33 ff.
[251] Vgl. vorne Seite 13: „Pflichtteilsrecht"
[252] So auch Wagner, Diss., S. 35 f.
[253] Vgl. Seite 66
[254] Ähnlich auch R. Zimmermann, S. 54; Frey, S. 82

(10) Schutz des Rechtsfriedens innerhalb der Familie

Ein anderer Ansatz sieht in § 2065 BGB eine Vorschrift zum Schutz des Rechtsfriedens innerhalb der Familie und damit zum Schutz der Familie selbst. Eine letztwillige Verfügung stelle regelmäßig einen tiefen Eingriff in engste familiäre Beziehungen dar (z.B. durch Enterbung einzelner Familienmitglieder oder durch Bevorzugung eines Abkömmlings bei gleichzeitiger Benachteiligung der anderen). Kein Außenstehender solle diese in den Kernbereich der Familie eingreifenden Entscheidungen treffen, da die benachteiligten Familienmitglieder eine vom Erblasser stammende Entscheidung leichter akzeptieren könnten als die Entscheidung eines Außenstehenden. § 2065 BGB solle also eine friedenstiftende Funktion innerhalb der Familie zukommen[255].

Dieser Argumentation wird entgegengehalten, dass das BGB die Aussicht, Erbe zu werden, nicht als schutzwürdiges Recht anerkenne (Ausnahme: Pflichtteilsrecht).[256] Dieser Einwand greift jedoch nicht, da selbstverständlich die Familienmitglieder die Teilnahme am Erbe erwarten. Zwar verleiht das BGB kein direktes Recht auf Erbeinsetzung aber es unterstützt zumindest diese Erwartungshaltung durch die Regelungen zum Intestaterbrecht und zum Pflichtteilsrecht. Außerdem ergibt sich eine Erwartungshaltung der nahen Verwandten auf das Erbe aus dem usus, dass in unserer Rechtstradition regelmäßig die nahen Familienmitglieder als Erben eingesetzt werden. Wird diese Erwartung enttäuscht durch eine abweichende Nachlassverteilung, entsteht ein Konfliktpotential.

§ 2065 BGB hilft, diese möglichen Konflikte zu vermeiden, da der Erblasser zum einen auf Grund seiner Kenntnisse der Familiensituation und der Struktur des Nachlasses die notwendigen Informationen besitzt, um eine gerechte Nachlassverteilung vornehmen zu können, und zum anderen die Autorität, die er als Lebender innehatte, auch nach seinem Tod fortwirkt. Zwar ist es richtig, dass Dritte nicht per se weniger sachgerechte Entscheidungen treffen. So kann in Einzelfällen beispielsweise der Ehegatte eines Erblassers mit ähnlichem Sachverstand den Nachlass unter den Abkömmlingen aufteilen wie der Erblasser selbst.[257] Jedoch wird ein Dritter im Regelfall eben nicht den gleichen Informationsstand besitzen wie der Erblasser. Selbst wenn ein Dritter im Einzelfall eine „richtige" Nachlassverteilung im Sinne des Erblasserwillens vornimmt, werden vielfach die vermeintlich benachteiligten Familienmitglieder

---

[255] Großfeld, JZ 1968, 113, 118; Wagner, Diss., S. 47; Stiegeler, Diss., S. 68; mit Einschränkungen auch Sens, S.85

[256] Westermann, Festschrift Möhring, S. 183, 194; R. Zimmermann, S. 27; Frey, S. 84

[257] Wagner, Diss., S. 47

die Verteilungsentscheidung eines Dritten weniger leicht akzeptieren als die Entscheidung des Erblassers. Der Erblasser war zu Lebzeiten meist eine respektierte Persönlichkeit (z.B. der Vater oder die Mutter), deren Autorität auch nach dem Tod weiterwirkt und deren letzten Willen man respektiert. Dem Willen eines Dritten - vor allem eines familienfremden Dritten - beugt man sich nicht so einfach. Man hinterfragt dessen Entscheidung und man ist auch eher bereit gegen dessen Entscheidung gerichtlich anzukämpfen, da man sich ihm nicht verpflichtet fühlt und da einem lebenden Dritten leicht Eigennutz oder Parteilichkeit unterstellt werden kann. Es ist daher legitim, zu fordern, die Entscheidung über das Schicksal eines Vermögens nach dem Tod seines Inhabers soll nicht von Personen getroffen werden, die sich der Verantwortung für die Verwendung dieses Vermögens nicht als Inhaber desselben bewusst werden konnten. [258] In diesem Sinne kommt dem § 2065 BGB eine friedenstiftende Funktion zu.

(11) Materieller Höchstpersönlichkeitsgrundsatz als gesetzgeberische Inkonsequenz

Wie bereits oben angedeutet[259] gibt es einige Autoren, die dem materiellen Höchstpersönlichkeitsgrundsatz jede Legitimation absprechen und ihn für den Ausdruck einer gesetzgeberischen Unentschlossenheit halten. Insbesondere Reinhard Zimmermann in „Quos Titius voluerit - Höchstpersönliche Willensentscheidung des Erblassers oder „power of appointment?“ sowie Sens und Frey in ihren Dissertationen vertreten diese Ansicht. Diese Autoren sehen einen krassen Widerspruch zwischen der Regelung des § 2065 BGB, der im Rahmen der Erbeinsetzung jede Stellvertretung verbietet, und den Regelungen im Vermächtnisrecht (§§ 2151 und 2153 BGB) und bei der Auflage (§ 2193 BGB), die die Drittbestimmung des Vermächtnisnehmers und des Auflagenbegünstigten in weitgehendem Umfang zulassen.[260] Insbesondere mittels eines Vermächtnisses könne faktisch im gleichem Umfang Vermögen an Dritte übertragen werden wie bei der Erbeinsetzung. Die völlig unterschiedliche Regelung bzgl. der Zulässigkeit der Drittbestimmung des Vermächtnisnehmers und des Erben zeige, dass der Gesetzgeber keinen anerkennenswerten Zweck verfolgt hat mit § 2065 BGB, da er anderenfalls auch im Vermächtnisrecht konsequenterweise strengere Regeln für die Drittbestimmung aufgestellt hätte.

Mit dieser Argumentation wird jeder mögliche Legitimationsgrund für den materiellen Höchstpersönlichkeitsgrundsatz verworfen. Insbesondere wird so

[258] So auch Staudinger-Otte, § 2065, Rz. 1
[259] Vgl. Seite 69
[260] R. Zimmermann, S. 51; Sens, S. 92; Frey, S. 80 f.

auch der hier favorisierte Gesichtspunkt des Familienschutzes negiert.[261] Letztlich kommen alle der oben genannten Autoren zu dem Ergebnis, dass wegen dieses scheinbar unauflöslichen Widerspruchs des Gesetzes die Regelung des § 2065 BGB nur begrenzt anwendbar sei und die Drittbestimmung auch bei der Erbeinsetzung in weitem Umfang zulässig sein müsse.[262]

Ein solcher Widerspruch zwischen § 2065 BGB einerseits und dem Vermächtnis- und Auflagenrecht andererseits existiert nicht. Die Regelungen des BGB haben Kompromisscharakter.[263] Einerseits wird die (insbesondere aus Gründen des Familienschutzes) ungewollte Drittbestimmung bei der Erbeinsetzung verboten. Um dem Bedürfnis einer flexiblen Nachlassgestaltung Rechnung zu tragen, werden andererseits Ausnahmen vom Grundsatz der Selbstbestimmung zugelassen.

Wagner hat überzeugend nachgewiesen, dass die §§ 2064, 2065 BGB und ihre vielfältigen Ausnahmen in ihrer Gesamtheit ein sinnvolles Ganzes ergeben.[264] Bei der Erbeinsetzung ist das Verbot der Drittbestimmung strikt zu befolgen, da diese im Gegensatz zum Vermächtnis oder der Auflage wegen der Universalsukzession mit unmittelbarer Wirkung auch für Dritte Einfluss hat auf die Eigentumszuordnung von Nachlassgegenständen. Demgegenüber sollen die gesetzlich vorgesehenen Durchbrechungen es ermöglichen, einem Dritten, der auf Grund überlegenen Wissens sachgerechtere Anordnungen treffen kann, die Entscheidung im Einzelfall zu überlassen. Zwar wird damit die Gefahr für den Familienfrieden, der § 2065 BGB entgegenwirken soll, wieder mehr Raum gelassen. Gleichwohl ist eine Ausnahme vom Grundprinzip dann akzeptabel, wenn der Dritte kraft überlegenen Wissens zu besseren Entscheidungen kommen wird. Unzulässig muss die Durchbrechung jedoch sein, wenn sich der Erblasser einer an sich möglichen eigenen Entscheidung aus Unentschlossenheit entziehen wollte. Diese Grundregel ist auch bei der Auslegung der vielfältigen Ausnahmen zu berücksichtigen. Zu den Ausnahmen von § 2065 BGB im Sinne dieser Definition sind nicht nur die gesetzlich geregelten Durchbrechungen zu § 2065 BGB (§ 2151 BGB, etc.) zu rechnen, sondern auch die Zulassung von Potestativbedingungen, da auch hierbei ein

---

[261] Frey, S. 80 f.
[262] Zimmermann will im weiten Umfang die Umdeutung der testamentarischen Erbeinsetzung in eine Auflage bzw. ein Universalvermächtnis zulassen (S. 56 ff.); Frey will sämtliche Potestativbedingungen ohne Rücksicht auf die Erblassermotivation zulassen, um so zu einem stimmigen Gesamtregelwerk zu kommen (S. 124); Sens will § 2065 BGB teleologisch reduzieren und sodann die Regeln aus dem Vermächtnisrecht analog anwenden (S. 92 ff.)
[263] Münchner Kommentar-Leipold, § 2065, Rz. 2
[264] Wagner, Diss., S. 159 f.

Dritter auf erbrechtliche Verfügungen Einfluss nimmt. Daraus ergibt sich, dass sowohl bei der Anordnung einer bedingten Erbeinsetzung wie auch bei der Anordnung eines bedingten Vermächtnisses in der Größenordnung einer Erbeinsetzung zu beachten ist, dass das Gesetz nur dann das Abstellen auf den Willen eines anderen gestattet, wenn der Erblasser nicht vor einer ihm möglichen eigenen Entscheidung fliehen will. Anders als bei Zimmermann, Sens und Frey wird so nicht das Grundprinzip relativiert und an die Ausnahmen angepasst sondern umgekehrt werden die Ausnahmen im Sinne des Grundprinzips interpretiert. So wird dem Regel-Ausnahme-Verhältnis ausreichend Rechnung getragen und die gesetzlichen Regelungen formen ein sinnvolles Gesamtsystem.[265]

(12) Zusammenfassung der Ergebnisse

Der Grundsatz der materiellen Höchstpersönlichkeit ist nicht überflüssig. Die Regeln des BGB über die Drittbestimmung im Erbrecht sind nicht in sich widersprüchlich sondern bilden ein stimmiges Regel - Ausnahme - System. Dem § 2065 BGB kann daher nicht einfach mit Hinweis auf einen vermeintlichen Widerspruch zu Regelungen im Vermächtnisrecht jede Legitimation abgesprochen werden. Insbesondere dem Schutz des Familienfriedens soll der materielle Höchstpersönlichkeitsgrundsatz dienen. Die friedenstiftende Funktion des § 2065 BGB ist sicherlich kein unverzichtbares Rechtsprinzip. Eine sachliche Rechtfertigung erfährt der Grundsatz der materiellen Höchstpersönlichkeit hierdurch aber sehr wohl. Die Rechtsanwender sind an die Entscheidung des Gesetzgebers gebunden, der vom Erblasser eine selbständige und eigenverantwortliche Entscheidung über die Essentialia seiner letztwilligen Verfügung verlangt. Dieser Wille des Gesetzgebers ist bei der Zulässigkeitsprüfung von Testamentsbedingungen zu berücksichtigen. Es mag sein, dass der Gesetzgeber einen extremen Rechtsstandpunkt einnimmt, wenn er in § 2065 BGB jede Vertretung bei den für eine letztwillige Verfügung wesentlichen Entscheidungen verbietet. Trotzdem ist diese Entscheidung des Gesetzgebers zu befolgen.

Im Folgenden werden Kriterien für die Zulässigkeit von Potestativbedingungen herausgearbeitet, wobei insbesondere die Vereinbarkeit mit dem Höchstpersönlichkeitsgrundsatz des § 2065 BGB zu beachtet sein wird.

---

[265] Diese Auslegung wird auch dem Willen des historischen Gesetzgebers eher gerecht, der bei der Erbeinsetzung einen eigenen und selbständigen Erblasserwillen forderte und Ausnahmen nur bei Vermächtnisanordnungen und Auflagen zulassen wollte. (vgl. Immel, S. 124) Wörtlich heißt es in den Protokollen: *„Der Erblasser, welcher mit seinem Willen noch nicht schlüssig sei und sich deshalb bei der Auswahl des von ihm zu Bedenkenden der Hilfe eines Dritten bedienen wolle, solle eine Vermächtnisanordnung oder eine Auflage machen."* (Prot.V, S. 30)

b) Kriterien für die Zulässigkeit einer Bedingung

In Rechtsprechung und Lehre haben sich noch keine allgemein anerkannten Kriterien herauskristallisiert zur Abgrenzung von im Hinblick auf § 2065 BGB zulässigen und unzulässigen Potestativbedingungen. Nachfolgend werden die in der Diskussion stehenden Kriterien zusammengestellt und auf ihre Tauglichkeit hin untersucht.

(1) BGH

Nach den BGH soll ihre Zulässigkeit abhängen, vom Zweck, den der Erblasser damit erreichen wollte. Wenn er hinsichtlich seiner Entscheidung unentschlossen gewesen sei und die Bedingung von ihm nur benutzt werde als Mittel, um die von ihm in § 2065 BGB verlangte höchstpersönliche Entscheidung einem anderen zu übertragen, dann solle die Bedingung unzulässig sein; wenn er für den Fall des Eintritts oder Nichteintritts der Bedingung einen bestimmten, die Gültigkeit der Verfügung betreffenden Willen gehabt habe, soll die Bedingung zulässig sein. In der Regel könne von der Zulässigkeit ausgegangen werden, wenn der Erblasser an dem Eintritt oder Nichteintritt der Bedingung interessiert sei.[266]

Von Teilen der Literatur[267] wird das Kriterium des BGH als kaum zur Abgrenzung geeignet abgelehnt. Das Kriterium der Vollständigkeit der Willensbildung beim Erblasser bzw. seiner Unentschlossenheit zwinge zu einer wenig ergiebigen nachträglichen Motivforschung bei der Testamentsauslegung. Eine klare Entscheidung über die Gültigkeit der Bedingung und somit über die Erbeinsetzung anhand der Testamentsurkunde alleine sei nicht mehr möglich und es sei ungewiss, ob der vom Erblasser mit der Bedingung angestrebte Zweck überhaupt noch ermittelbar ist im Zeitpunkt der Testamentsauslegung. Als sachgerechter erscheint den Kritikern das auch beim BGH anklingende Kriterium der Interessiertheit des Erblassers am Eintritt oder Nichteintritt der Bedingung.

(2) Ottes Ansatz

Ausgehend von dieser Kritik will Otte eine völlig andere Abgrenzung vornehmen. Er will alle Willkürbedingungen zulassen, da diese nur mittelbar die Geltung oder den Inhalt der Verfügung des Erblassers berühren und sich unmit-

---

[266] BGH v. 18.11.1954, BGHZ 15, 199, 201f; zustimmend: Soergel-Loritz, § 2065, Rz. 11 ff.; Münchner Kommentar-Leipold, §2065, Rz. 5; RGRK-Johannsen, § 2065, Rz. 8 ff.

[267] Staudinger-Otte, § 2065, Rz. 14; Wagner, Diss., S. 129

telbar auf einen anderen Gegenstand beziehen. Eine Einschränkung macht er nur bezüglich solchen Bedingungen, die nur die Umgehung des Gebots der materiellen Höchstpersönlichkeit bezwecken.[268] Gemeint sind damit vor allem symbolische Bedingungen, auf deren Erfüllung oder Nichterfüllung es augenscheinlich nicht ankommt (z.B. Spende in Höhe von 1,--DM an gemeinnützige Organisation[269]). Zu Recht wird aber eingewandt, dass auch die Abgrenzung Ottes kaum Vorteile gegenüber der Abgrenzung des BGH bringt.[270] Die Kritiker Ottes halten eine Erforschung der Motivation des Erblassers schon im Hinblick auf den Sinn und Zweck des § 2065 BGB für notwendig. Zum anderen gibt Otte auch keine klaren Kriterien, wann eine Umgehung des § 2065 BGB vorliegt. Um dies entscheiden zu können, muss in der Regel ebenfalls die Motivation des Erblassers untersucht werden, so dass auch sein Abgrenzungskriterium eine „unergiebige Motivsuche" notwendig machen kann. Die Frage, ob der Erblasser mit der bedingten Erbeinsetzung seine unzureichende Willensbildung überspielen wollte oder ob er wohlüberlegte Gründe dafür hatte muss bei Otte zwar nicht bei der Prüfung der Zulässigkeit der Potestativbedingung entschieden werden (da diese stets zulässig sein soll) aber im Rahmen der Prüfung, ob eine unzulässige Umgehung von § 2065 BGB vorliegt, wird sie wieder aufgeworfen. Die Probleme des Abgrenzungskriteriums des Bundesgerichtshofes werden nur an eine andere Stelle der Prüfung verlagert. Im wesentlichen laufen die beiden Prüfungsansätze jedoch auf die gleiche Kernfrage hinaus: die Motivation des Erblassers.

(3) Rein formale Abgrenzung

Ottes plakativer und im Ansatz richtiger Einwand, eine Motivforschung sei unergiebig und wenig praxistauglich, bleibt aber weiter bestehen. Eine Abgrenzung, die - wie im römischen Recht - nach rein formalen Aspekten vorgenommen wird, hat diese Probleme nicht. Zwar verlangte auch das römische Recht die Bestimmtheit des Erblasserwillens.[271] Beispielsweise wurde die Erbeinsetzung unter der Bedingung „si Titius voluerit" (= Wollensbedingung) für unzulässig gehalten; dagegen war die Bedingung „si Titius ad capitolium ascenderit" (=Willkürbedingung) zulässig. Diese Unterscheidung fußte ausschließlich auf formalen Aspekten. Der Erblasser durfte den Willen des Titius (=ein anderer) nicht ausdrücklich zur Bedingung machen. Sobald der Wunsch des Erblassers, den Titius entscheiden zu lassen, hinter eine Willkürhandlung des Titius versteckt wurde, konnte der Titius über

[268] Staudinger-Otte, § 2074, Rz. 29; ebenso: Lange/Kuchinke, § 27 I 6 b
[269] Soergel-Loritz, § 2065, Rz. 13
[270] Soergel-Loritz, § 2065, Rz. 13; Wagner, Diss., S. 129
[271] „Certum consilium debet esse testandis" (Ulp. XXII, 4), zitiert nach Windscheid / Kipp, § 547, Fn. 1

die Erbeinsetzung entscheiden. Auch offensichtlich unwichtige Handlungen des Titius wurden akzeptiert als zulässige Bedingung. Es galt der im römischen Recht allgemein wirkende Grundsatz: „expressa nocent, non expressa non nocent".[272] Von diesem strengen Formalismus des römischen Rechtes haben sich schon die Kommentatoren getrennt.[273] Sie versuchten nicht nur einen formalen sondern auch einen materiellen Unterschied zwischen den oben beschriebenen Klauseln herauszuarbeiten und verlangten einen selbständigen Willen des Erblassers.[274] Im 19. Jahrhundert lehnte die herrschende Meinung die fremdbestimmte Erbeinsetzung zwar ab. Gleichwohl wurden Willkürbedingungen in jeder Form als zulässig erachtet.[275] So hielt auch Friedrich Mommsen an der formalistischen Unterscheidung zwischen unzulässigen Wollensbedingungen und stets zulässigen Willkürbedingungen fest in seinem „Entwurf eines Deutschen Reichsgesetzes über das Erbrecht nebst Motiven" aus dem Jahr 1874.[276] Er lehnte zwar die formale Begründung des römischen Rechtes ab und hat auch erkannt, dass bei einigen Willkürbedingungen der Wille des Dritten über die Erbeinsetzung zu entscheiden im Vordergrund steht und das äußere Ereignis, auf das formal abgestellt wird, für den Erblassers ohne jede Bedeutung ist. Deshalb zog er auch in Erwägung, nur solche Willkürbedingungen zuzulassen, die nicht allein vom Willen des Dritten sondern zusätzlich von willensunabhängigen Ereignissen bestimmt werden. Als andere denkbare Abgrenzungskriterien führte er an, ob der Erblasser an der Handlung des Dritten ein Interesse habe oder ob eine Beziehung zwischen der Handlung des Dritten und der letztwilligen Verfügung bestehe. Da jedoch diese Abgrenzungskriterien zur Trennung von zulässigen und unzulässigen Willkürbedingungen unklar seien, hielt er es für angebracht, im Interesse der Rechtssicherheit alle Willkürbedingungen zuzulassen.[277]

---

[272] Immel, S. 14; Stiegeler, S. 30 f.

[273] „Voluntas dedet esse certa in primo testatore non pendere essentialiter et inutiliter ab alio (...) propria enim voluntate debet quis testari non mixta sua et aliena" (Baldus D. 1. Pr. (II) n. 4), zitiert nach Immel, S. 55

[274] Immel, S. 81; R. Zimmermann, S. 19, Frey, S. 67; jeweils m. w. N.

[275] Immel, S. 100; Windscheid / Kipp § 547, Anm. 2

[276] Mommsen-Entwurf § 92: *„Der Erblasser kann die Person des Bedachten oder den Gegenstand seiner Verfügung nicht schlechthin vom Willen eines Dritten abhängig machen. Dagegen kann der Erblasser eine Zuwendung davon abhängig machen, dass ein Dritter eine Handlung vornimmt oder unterlässt, wenn auch die Vornahme oder das Unterlassen dieser Handlung von dem Willen des Dritten abhängt."* (Der Entwurf Mommsens entstand im Rahmen eines Preisausschreibens der juristischen Gesellschaft Berlin, in dem die Aufgabe gestellt wurde, ein „Gesetz über das deutsche Erbrecht nebst Motiven" zu entwerfen, und ist dabei prämiert worden.)

[277] Mommsen, S. 204 f.; in der modernen Literatur vertritt Frey einen ähnlichen Ansatz. Er will zur Vermeidung einer Motiverforschung, aus Gründen der Rechtssicherheit und zur Überwindung vermeintlicher Widersprüche zwischen

(4) Eigene Stellungnahme

Der Wortlaut des § 2065 BGB würde eine Auslegung im Mommsensschen Sinne, also die uneingeschränkte Zulassung aller Willkürbedingungen tragen.[278] Dies würde jedoch einen Rückfall zu einer unbefriedigenden, rein formalistisch ausgeprägten Rechtsanwendung bedeuten; „expressa nocent, non expressa non nocent“ wäre das Ergebnis.[279] Auch der Wille des historischen Gesetzgebers würde bei einer solchen Auslegung missachtet, der sich bewusst für strenge Maßstäbe bei der Zulassung von Testamentsbedingungen ausgesprochen hat.[280] Zudem widerspreche dies dem Zweck des § 2065 BGB. Zu leicht könnte der Grundsatz der Höchstpersönlichkeit umgangen werden, da durch vorgeschobene bzw. symbolische Willkürbedingungen die Wirksamkeit erbrechtlicher Verfügungen faktisch in das Belieben eines anderen gestellt werden könnten.[281] Auf ein Abgrenzungskriterium, das dem Sinn und Zweck der Vorschrift Rechnung trägt, kann daher nicht verzichtet werden.

Durch ein Abstellen auf die Erblassermotivation wird dem Sinn und Zweck des Höchstpersönlichkeitsgrundsatzes Rechnung getragen, da hierbei festgestellt wird, ob der Erblasser eine wohlüberlegte Entscheidung in eigener Verantwortung getroffen hat oder ob er die ihm abverlangten Entscheidungen aus Unentschlossenheit auf einen anderen abgewälzt hat. Es ist auch nicht ungewöhnlich, die Motive des Erblassers im Rahmen von erbrechtlichen Streitigkeiten zu erforschen. Trotz der praktischen Probleme, die eine Motiverforschung mit sich bringt, wird dies auch bei anderen Gelegenheiten für erforderlich gehalten.[282] Verwiesen sei nur auf die Abgrenzung von Teilungsanordnung und Vorausvermächtnis, bei der auf den subjektiven Begünstigungswillen des Erblassers abgestellt wird[283], oder auf die Anfechtung nach §§ 2078, 2079 BGB, bei der anders als bei § 119 Abs. 1 BGB allein auf die

---

§ 2065 BGB und dem Vermächtnisrecht ebenfalls alle Potestativbedingungen uneingeschränkt zulassen (vgl. oben Fn. Nr. 262).

278 Der Wortlaut des § 2065 BGB ist sehr allgemein gehalten und scheint vordergründig für ein weitgehendes Verbot der Einflussnahme eines anderen auf letztwillige Verfügungen zu sprechen. Jedoch ist vom möglichen Sprachgebrauch auch die einschränkende Auslegung gedeckt, dass nur eine unmittelbar vom Willen des anderen abhängende Einflussnahme verboten sein soll.: so auch R. Zimmermann, S. 55; Großfeld, S. 114

279 R. Zimmermann, S. 55

280 Vgl. Seite 70: „Gesetzesmaterialien“

281 Vgl. auch Mugdan, Protokolle V, S. 523: Eine Wollensbedingung und eine Willkürbedingung müssen gleichgestellt werden, wenn *„der Erblasser eine Potestativbedingung nur in der Absicht beigefügt habe, damit derjenige, von dessen Willkürhandlung die Erfüllung der Bedingung abhänge, über die Geltung der letztwilligen Verfügung entscheide“.*

282 So auch Stiegeler, Diss., S. 70 f, mit detaillierten Beispielen

283 Münchner Kommentar-Dütz, §2048, Rz. 16 m.w.N.

subjektive Anschauungsweise des Erblassers abgestellt wird und ein objektiver Maßstab nicht zugelassen wird.[284] Wenn daher auch bei anderen Gelegenheiten die Schwierigkeiten der Motivsuche in Kauf genommen werden, um zu gerechten Ergebnissen zu kommen, so muss auch im Rahmen von § 2065 BGB nicht darauf verzichtet werden.

Mangels anderer, besser handhabbarer Kriterien müssen die Schwierigkeiten der nachträglichen Motiverforschung in Kauf genommen werden, um der Forderung nach Höchstpersönlichkeit der Testamentsgestaltung Rechnung zu tragen. Die Praxis wird sich auf objektive Tatsachen als Indizien stützen müssen, um den Wille im nachhinein erschließen zu können. Ein sehr bedeutendes Indiz ist sicherlich, ob ein nachvollziehbares Eigeninteresse des Erblassers an dem zur Bedingung erhobenen Ereignis bestand.

Für die Praxis der Testamentsgestaltung empfiehlt es sich, den Beweggrund des Testators, warum er einen anderen in die Rechtsfolgensetzung einbezieht, in der Testamentsurkunde festzuhalten. Es sollten dabei nicht nur bloße Formeln („ich übernehme die Verantwortung für die Erbeinsetzung") eingesetzt werden sondern die Tatsachen sollten wiedergegeben werden, die zum Wunsch der Beteiligung des anderen an der Rechtsfolgensetzung geführt haben. Dadurch könnten aus der Testamentsurkunde heraus Rückschluss auf das Eigeninteresse des Erblassers gezogen werden; die nachträgliche Motivsuche wird dadurch erleichtert.[285]

Gerade bei schwierigen Grenzfällen wird die rückblickende Motiverforschung manchmal zu keinem eindeutigen Ergebnis kommen. Dies ist angesichts der Subjektivität dieses Abgrenzungskriteriums und der häufig schwierigen Beweislage leider unvermeidlich. In diesen Fällen hilft nur die Rückbesinnung auf die ratio legis von § 2065 BGB. Diese soll hier nochmals kurz zusammengefasst werden: § 2065 BGB schränkt die Testierfreiheit ein, um den Rechtsfrieden innerhalb der Gruppe der möglichen Erbberechtigten zu verbessern. Vorzunehmen ist quasi eine Abwägung zwischen der Testierfreiheit des Erblassers und einer möglichen Gefährdung für den Frieden innerhalb der Familie des Erblassers.

In Zweifelsfällen wird man nicht zu restriktiv mit der Annahme eines Eigeninteresses des Testierenden an der gesetzten Bedingung sein dürfen, da die Abwägung des Höchstpersönlichkeitsgrundsatzes mit dem Grundprinzip der Testierfreiheit, einem der wesentlichen Elemente unseren Erbrechts, im Raume

---

[284] Soergel-Loritz, § 2078, Rz. 10 m.w.N.
[285] Reimann in Dittmann/Reimann/Bengel, 2. Aufl., Vorbem. Zu §§ 2229 ff., Rz. 20; Stiegeler, Diss., S. 72

steht. Im Zweifel muss die Testierfreiheit sicher schwerer gewichtet werden als das Verbot der Drittbestimmung, da dieses nicht zu den unverzichtbaren Prinzipien des Erbrechtssystems des BGB zählt.[286] Wenn im zu überprüfenden Einzelfall die Annahme eines Eigeninteresses des Erblassers nicht abwegig ist, wird man daher die gesetzte Bedingung für zulässig erachten dürfen.

Im Folgenden sollen nun die oben vorgestellten Testamentsklauseln näher untersucht werden auf ihre Zulässigkeit. Hierbei gilt jedoch stets die Einschränkung, dass allgemeingültige Aussagen über die Zulässigkeit einer Klausel nicht möglich sind. Die Motive des Erblassers für die Verwendung einer Klausel werden immer von den Umständen des Einzelfalles abhängen. Es ist durchaus vorstellbar, dass wortgleiche Testamentsklauseln in einem Fall als zulässig und im anderen Fall als unzulässig anzusehen sind. Der für den Rechtsanwender unbefriedigende Hinweis, dass letztlich nur anhand der konkreten Umstände des Einzelfalls die Zulässigkeit einer Testamentsbedingung beurteilt werden kann, muss leider gemacht werden.

2. Zulässigkeit der vorgeschlagenen Klauseln

a) Nacherbeneinsetzung unter der Bedingung, dass der Vorerbe nicht anderweitig verfügt

Gerade der Fall der Nacherbeneinsetzung unter der Bedingung, dass der Vorerbe keine anderweitigen letztwilligen Verfügungen trifft (Testamentsklausel 7), ist ein in Literatur und Rechtsprechung vielfach behandelter Problemfall.

Zunächst einmal ist jedoch mittels Auslegung zu ermitteln, was mit dieser „nicht gerade glücklichen Formulierung"[287] gemeint ist. Zum einen könnte damit dem Vorerben die Befugnis übertragen werden, anstelle des Erblassers völlig frei nach eigenem Gutdünken über die Nacherbeneinsetzung zu bestimmen. Eine derartige Befugnis verstößt aber eindeutig gegen § 2065 Abs. 2 BGB, da die Person des Bedachten nur vom Erblasser persönlich bestimmt werden kann. Die herrschende Meinung hält die zu prüfende Klausel trotzdem für zulässig,[288] da sie durch Auslegung dazu gelangt, dass

[286] Vgl. oben Seite 82
[287] Schäfer, BWNotZ 1961, 188, 190
[288] RG v. 16.6.1910, JW 1910, 820; RG v. 16.4.1919, RGZ 95, 278 f.; RG v. 17.2.1925, JW 1925, 266 ff. m. zust. Anm. Sieber; RG v. 26.6.1942, DR 1942, 1368 f.; BGH v. 26.4.1951, BGHZ 2, 35 ff.; BGH v. 14.7.1972, BGHZ 59, 220 ff.; BayObLG v. 30.9.1982, BayObLGZ 1982, 331 ff.; OLG Oldenburg v. 6.11.1990, FamRZ 1991, 862 ff.; Staudinger-Otte, § 2065, Rz. 20; Staudinger-Behrends, § 2100, Rz. 29;

aufschiebend oder auflösend bedingte Nacherbschaft angeordnet worden ist und der Vorerbe durch eine eigene wirksame letztwillige Verfügung die Nacherbschaftsanordnung insgesamt aufheben kann und dadurch selbst zum Vollerben wird. Nach dieser Auslegung ersetzt er nicht die Nacherben des Erblassers, sondern nimmt eine Einsetzung seiner eigenen Erben vor. Plastisch umschrieben wird diese Befugnis des Vorerben mit der Formulierung, ihm werde es gestattet, sich selbst zum Vollerben „aufzuschwingen".[289] Einige Stimmen in der Literatur[290] erheben jedoch Bedenken gegen die Vereinbarkeit dieser Bedingungen mit § 2065 Abs. 1 BGB,[291] da der Vorerbe quasi frei darüber bestimmen kann, ob die Nacherbschaft eintritt oder nicht. Im Folgenden werden die Argumente der herrschenden Meinung, die von einer generellen Zulässigkeit dieser Testamentsklausel ausgeht, und die an der herrschenden Meinung geübte Kritik dargestellt und dazu Stellung genommen.[292]

(1) Reichsgericht: Zulässigkeit wegen § 2075 BGB

In der höchstrichterlichen Rechtsprechung wurde die Zulässigkeit einer Nacherbeneinsetzung unter der auflösenden Bedingung, dass der Vorerbe nicht anderweitig letztwillig verfügt, erstmals im Jahre 1910 vom Reichsgericht behandelt und für zulässig befunden.[293] Die Begründung dieser Entscheidung war nicht sehr ausführlich. Das Reichsgericht begnügte sich im wesentlichen mit zwei Feststellungen:

Palandt-Edenhofer, § 2065, Rz. 8; Soergel-Loritz, § 2065, Rz. 19 ff.; RGRK-Johannsen, § 2065, Rz. 10; Rappe, AcP 140 (1935), 233, 239; Brox, Festschrift Bartholomeyczik, S. 41, 43; Zawar, DNotZ 1986, 515, 521; Lange/ Kuchinke, § 28 II 1 b; Nieder, Handbuch der Testamentsgestaltung, Rz. 534; Voit in Dittmann-Reimann-Bengel, vor § 2229, Rz. 24

289 Brox, Festschrift Bartholomeyczik, 41, 44

290 Münchner Kommentar-Leipold, § 2065, Rz. 10, Jauernig-Stürner, § 2065, Anm.1; Erman-Schmidt, § 2065, Rz. 5; Kipp/Coing, § 79 IV 1; v. Lübtow, Bd. I, S. 140 f.; Stiegeler, Diss., S. 99; derS. BWNotZ 1986, 25, 27; Wagner, Diss., S. 148

291 Teilweise wird nicht differenziert in der Literatur, ob diese Bedingung gegen AbS. 1 oder AbS. 2 des § 2065 BGB verstößt. So schreiben Soergel-Loritz, § 2065 , Rz. 18, und Lange/ Kuchinke § 28 II 1, dass die Gegenmeinung hierin einen Verstoß gegen § 2065 AbS. 2 BGB sieht. Zwar wird dem Erstbedachten durch derartige Klausel auch das Recht gegeben neue weitere Begünstigte zu nennen (§ 2065 AbS. 2 BGB), in erster Linie besteht hier jedoch ein Problem mit § 2065 AbS. 1 BGB, da der Erstbedachte über Bestehen oder Nichtbestehen der Nacherbschaft insgesamt entscheiden kann. Nur als notwendige Folge dieser Entscheidung kann er selbstverständlich auch neue eigene Erben bestimmen; eine Bestimmung der (Nach-)erben des Erblassers nimmt er jedoch nicht vor.

292 Stiegeler, Diss., S. 74 ff., gibt ebenfalls eine ausführliche, chronologisch aufgebaute Zusammenstellung des Meinungsstandes

293 RG v. 16.6.1910, JW 1910, 820

Zum einen hat das Gericht festgestellt, dass durch die Bedingung dem Erben nicht gestattet worden ist, seinerseits die Person des Nacherben zu bestimmen im Sinne von § 2065 Abs. 2 BGB. Ihm stand es nur frei, sein Erbteil von den Beschränkungen durch die Nacherbschaftsanordnung zu befreien, wenn auch diese Befreiung erst mit seinem Tod wirksam wurde. Aus dieser Aussage lässt sich entnehmen, dass auch das Reichsgericht die hier zu überprüfende Bedingung für die Nacherbschaft nur hinsichtlich § 2065 Abs. 1 BGB und nicht hinsichtlich § 2065 Abs. 2 BGB für problematisch hielt.[294]

Zum anderen verneinte das Gericht, dass dem Erben im Sinne von § 2065 Abs. 1 BGB die Bestimmung über die Gültigkeit oder Ungültigkeit der Nacherbeneinsetzung übertragen worden ist. Dazu führte es wörtlich aus:

„Vielmehr hat (...) der Erblasser mit der dem Erben erteilten Ermächtigung eine in sein Unterlassen gestellte Bedingung gesetzt, von deren Eintritt der Anfall des Erbteils an die eingesetzten Nacherben abhängig sein sollte. Das BGB lässt keine Zweifel darüber, dass derartige aufschiebend oder auflösend bedingte letztwillige Zuwendungen zulässig sind (vgl. §§ 2074, 2075 BGB). Sogar einer in das Tun oder Unterlassen des Bedachten selbst (...) gestellten Bedingung ist die Wirksamkeit nicht abgesprochen (§ 2075 BGB).“

Als tragende Begründung wird vom Gericht hier angeführt, dass die Nacherbeneinsetzung von einer zulässigen Bedingung abhängig gemacht worden ist. Nicht die unmittelbare Entscheidung über die Gültigkeit der Nacherbeneinsetzung ist dem Vorerben überlassen worden sondern die Gültigkeit soll abhängen von einer zulässigen Potestativbedingung. Somit war der Wille des Vorerben nur mittelbar relevant. Potestativbedingungen scheint das Reichsgericht wegen § 2074, 2075 BGB uneingeschränkt zulassen zu wollen. Damit vertritt das Reichsgericht eine ähnliche Position wie Otte,[295] der ebenfalls alle Willkürbedingungen zulassen will, da § 2065 Abs. 1 BGB nur verbiete, dass der Wille eines anderen unmittelbar über die Gültigkeit der letztwilligen Verfügung entscheidet. Mittelbarer Einfluss solle stets zulässig sein.[296]

In einem Urteil aus dem Jahr 1912[297] wendet das Reichsgericht zwar einen augenscheinlich strengeren Maßstab für die Prüfung von § 2065 Abs. 1 BGB an, wenn es ausführt, dass Entscheidungen, die nach § 2065 BGB vom Erblasser zu treffen sind und die dieser getroffen hat, „von Dritten nicht

[294] Vgl. auch oben Fn. Nr. 291
[295] Zu diesem Schluss kommt auch Wagner, Diss., S. 124 f.
[296] Vgl. oben Seite 83
[297] RG v. 4.3.1912, RGZ 79, 32

willkürlich wieder umgestoßen werden können". In der Folgezeit hat das Gericht die erste Entscheidung aus dem Jahre 1910 jedoch immer wieder bestätigt,[298] so dass die Zulässigkeit der Nacherbeneinsetzung unter der Bedingung, dass der Vorerbe nicht anderweitig verfügt, durch diese ständige Rechtsprechung quasi als „Dogma"[299] anerkannt worden ist.

Der pauschale Ansatz der ersten Reichsgerichtsentscheidung[300], die allein mit dem Hinweis auf §§ 2074, 2075 BGB alle Potestativbedingungen zulassen will, kann nicht genügen. Die §§ 2074, 2075 BGB treffen gerade keine Aussage über die generelle Zulässigkeit von Bedingungen; insbesondere lässt § 2075 BGB nicht ausnahmslos alle Bedingungen, die von der Willkür des Bedachten abhängen, zu.[301] Die §§ 2074 f. BGB geben nur eine Auslegungsregel im Falle unklarer Bedingungen. Indirekt kann ihnen zwar entnommen werden, dass derartige Willkürbedingungen zulässig sein können, da deren Zulässigkeit Voraussetzung für die Auslegungsregeln der §§ 2074 f. BGB ist. Die Kriterien für die Zulässigkeit von Willkürbedingungen werden aber nicht in §§ 2074 f. BGB aufgestellt sondern sind mit Blick auf § 2065 BGB zu ermitteln.[302] Vor der Anwendung des § 2075 BGB muss untersucht werden, ob durch die Bedingung § 2065 Abs. 1 BGB verletzt wird. Da diese Frage vom Reichsgericht nicht angesprochen wird, ist die Zulässigkeit der fraglichen Bedingung durch die erste Reichsgerichtsentscheidung nicht ausreichend begründet.

(2) Kipp: Verfügung über fremdes Vermögen

In der zeitgenössischen Literatur wurde dem Reichsgericht überwiegend zugestimmt[303] und es wurden weitere Argumente zur Untermauerung der Ansicht des Reichsgerichts entwickelt. In einer Anmerkung zur Entscheidung des Reichsgerichts vom 16.4.1919 formulierte Kipp einen auch heute noch weithin als Standardbegründung für die Zulässigkeit der „anderweitigen letztwilligen Verfügung" als Bedingung für die Nacherbschaft akzeptierten Gedanken[304]: Eine derartige Bedingung ist zulässig, „weil der Vorerbe in einem solchen Fall nicht über das Vermögen des ersten Erblassers verfügt sondern über sein eigenes Vermögen." Der Vorerbe bringe mittels seiner eigenen letztwilligen Verfügung die Nacherbschaft zum Wegfall und werde selbst Vollerbe. § 2065 Abs. 1 BGB stehe dem nicht im Wege. Auch in den Urteilen

[298] Z. B.: RG v. 16.4.1919, JW 1920, 286; RG v. 3.1.1924, JW 1925, 2121
[299] Endemann, Anm. zu LG Dessau v. 28.10.1932, JW 1933, 1349
[300] RG v. 16.6.1910, JW 1910, 820
[301] So ist aber wohl Brox, Rz. 103, zu verstehen
[302] Vgl. Seite 83, „Kriterien für die Zulässigkeit einer Bedingung"
[303] Kipp, JW 1920, 286; kritisch hierzu aber: Männer, LZ 1925, 570, 574
[304] Kipp, JW 1920, 286

des Reichsgerichts findet man Kipps Argument in der Folgezeit wieder. Nicht problematisiert wurde, dass der Vorerbe einen Teil seines Vermögens vom ersten Erblasser als (bedingte) Vorerbschaft erhalten hat. [305]

Das von Kipp eingeführte Argument, der Vorerbe verfüge nicht über das Vermögen des Erblassers sondern über eigenes Vermögen, wird von fast allen Vertretern der herrschenden Meinung zur Begründung der Zulässigkeit der Nacherbeneinsetzung unter der Bedingung, dass der Vorerbe nicht anderweitig verfügt, angeführt.[306] Jedoch lassen sich auch gegen diese Gedankenführung schlagkräftige Gegenargumente finden.

Von Lübtow will dieses Argument nicht gelten lassen, weil der Vorerbe zwar den Nachlass als ein ihm gehörendes Vermögen erhält, das aber durch die angeordnete Nacherbfolge ein vom Eigenvermögen abgetrenntes Sondergut bleibt. Verfügungen unter Lebenden über dieses Sondergut dürfe der Vorerbe zwar in bestimmten Umfang treffen. Jedoch stehe ihm nie das Recht zu, hierüber von Todes wegen zu verfügen.[307]

Wagner hält es zwar für richtig, dass der Vorerbe hier über eigenes Vermögen verfügt. Er will dies jedoch nicht als Argument für die Zulässigkeit der hier zu prüfenden Bedingung zulassen. Es gehe nicht darum, ob der Vorerbe über eigenes oder fremdes Vermögen verfüge, sondern ob er generell eine fremde Verfügung von Todes wegen zum Wegfall bringen könne. Mit der bloßen Überlegung, der Vorerbe verfüge über sein eigenes Vermögen, würde das erwünschte Ergebnis unzulässigerweise zum eigentlichen Argument erhoben.[308]

Bei Kipps Argument wird im Ergebnis nur ausgesagt, dass die Entscheidung über die Nacherbschaft mittelbar vom Vorerben getroffen wird. Unmittelbar entscheide er über seinen eigenen Nachlass. Damit ist aber lediglich dargelegt, dass hier eine Willkürbedingung gegeben ist und nicht eine Wollensbedingung. Wie anhand der allgemeinen Auslegungskriterien dargelegt

[305] Hierzu: Brox, Festschrift Bartholomeyczik, 41, 45: *„Durch die Testamentserrichtung bestimmt der Vorerbe nur darüber, an wen sein Nachlass nach seinem Tod fallen soll. Was zum Nachlass gehört, kann erst nach dessen Tod festgestellt werden. Im Zeitpunkt des Todes ist er wegen Bedingungseintritt (für eine logische Sekunde) Vollerbe. Jeder Erblasser kann letztwillig über Gegenstände verfügen, die zur Zeit der Testamentserrichtung noch nicht zu seinem Vermögen gehören. Es bestehen daher keine Bedenken, dass der Vor- / Vollerbe über Gegenstände letztwillig verfügt, die ihm zunächst lediglich als Vorerben zustehen."*

[306] Etwa: BayObLG v. 30.9.1982, BayOblGZ 1982, S. 331, 341; OLG Oldenburg v. 6.11.1990, FamRZ 1991, 862 ff.; Staudinger-Otte, § 2065, Rz. 19; Palandt-Edenhofer, § 2065, Rz. 8

[307] Von Lübtow, Bd. I, S. 141

[308] Wagner, Diss., S. 115 f.

worden ist, reicht diese Feststellung alleine noch nicht aus, um die Zulässigkeit einer Bedingung beurteilen zu können. Zusätzlich bedarf es noch der Erforschung der Erblassermotivation. Nur wenn die Willkürbedingung Ausfluss einer wohlüberlegten Entscheidung des Erblassers ist und nicht nur der Umgehung von § 2065 BGB dienen soll, ist die Bedingung zulässig.

(3) Rappe: Vergleich mit Erbausschlagung

Erstmals ausführlich und systematisch hat sich Rappe[309] in einem Aufsatz aus dem Jahr 1935 mit vorliegender Problemstellung beschäftigt. Rappe zieht einen Vergleich mit der Ausschlagung. Er geht von dem eindeutig zulässigen Fall aus, dass der Erblasser seine Frau als Erbin einsetzt und für den Fall, dass sie das Erbe ausschlägt, einen Dritten als Ersatzerben benennt. Auch hier beeinflusst eine Willensentscheidung der Frau das Erbrecht des Dritten. Zweifellos sei eine derartige Konstruktion jedoch zulässig, da hier der Erblasser nicht eine Verfügung sondern zwei Verfügungen getroffen habe, nämlich einerseits die Erbeinsetzung der Ehefrau und andererseits die Berufung des Dritten zum Ersatzerben. Die Ausschlagung der Ehefrau betreffe nur ihr eigenes Erbrecht. Das Ersatzerbrecht des Dritten hingegen hänge unmittelbar nur von der Anordnung des Erblassers ab. Dieses Beispiel erweitert Rappe in mehreren Stufen. Zunächst bezieht er eine Nacherbenkonstruktion mit ein (die Ehefrau soll Vollerbe sein, im Falle der Ausschlagung solle sie nur Vorerbe sein und ein Dritter Nacherbe). Dann formuliert er ein Beispiel, in dem der Ehefrau auch außerhalb der in § 1944 BGB gesetzten Ausschlagungsfrist eine Entscheidungsbefugnis über ihre Erbenstellung zugestanden wird (die Ehefrau soll Vorerbe sein und ein Dritter Nacherbe; für den Fall, dass sie innerhalb von 5 Jahren nach dem Erbfall einen entsprechenden Willen äußert, soll sie Vollerbin sein). Als letzten Schritt verlängert er diese Entscheidungsfrist bis zum Tod der Vorerbin und erlaubt ihr, durch ihre eigene letztwillige Verfügung die Entscheidung über ihre Erbenstellung zu treffen. (Dieses letzte Beispiel entspricht der hier zu untersuchenden Testamentsgestaltung.)

Rappe sieht in keinem Beispielsfall ein Problem mit § 2065 Abs. 1 BGB, da die Ehefrau jeweils nur über ihr eigenes Erbrecht entscheide. Das Erbrecht des Dritten werde durch ihre Entscheidung nur mittelbar berührt. Unmittelbar sei die letztwillige Verfügung des Erblassers dafür verantwortlich. Er kommt zu dem Schluss, dass der Wille des Bedachten stets zulässige Bedingung einer Erbeinsetzung sein könne. § 2065 Abs. 1 BGB verbiete nur Bedingungen nach dem Muster „si Titius (ein Dritter) voluerit". Eine Bedingung „si heres (der (Vor-)Erbe) voluerit" sei unbedenklich.

---

[309] Rappe, AcP 140 (1935), 233 ff.; zustimmend auch Palandt-Edenhofer, § 2065, Rz. 2; Soergel-Damrau, 11. Auf., § 2065, Rz 2; Brox, Rz. 103

Als Stützung für die These Rappes wird in der Literatur vereinzelt mit dem Wortlaut des § 2065 Abs. 1 BGB argumentiert. Es wird ausgeführt, dass „ein anderer" im Sinne von § 2065 Abs. 1 BGB begrifflich nicht der Bedachte sein könne.[310] Es gibt jedoch schlagkräftige Argumente gegen Rappes These.

Rappes Gedankenführung basiert auf der formalen Trennung zwischen der Vor- bzw. Vollerbenstellung des Erstbedachten und der Nacherbenstellung des Dritten. Der Erstbedachte soll unmittelbar nur auf seine eigene Erbenstellung einwirken durch seine letztwillige Verfügung. Die Folgen für den Dritten treten auf Grund einer Entscheidung des Erblassers ein. Die Entscheidung des Erstbedachten betreffe den Dritten nur sehr entfernt. Die Richtigkeit dieser formalen Trennung in zwei völlig unabhängige Ereignisse ist zweifelhaft. Die letztwillige Verfügung des Erstbedachten macht ihn sofort zum Vollerben und bringt die Nacherbenstellung des Dritten ohne weiteren juristischen Zwischenschritt zum Wegfall. Rappes Aufteilung in zwei unabhängige Ereignisse ist daher formal überspitzt.[311] Im übrigen sind rein formale Kriterien ohnehin nicht geeignet zur Abgrenzung von zulässigen und unzulässigen Willkürbedingungen, da eine Abgrenzung sich notwendigerweise am Normzweck des materiellen Höchstpersönlichkeitsrechtes orientieren muss. Derartige Überlegungen fehlen bei Rappe jedoch vollständig.[312]

Auch lässt sich aus dem Vergleich mit der Ausschlagung nicht der Schluss ziehen, dass der Wille des Bedachten stets als zulässige Bedingung anzuerkennen sei. Ein wesentlicher Unterschied zwischen der Ausschlagung und den beiden letzten Fallvarianten Rappes, in denen er dem Vorerben gestattet, sich selbst zum Vollerben zu machen, besteht schon darin, dass der Ausschlagende ein Recht aufgibt während der Vorerbe in Rappes Beispielen seine eigene Rechtsposition verbessert.[313]

Von Teilen in der Literatur[314]werden die Ausschlagungsregeln zudem als Ausnahme zu dem in § 2065 BGB formulierten grundsätzlichen Verbot der Drittentscheidung angesehen. Als lex specialis gehen die §§ 1942 ff. BGB dem § 2065 BGB vor und lassen ausnahmsweise die Entscheidung eines anderen (des Erben) über die Erbeinsetzung zu. Folgt man dieser Einordnung der Ausschlagungsregeln, verbietet es sich von selbst, die Ausschlagungsfrist über die vom Gesetz vorgesehen Zeit hinaus zu verlängern.

---

310 Soergel-Damrau, 11. Auf., § 2065, Rz. 2; Brox, Rz. 103

311 Stiegeler, Diss., S. 89 ff.; derS. BWNotZ 1986, 25, 26; Wagner, Diss., S. 118 ff.

312 Wagner, Diss., S. 122 f.

313 Wagner, Diss., S. 123

314 Münchner Kommentar-Leipold, § 1942, Rz. 8; Palandt-Edenhofer, § 1942, Rz.1; Wagner, Diss., S.123

Andere Autoren[315] gehen nicht so weit und sehen keinen Verstoß gegen § 2065 BGB, wenn der Erbanfall von einer Annahmeerklärung des Erben abhängig gemacht wird. Aber auch wenn dieser Meinung gefolgt wird, können die Regeln über die Ausschlagung nicht als Beleg dafür angeführt werden, dass der Wille des Bedachten stets zur Bedingung einer letztwilligen Verfügung gemacht werden kann, da sie einem völlig anderen Zweck dienen sollen. Einerseits soll dem Erben nicht gegen seinen Willen ein Recht aufgezwungen werden. Andererseits soll im Interesse der Rechtssicherheit und einer zügigen Nachlassabwicklung möglichst schnell Klarheit darüber bestehen, wer Erbe ist. Der Grundsatz des Anfallprinzips (§§ 1922, 1942 BGB) ohne vorherige Annahmeerklärung durch den Erben und die relativ kurze Ausschlagungsfrist (Regelfall: § 1944 Abs. 1 BGB: 6 Wochen) sollen längeren Schwebezeiträumen entgegenwirken.[316] Die hier behandelte Bedingung für die Nacherbschaft verlängert den Zeitraum der Ungewissheit über das endgültige Erbrecht jedoch bis zum Tod der Erstbedachten und widerspricht daher dem Zweck der Ausschlagungsregeln.

Zudem weist Stiegeler[317] überzeugend nach, dass auch der Wortlaut des § 2065 BGB die These Rappes nicht unterstützt. Die Regelung der Drittbestimmung im Vermächtnisrecht und bei der Auflage steht im Widerspruch zu der Gesetzesauslegung, dass der „andere" im Sinne von § 2065 BGB nicht der Bedachte sein kann. Das Gesetz spricht in §§ 2151 ff. BGB und in § 2193 Abs. 1 BGB stets von dem „Beschwerten oder einem Dritten" als Bestimmungsberechtigten. Daraus lässt sich entnehmen, dass mit „ein anderer" im Sinne von § 2065 BGB auch der Bedachte (= der Beschwerte im Vermächtnisrecht) gemeint sein muss, da es sonst überflüssig wäre, den Beschwerten in den Normen, die das Vermächtnis und die Auflage betreffen, noch einmal ausdrücklich zu erwähnen.

Diese Argumente, insbesondere der Verweis auf Sinn und Zweck der Ausschlagung, wiederlegen die These von Rappe in überzeugender Art und Weise. Ein „anderer" im Sinne von § 2065 Abs. 1 BGB kann daher auch der Bedachte sein.[318] Somit ist es grundsätzlich möglich, dass die Anordnung einer Potestativbedingung, die von einer Willensentscheidung des Bedachten - hier des Vorerben - abhängt, gegen § 2065 Abs. 1 BGB verstößt.

---

[315] Staudinger-Otte, § 1942, Rz. 5

[316] Münchner Kommentar-Leipold, § 1942, Rz. 1 und § 1943, Rz. 1; Staudinger-Otte, § 1942, Rz. 5

[317] Stiegeler, Diss., S. 92 f.; derS. BWNotZ 1986, 24, 25 f.

[318] Wie hier auch: Münchner Kommentar-Leipold § 2065, Rz. 8; Soergel-Loritz, § 2065, Rz. 8; Erman-Schmidt, 2065, Rz 5; Wagner, Diss., S. 124.; Frank, MittBayNot 1987, 231.

(4) Praktisches Bedürfnis

Als weiteres Argument für die Zulässigkeit derartig bedingter Nacherbenbestimmungen wird schließlich vom Reichsgericht in einem Urteil aus dem Jahre 1938[319]erstmals auch das Bestehen eines „praktischen Bedürfnisses" für derartige Testamentsklauseln als Begründung angeführt.

Das Bestehen eines „praktischen Bedürfnisses" für derartige Testamentsbedingungen ist in keiner Weise geeignet, ihre Vereinbarkeit mit § 2065 BGB zu begründen. Zum einen wird kaum jemals dargelegt, worin genau dieses Bedürfnis liegt.[320] Zum anderen ist ein praktisches Bedürfnis kein rechtlich relevantes Argument. Ein praktisches Bedürfnis kann dazu führen, dass der Gesetzgeber bestehendes Recht ändert aber ein praktisches Bedürfnis allein führt nicht dazu, dass geltendes Recht unanwendbar wird.

(5) Neuere Rechtsprechung und Lehre

Der Bundesgerichthof hat die Ansicht des Reichsgerichts zu dieser Frage übernommen.[321] Als Begründung hat sich der Bundesgerichtshof jedoch mit dem bloßen Hinweis auf die ständige Rechtsprechung des Reichsgerichtes, von der abzuweichen kein Anlass bestehe, begnügt. Diese Rechtsprechung hat der Bundesgerichtshof[322] noch mehrfach mit ähnlich dürftigen Begründungen bestätigt. In einem Urteil aus dem Jahr 1980 hat der Bundesgerichtshof zwar offen gelassen ,[323] ob diese Rechtsprechung in Zukunft Bestand haben wird. Andere Obergerichte hielten jedoch auch nach dem letztgenannten Urteil des Bundesgerichtshofes an der alten Rechtsprechung fest,[324] so dass auch weiterhin von einer gefestigten ständigen Rechtsprechung gesprochen werden

[319] RG v. 25.4.1938, Warn.Rspr. 1938, 237 f.; nochmals in RG v. 26.6.1942, Warn.RSpr. 1942, 239 ff.; ohne jedoch dieses praktische Bedürfnis näher darzulegen
[320] Stiegeler, BWNotZ 1986, 25, 27, mutmaßt, dass das Bedürfnis darin zu sehen ist, den Nachlass möglichst ungeschmälert an einen Nacherben gelangen zu lassen, dessen Person aber zur Zeit der Testamentserrichtung noch nicht festgelegt werden kann oder soll. Er weist in der Folge jedoch nach, dass mittels bedingter Nacherbschaft dieses Ziel nicht sicher erreicht werden kann.
[321] BGH v. 26.4.1951, BGHZ 2, 35 ff.
[322] BGH v. 17.11.1953, JZ 1954, 98; BGH v. 26.2.1970, BGH LM § 2065 Nr.6; BGH v. 14.7.1971, BGHZ 59, 220 ff.
[323] BGH v. 4.12.1980, NJW 1981, 2051 f.; Nieder, Handbuch der Testamentsgestaltung, Rz. 534, Fn. 141, glaubt aus diesem Urteil eine deutlich kritische Haltung des BGH zu der alten Rechtsprechung herauslesen zu können
[324] BayObLG v. 30.9.1982, BayObLGZ 1982, 331, 341 mit dem Hinweis, dass diese Frage bei BGH v.4.12.1980, NJW 1981, 2051 f. nicht streitentscheidend war; OLG Oldenburg v. 6.11.1990, FamRZ 1991, 862 ff. mit relativ ausführlicher Begründung; BayObLG v. 27.5.1991, FamRZ 1991, 1488 f.

kann, nach der die hier zu untersuchende Potestativbedingung für die Nacherbschaftsanordnung zulässig ist.

Auch in der modernen Literatur[325] findet diese Rechtsprechung breite Zustimmung. Die drei bekannten Argumente: „Verfügung über eigenes Vermögen", „Wille des Bedachten stets unbedenklich" und „praktisches Bedürfnis" werden auch weiterhin teils kumulativ teils einzeln als Begründung angeführt.

(6) Schlussfolgerungen der Kritik

Einige Autoren ziehen aus ihrer Kritik die Konsequenz, dass die Zulässigkeit der Nacherbeneinsetzung unter der Bedingung einer anderweitigen Verfügung des Vorerben generell abzulehnen ist.[326] Die dargestellten Argumente der Kritiker können aber nur die Schlussfolgerung der herrschenden Meinung, die von einer generellen Zulässigkeit der hier zu beurteilenden Testamentsklausel ausgeht, entkräften, einen Beweis für die generelle Unzulässigkeit dieser Klausel erbringen sie nicht. Daher ist die von diesen Kritikern gezogene Folgerung als zu weitgehend abzulehnen. Zuzustehen ist ihnen aber, dass die herrschende Meinung keinen Beleg für die generelle Zulässigkeit derartiger Bedingungen liefert.

Leipold kommt zu einer moderateren Folgerung. Auch ihm geht die Aussage der herrschenden Meinung zu weit, die jede letztwillige Verfügung des Vorerben als zulässige Bedingung für den Wegfall der Nacherbschaft zulässt. Er will nur zulassen, die Nacherbeneinsetzung an eine letztwillige Verfügung des Vorerben über dessen eigenes Vermögen zu koppeln. Es sei notwendig, dass der Vorerbe auf inhaltlich andere Art und Weise als durch eine Geltungserklärung auf den Bestand der Nacherbfolge einwirkt.[327] Mit anderen Worten hält es Leipold für unzulässig, wenn der Vorerbe in seiner eigenen letztwilligen Verfügung isoliert über den Fortbestand der Nacherbfolge entscheidet. Dem ist sicherlich zuzustimmen, da bei einer isolierten Geltungserklärung der Wille eines anderen nicht mehr mittelbar sondern unmittelbar auf die Geltung der Nacherbschaftsanordnung Einfluss nimmt. Eine isolierte Geltungserklärung stellt daher nach der hier benutzten Definition keine

325 Vgl. Fn. Nr. 288

326 Von Lübtow, Bd. I, 140 f.; Wagner, Diss., S. 148; Stiegeler, Diss., S. 74 ff.; ders., BWNotZ 1986, 25 ff.

327 Münchner Kommentar-Leipold, § 2065, Rz. 9 und 10; ähnlich auch Frank, MittBayNot 1987, 231, 234, der ebenfalls eine isolierte Geltungserklärung des Vorerben für unzulässig ansieht, der aber nicht nur die Koppelung der Nacherbfolge an die Erbeinsetzung durch den Vorerben zulassen will sondern auch die Koppelung an eine Vermächtnisanordnung oder eine Verfügung unter Lebenden des Vorerben.

Willkürbedingung mehr dar sondern eine reine Wollensbedingung und ist als solche unvereinbar mit dem Höchstpersönlichkeitsgrundsatz. Jedoch handelte es sich auch bei den von der Rechtsprechung behandelten Fällen nicht um reine Geltungserklärungen sondern die Nacherbeneinsetzung war regelmäßig gekoppelt mit der Erbeinsetzung durch den Vorerben;[328] über isolierte Geltungserklärungen haben die Vertreter der herrschenden Meinung keine ausdrückliche Aussage getroffen. Jedoch kann man mit guten Gründen annehmen, dass auch die herrschende Meinung zur Unzulässigkeit von isolierten Geltungserklärungen kommen würde, da über die Unzulässigkeit von reinen Wollensbedingungen weitgehende Einigung herrscht. Bei genauer Analyse stellt die Ansicht von Leipold daher keine Einschränkung der herrschenden Meinung dar sondern er verwendet nur eine präzisere Formulierung,[329] in der die isolierten Geltungserklärungen ausdrücklich als unzulässig herausgestrichen werden. Jedoch auch Leipold stellt nicht darauf ab, ob der Erblasser derartige Bedingungen aus Unentschlossenheit oder aus Verantwortungsbewusstsein heraus trifft. Diese Frage ist aber entscheidend für die Beurteilung der Zulässigkeit der Bedingung.

(7) Eigene Stellungnahme

Wie gezeigt, gibt es keine überzeugenden Argumente für die generelle Zulässigkeit von Nacherbeneinsetzungen unter der Bedingung, dass der Vorerbe nicht anderweitig verfügt. Genauso wenig kann jedoch die Aussage getroffen werden, derartige Bedingungen seien stets unvereinbar mit § 2065 Abs. 1 BGB. Fest steht nur, dass es sich bei den hier zu untersuchenden Klauseln um eine Potestativbedingung handelt. Als entscheidende Frage für die Beurteilung der Zulässigkeit von Potestativbedingungen wurde oben die Frage nach der Motivation des Erblassers herausgearbeitet. Es muss also festgestellt werden, ob der Erblasser aus wohlüberlegten Gründen dem Vorerben das Recht gegeben hat, sich zum Vollerben aufzuschwingen, oder ob er es aus Unentschlossenheit heraus getan hat. Eine allgemein gültige Antwort auf diese Frage gibt es nicht. Die Beantwortung dieser Frage ist nur anhand der Umstände des Einzelfalles möglich.

Jedoch ist der herrschenden Meinung im Ergebnis meist zu folgen. Es sind mehrere gute Gründe vorstellbar, dem Vorerben das Recht geben zu wollen, Vollerbe zu werden. Zumeist wird der Erblasser verhindern wollen, dass sein

---

[328] Frank, MittBayNot, 1987, 231, 234

[329] So kann wohl auch Ottes Anmerkung zu Leipold in Staudinger-Otte, § 2065, Rz. 22, verstanden werden, dem die Unterscheidung Leipolds nicht einleuchtet, da die Einsetzung einer anderen Person zum Erben des Vorerben (von Leipold als zulässige Bedingung angesehen) gerade eine „andere Verfügung" darstelle.

Nachlass in die Hände eines „unwürdigen" Erben fällt. Zur Zeit der Testamentserrichtung kann er jedoch häufig wegen der Jugend des Nacherben dessen „Erbwürdigkeit" nicht mit Sicherheit entscheiden. Sein Erstbedachter ist in einer zeitlich besseren Position, um dies beurteilen zu können, und ihm traut der Erblasser eine richtige Entscheidung in seinem Sinne auch zu. Bei Vorliegen dieser Motivlage hat der Erblasser sicher auf Grund reiflicher Überlegung die bedingte Nacherbschaft angeordnet.

Auch folgende Überlegung stützt die These, dass der Erblasser regelmäßig nicht eine Umgehung von § 2065 Abs. 1 BGB im Sinn hatte bei der Formulierung derartiger Klauseln: Für den Normalfall, dass sich seine Nacherben wie von ihm erwartet entwickeln, und für den Fall, dass sein Vorerbe selbst keine letztwilligen Verfügungen trifft, regelt er seinen Nachlass über mehrere Generationen. Für den Ausnahmefall, dass der Erstbedachte die vom Erblasser bestimmten Nacherben nicht für geeignet hält und andere (eigene) Erben wählen möchte, will der Erblasser dem Erstbedachten dies ermöglichen und will selbst nicht mehr die Weitergabe an mehrere Generationen regeln sondern sich auf die Regelung der Weitergabe an nur die nächste Generation beschränken. Der aus Unüberlegtheit handelnde Erblasser könnte sich von vorne herein auf eine Regelung des Nachlasses nur für die erste Generation beschränken. Wenn er jedoch in bestimmten Situationen (keine anderweitige Verfügung des Vorerben) darüber hinaus auch die Weitergabe über mehrere Generationen regeln will, zeugt dies im Allgemeinen von seinen detaillierten Überlegungen und starkem Eigeninteresse.[330]

Zweifelhaft ist aber, ob auch im Falle eines Geschiedenentestaments regelmäßig legitime Gründe für die Verwendung einer derartigen Testamentsbedingung vorliegen werden. Dem Testator eines Geschiedenentestaments ist die konkrete Ausgestaltung seiner (Nach-)Erbfolge häufig gleichgültig, solange nicht die Personen zum Zuge kommen, die er von jeder Nachlassteilhabe ausschließen wollte. Insofern unterscheidet sich die regelmäßig anzunehmende Motivation eines Testators eines Geschiedenentestaments ganz erheblich von einem sonstigen Testator (wie dem frühzeitigen Unternehmertestament), der bedingte Nacherbschaft anordnet. Der Testator des Geschiedenentestaments will nicht eine bestimmte Erbfolgeregelung, er will nur eine bestimmte Erbfolgeregelung verhindern. Auch hierin ist jedoch regelmäßig ein legitimes eigenes Interesse an der Verwendung einer derartigen Testamentsklausel zu sehen. Wie schon oben dargelegt[331], darf wegen der hohen Schutzwürdigkeit der Testierfreiheit ein

---

[330] So auch Soergel-Loritz, § 2065, Rz. 20, der darin die entscheidende teleologische Rechtfertigung solcher Testamentsklauseln sieht. Ähnlich auch Wingerter, S.43

[331] Vgl. Seite 82

Verstoß gegen § 2065 Abs. 1 BGB nur in Fällen angenommen werden, in denen ein Eigeninteresse des Testators an der gesetzten Bedingung mit hinreichender Sicherheit ausgeschlossen werden kann. Die Verhinderung einer bestimmten Erbfolge ist ein ebenso legitimes Ziel eines Testators wie die Herbeiführung einer bestimmten Erbfolge. Man kann daher sicherlich nicht sagen, dass dem Testator eines Geschiedenentestaments die Erfüllung der gesetzten Bedingung gleichgültig sein wird. Auch hier gilt wiederum, dass nur nach einer Prüfung der näheren Umstände des Einzelfalles die tatsächliche Motivation des Testators ermittelt werden kann. In dem Standardsachverhalt, der einem Geschiedenentestament zu Grunde liegt, wird jedoch keine Verletzung des § 2065 Abs. 1 BGB anzunehmen sein.

b) Nacherbfolge tritt nur ein, wenn der auszuschließende Personenkreis am Nachlass teilnimmt

Die Zulässigkeit der Testamentsklausel 8 (Nacherbfolge nur für den Fall, dass die geschiedene Ehefrau, ihre nicht aus der Ehe mit dem Erblasser stammenden Abkömmlinge oder ihre sonstigen Verwandten aufsteigender Linie an dem Nachlass teilnehmen würden) ist weniger problematisch. Zur Bedingung erhoben wird die Teilnahme der auszuschließenden Personen am Nachlass des Erstbedachten (der hier wohl aufschiebend bedingter Vorerbe ist). Für diesen Fall soll Nacherbschaft angeordnet sein. Die Ehefrau oder ihre Verwandten könnten entweder auf Grund gesetzlichen Erbrechts oder auf letztwillige Verfügung des Erstbedachten am Nachlass teilhaben. Bei einer Teilhabe auf Grund gesetzlichen Erbrechts ist schon zweifelhaft, ob überhaupt eine Willkürbedingung vorliegt. Das gesetzliche Erbrecht ist genau vorgegeben und geregelt. Der Erstbedachte hat nur begrenzten Einfluss darauf. Der Erstbedachte kann die gesetzliche Erbfolge nur beeinflussen, indem er letztwillig verfügt und somit die gesetzliche Erbfolge durch die gewillkürte Erbfolge ersetzt. Pflichtteilsansprüche kann er keinesfalls beeinflussen. Somit ist jedenfalls in Bezug auf eine Nachlassteilnahme auf Grund von Pflichtteilsrecht eine stets zulässige Zufallsbedingung im Sinne der hier verwendeten Definition anzunehmen.

Eine Teilhabe auf Grund gewillkürten Erbrechts stellt eine klassische Willkürbedingung dar. Primär will der Erstbedachte und aufschiebend bedingte Vorerbe seinen eigenen Nachlass regeln. Als mittelbare Nebenfolge kann dies zur Folge haben, dass die vom Erblasser gesetzte Bedingung greift und Nacherbfolge eintritt. Eine Unzulässigkeit einer derartigen aufschiebenden Bedingung ist jedoch nach keiner Abgrenzungstheorie anzunehmen. Da der Erblasser klare Regeln für Eintritt und Nichteintritt der Bedingung setzt und augenscheinlich auch sehr am Ergebnis der Entscheidung des Erstbedachten interessiert war, ist die Zulässigkeit dieser Klausel nach der hier vertretenen Meinung und nach dem BGH-Kriterium des Zwecks der Verfügung anzunehmen. Auch mit Ottes Abgrenzungskriterium kommt man zu keinem anderen Ergebnis, weil auf den Nachlass des Erblassers nur mittelbar Einfluss genommen wird und eine Umgehung von § 2065 BGB nicht zu erkennen ist, da der Erblasser klare Entscheidungen getroffen hat sowohl bei Eintreten der Bedingung wie bei Nichteintreten.

Zweifel an der Zulässigkeit von obiger Bedingung bestehen somit nicht hinsichtlich § 2065 BGB. Bedenken könnten jedoch aus einer anderen Überlegung heraus aufkommen. Durch obige Klausel soll der Erstbedachte daran gehindert werden, Teile des Nachlasses des Erblassers an bestimmte

Personen weiterzuvermachen. Dadurch könnte die Testierfreiheit des Erstbedachten, die durch § 2302 BGB geschützt wird, in unzulässiger Weise beschränkt werden. Die obige Klausel stellt quasi eine umgekehrte kaptatorische Klausel[332] dar. Der Erstbedachte soll nicht zu einer bestimmten letztwilligen Verfügung angehalten werden, sondern er soll an einer bestimmten letztwilligen Verfügung gehindert werden. Im Allgemeinen werden kaptatorische Klauseln als mit § 2302 BGB vereinbar angesehen, da keine Verpflichtung durch sie entsteht. Dem Bedachten wird nur die Möglichkeit eingeräumt, ein ihm nur bedingt zugewendetes Gut durch eine eigene letztwillige Verfügung, die den Anforderungen des Erblassers entspricht, endgültig zu erlangen.[333] Obige Klausel belastet die Testierfreiheit des Erstbedachten sogar in einem geringeren Umfang als klassische kaptatorische Verfügungen, da er nur bestimmte Verfügungen nicht treffen kann und auch nur für den Teil seines Vermögens, der aus dem Nachlass des Erblassers stammt. Daher ist die Bedingung in Testamentsklausel 8 auch hinsichtlich § 2302 BGB unbedenklich.

3. Vor- und Nachteile der bedingten Nacherbeneinsetzung

Nachdem nun feststeht, dass sämtliche der oben vorgestellten Bedingungen zulässig sind, gilt es nun zu überprüfen, ob sie für Geschiedenentestamente geeignet sind und ihr Ziel, die Beschränkungen des Vorerben bei Verfügungen unter Lebenden bzw. von Todes wegen aufzuheben oder wenigstens abzumildern, erfüllen.

Eine Teilnahme der auszuschließenden Personen am Nachlass soll in Testamentsklausel 7 verhindert werden durch den Zusatz, dass die Nacherbfolge nur wegfällt, wenn diese Personen in der Verfügung des Vor-/ Vollerben nicht bedacht werden. Die Vollerbenstellung des Erstbedachten führt andererseits aber notwendigerweise dazu, dass der Nachlass Pflichtteilsansprüchen des geschiedenen Ehegatten ausgesetzt ist, wie folgendes Beispiel demonstriert:

---

[332] Münchner Kommentar-Musielak, § 2302, Rz. 2: Kaptatorische Verfügungen sind Verfügungen, die an die Bedingung geknüpft sind, dass der Empfänger einen Dritten von Todes wegen bedenkt

[333] Soergel-Wolf, §2302, Rz. 3; Münchner Kommentar-Leipold, § 2074, Rz. 13; Brox, Festschrift Bartholomeyczik, S.41, 49; auch bezüglich § 2065 BGB werden kaptatorische Klauseln nach h.M. für unbedenklich angesehen: Staudinger-Otte, § 2065, Rz. 24; Soergel-Loritz, § 2065, Rz. 22; Münchner Kommentar-Leipold, § 2065, Rz. 11; mit erheblichen Bedenken diesbezüglich: Brox, Festschrift Bartholomeyczik, S.41, 50

<u>Sachverhalt</u>: Der Erblasser hat Testamentsklausel 7 verwendet. Nach dem Erbfall vermacht der kinderlose Vorerbe K testamentarisch sein gesamtes Vermögen einer gemeinnützigen Organisation O. Durch die letztwillige Verfügung des Vorerben fällt die Nacherbfolge entsprechend der Klausel im Testament des Erblassers weg. Der Vorerben wird Vollerbe. Die Mutter des Vor-/Vollerben und geschiedene Ehefrau G des Erblassers macht nach dem Tod des Vor-/Vollerben Pflichtteilsansprüche in Höhe von ½ des gesetzlichen Erbteils (=¼) geltend und partizipiert somit indirekt am Nachlass des Erblassers.

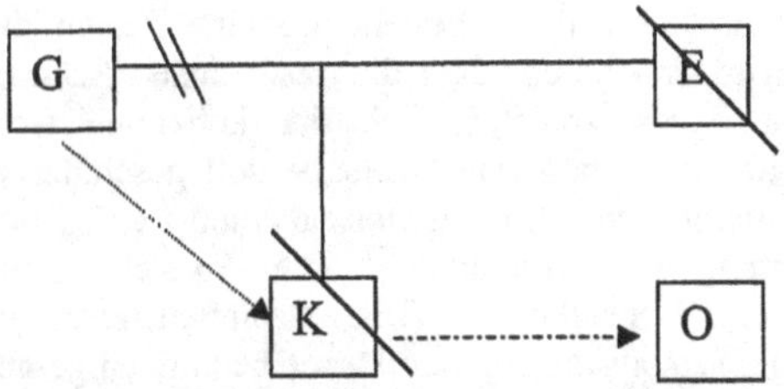

Dieses Beispiel zeigt, dass eine Nacherbenanordnung unter der Bedingung, dass der Vorerbe nicht anderweitig verfügt, für Geschiedenentestamente unbrauchbar ist, da die Gefahr möglicher Pflichtteilsansprüche des geschiedenen Ehegatten, die durch das Geschiedenentestament gerade ausgeschaltet werden soll, nicht verhindert werden kann.[334]

Wird die Nacherbfolge bedingt für den Fall angeordnet, dass Nachlassgegenstände des Erblassers nach dem Tode des Erstbedachten auf die auszuschließenden Personen übergehen (Testamentsklausel 8), dann wird die primäre Zielsetzung eines Geschiedenentestaments, den sicheren Ausschluss der ungewollten Personen von jeder Nachlassteilnahme, erreicht, da die Nacherbenanordnung immer dann zum Tragen kommt, wenn dies notwendig ist. Die Vor- und Nacherbschaft als Mittel zum Schutz der Interessen des Erblassers entfällt nur, wenn sie als Sicherungsmittel nicht erforderlich ist, da der auszuschließende Personenkreis bereits aus anderen Gründen nichts aus dem Nachlass erhält.[335] Ähnlich wie bei Testamentsklausel 7 stellt sich erst mit dem Tod des Vor- / Vollerben heraus, ob die Bedingung eintritt und ob dem

[334] So auch Dieterle, BWNotZ 1971, 14, 15; Busse, MittRhNotK 1998, 225, 236; Wingerter, S.53 ff.
[335] Busse, MittRhNotK 1998, 225, 236

Vor- / Vollerben die Möglichkeit der völlig selbständigen Verfügung von Todes wegen gegeben wird.

Diese Form der Bedingung bietet jedoch keinen entscheidenden Vorteil gegenüber einer unbedingt verfügten Vorerbschaft bzgl. der Verfügungsbeschränkungen zu Lebzeiten, da die Schutzvorschriften der §§ 2111 ff. BGB in beiden Fällen gelten und erst beim Tod des Vor-/ Vollerben feststeht, ob die Bedingung eingetreten ist. Diese Gleichbehandlung ist gerechtfertigt, da es keinen Grund für eine Schlechterstellung des nur bedingt eingesetzten Nacherben gibt. Bedingter und unbedingter Nacherbe sind gleichermaßen schutzwürdig, zumal auch bei unbedingter Nacherbeneinsetzung stets eine Ungewissheit darüber besteht, ob eine Person die Nacherbfolge antritt. Daraus wird ersichtlich, dass die gesetzlichen Schutzvorschriften für Nacherben nicht davon abhängen, ob der konkrete Nacherbenfall auch tatsächlich eintritt. Jeder mögliche Nacherbe soll geschützt werden.[336] Auch eine Unterscheidung zwischen auflösend und aufschiebend bedingter Nacherbeneinsetzung ist abzulehnen.[337] Die Aussicht eines aufschiebend bedingt eingesetzten Nacherbe, das Erbe anzutreten, kann unter Umständen erheblich günstiger sein als die eines auflösend bedingt eingesetzten. Dies hängt ausschließlich vom Grad der Wahrscheinlichkeit ab, mit der das zur Bedingung erhobene Ereignis eintritt, und ist nicht von der Art der Bedingung abhängig.[338]

---

[336] Dies gilt nach h.M auch für Nach-Nacherben, nicht jedoch für Ersatz-Nacherben; vgl. hierzu: RG v. 25.11.1937, RGZ 156, 172, 182; BGH v. 6.11.1985, BGHZ 96, 198; BayObLG v. 16.5.1958, NJW 1958, 1683,1684; Staudinger-Kanzleiter, § 2269, Rz. 43, Kanzleiter DNotZ 1970, 326, 330; Palandt-Edenhofer, § 2113, Rz. 7; Münchner Kommentar-Grunsky, § 2113, Rz. 16; Lange/Kuchinke, §28 VII 4 b; Nieder, ZEV 1994, 156, 158; Heider, ZEV 1995, 1, 3, der darauf hinweist, dass die diesbezügliche Gleichstellung von bedingten und unbedingten Nacherben auch deshalb geboten ist, um zu verhindern, dass der bedingt eingesetzte Vorerbe, der den Bedingungseintritt nicht verhindern kann, die Rechtsposition des bedingt eingesetzten Nacherben völlig aushöhlt.

[337] Im Rahmen der Diskussion um Wiederverheiratungsklauseln wird die Meinung vertreten, bei einer auflösend bedingten Vollerbeneinsetzung und bei gleichzeitiger aufschiebend bedingter Vorerbeneinsetzung im Fall der Wiederverheiratung müsse der Erstbedachte von jeder Beschränkung auch über § 2136 BGB hinaus befreit werden können. (vgl. Münchner Kommentar-Musielak § 2269, Rz. 45ff.; Buchholz, 1986, 45 ff.) Die h.M. geht jedoch davon aus, dass auflösend bedingte Vollerbeneinsetzung und auflösend bedingte Vorerbeneinsetzung lediglich zwei Seiten derselben Medaille sind und dass selbstverständlich die in § 2136 BGB vorgegebene Grenze für mögliche Befreiungen auch im Fall der Wiederverheiratungsklausel gilt. (vgl. BGH v. 6.11.1985, NJW 1988, 59 f.; Staudinger-Kanzleiter, § 2269, Rz. 42; Palandt-Edenhofer, §2269, Rz. 18; Zawar, NJW 1988, 16, 18; derS. Festschrift Schippel, 327, 335; Wilhelm, NJW 1990, 2857, 2863; Wingerter, S.70 f.)

[338] Kanzleiter DNotZ 1970, 326, 330; Busse, MittRhNotK 1998, 225, 236

Aus dem gleichen Grund bietet auch die Bedingung, dass die Nacherbschaft wegfällt, wenn der Vorerbe eigene Kinder hinterlässt (Testamentsklausel 6), keinen Vorteil gegenüber der unbedingt angeordneten Nacherbschaft. Auch hier steht erst beim Tod des Vor- /Vollerben fest, ob die Beschränkungen wegfallen. Zu Lebzeiten ist er jedoch wie bei einer unbedingten Nacherbschaftsanordnung in seiner Verfügungsfreiheit eingeschränkt. Ein Vorteil entstünde nur, wenn bereits die Geburt des Kindes zur Bedingung erhoben wird. Dann kann aus dem Vorerben bereits zu seinen Lebzeiten ein Vollerbe werden und seine Beschränkungen fallen weg. Jedoch ist dies wegen der Gefahr des Vorversterbens des Kindes nicht sachgerecht. Im Fall eines Vorversterbens des Kindes drohen wiederum Erb- und Pflichtteilsansprüche der auszuschließenden Personen.[339]

Einen echten Vorteil bringt jedoch ein Wegfall der Nacherbschaft ab dem Tod des geschiedenen Ehegatten (Testamentsklausel 5). Hier besteht für den Vor-/Vollerbe die Chance, bereits zu Lebzeiten von sämtlichen Beschränkungen frei zu werden. Pflichtteilsansprüche anderer auszuschließender Personen drohen ab diesem Zeitpunkt auch keine mehr, da die sonstigen einseitigen Verwandten des geschiedenen Ehegatten, auch etwaige nichtgemeinschaftliche Abkömmlinge, nicht pflichtteilsberechtigt sind. Daher kann der Zeitraum bis zum Tod des geschiedenen Ehegatten als Hauptgefährdungszeitraum bezeichnet werden, in dem die Nacherbschaft unbedingt aufrechterhalten werden sollte. Eine Abwanderung des Nachlasses an Halbgeschwister des Erstbedachten oder die Verwandten des geschiedenen Ehegatten aufsteigender Linie ist nach dem Eintritt der Bedingung natürlich wieder möglich.

Es ist nicht eindeutig, ob für Geschiedenentestamente zur bedingten Anordnung der Nacherbschaft geraten werden sollte. Als unleugbarer Vorteil der bedingten Nacherbschaftsanordnung ist festzuhalten, dass mit Bedingungseintritt die ungewollten Verfügungsbeschränkungen zu Lebzeiten für den Erstbedachten wegfallen. Auch wird erreicht, dass der Erstbedachte bei Eintritt der Bedingung frei von Todes wegen verfügen kann. Andererseits ist zu bedenken, dass eine Konditionierung der Nacherbfolge die durch die Nacherbschaftsanordnung bereits sehr komplexe und schwierige Erbregelung weiter verkompliziert.[340] Auch drohen mit dem Wegfall der Nacherbfolge

[339] Busse, MittRhNotK 1998, 225, 236

[340] Dies ist auch ein gewichtiges Argument gegen die sogenannte Kombinationslösung, die Nieder in ZEV 1994, 156, 159 vorschlägt. Hierbei soll die Nacherbschaft wegfallen mit dem Tod des geschiedenen Ehegatten. Das Abwandern des Nachlasses wird mittels aufschiebend bedingten Vermächtnises verhindert. (zur Vermächtnislösung vgl. auch Seite 135 ff.: „Aufgeschobenes

Pflichtteilsansprüche und gesetzliche Erbansprüche der auszuschließenden Personen wiederaufzuleben. Dies gilt es durch sorgfältige Testamentsformulierung unbedingt zu verhindern. Außerdem kommt der Vorteil der bedingten Anordnung erst mit Bedingungseintritt zum Tragen. Bei den meisten der vorgeschlagenen Klauseln stellt sich der endgültige Eintritt der Bedingung jedoch erst mit dem Ableben des Erstbedachten heraus. Der Wegfall der Verfügungsbeschränkungen kommt dem Erstbedachten zu Lebzeiten dann nicht mehr zugute. Der (bedingte) Nacherbenvermerk kann solange auch nicht im Grundbuch gelöscht werden. Für den Fall des Nichteintritts der Bedingung ist die Unwirksamkeit der Rechtsgeschäfte, die entgegen der Verfügungsbeschränkungen des Vorerben getroffen worden sind, nur bis zum Zeitpunkt des Nacherbenfalls aufgeschoben.[341] Die Verwendung entsprechender Klauseln bringen diesem daher bzgl. der Verfügungsfreiheit zu Lebzeiten keine Vorteile gegenüber einer unbedingten Nacherbenanordnung.

Die Entscheidung, ob bedingte Nacherbfolge angeordnet werden soll oder ob zu Gunsten der Sicherheit und Klarheit unbedingte Nacherbschaft zu bevorzugen ist, kann daher nicht eindeutig beantwortet werden. Beide Varianten sind mögliche Gestaltungen eines Geschiedenentestaments. Je nach persönlicher Einstellung des Testators und der Situation des Einzelfalles kann die eine oder die andere Variante vorteilhaft sein. Jedenfalls stellt keine der hier behandelten Bedingungen eine ideale Lösung für die Problematik des Geschiedenentestaments dar.

III. Wer soll Nacherbe werden?

Eine wesentliche Entscheidung bei der Anordnung einer Nacherbfolgeregelung ist die Bestimmung der Person des Nacherben. Grundsätzlich kommen die unterschiedlichsten Beweggründe für die Nacherbenbestimmung in Betracht. Dem Erblasser kann daran gelegen sein, seinen Nachlass seiner Blutsverwandtschaft zu erhalten oder seinen Nachlass nur einem männlichen Nachkommen oder nur einer Person mit besonderer Ausbildung oder Fähigkeiten zu hinterlassen oder auch seinen Nachlass ungeteilt an nur einen Nacherben weiterzugeben. Bei Geschiedenentestamenten ist der Erblasser typischerweise jedoch nicht an der Weitervererbung an eine bestimmte Person interessiert sondern er will verhindern, dass der geschiedene Ehegatte oder dessen nicht gemeinschaftlichen Verwandten am Nachlass

Vermächtnis") Mit ähnlichen Bedenken bzgl. der „Kombinationslösung" auch Busse, MittRhNotK, 1998, 225, 236

[341] BGH v. 14.7.1969, BGHZ 52, 269, 270; Soergel-Harder, § 2113, Rz. 14; Palandt-Edenhofer, § 2113, Rz. 8; Münchner Kommentar-Grunsky, § 2113, Rz. 9; Münchner Kommenrtar-Musielak, § 2269, Rz. 53

teilhaben. Sollte der Erblasser dagegen bereits klare Vorstellungen über die Weitervererbung haben, ist die Einsetzung der Nacherben relativ unproblematisch, da er dann bestimmte Personen oder Personengruppen als Nacherben benennen kann.

Im Regelfall wird der Verfasser eines Geschiedenentestaments jedoch gerade keine zu detaillierten Vorgeben für die Weitervererbung treffen wollen, da er seinen Vorerben typischerweise die größtmögliche Entscheidungsfreiheit über die Weitervererbung des Nachlasses erhalten will. Eine ausdrückliche Festschreibung der Nacherben steht dem im Wege, da dadurch jeder Einfluss des Vorerben auf die Auswahl der Nacherben und die Aufteilung des Nachlasses ausgeschlossen wird.

Um dem Vorerben wenigstens nach dem Eintritt von bestimmten Ereignissen die völlige Entscheidungsfreiheit über die Weitervererbung zu überlassen, wurde oben bereits die Möglichkeit einer nur bedingt angeordneten Nacherbschaft behandelt. Nach dem Eintritt der Bedingung wird der Vorerbe zum Vollerben und kann frei über die Weitergabe des Nachlasses entscheiden. Jedoch konnte dem Vorerben nicht uneingeschränkt und zu jeder Zeit das Recht gegeben werden, mit seiner eigenen letztwilligen Verfügung die Nacherbschaft zu beseitigen, da durch den Wegfall der Nacherbschaftsanordnung das Eigenvermögen des Erstbedachten und der vom Erblasser stammende Nachlass zu einer Einheit verschmelzen. Jedenfalls solange Pflichtteilsansprüche des geschiedenen Ehegatten nach dem Tod des Erstbedachten drohen, muss ein Verschmelzen der Vermögen verhindert werden und die Nacherbschaftsanordnung bestehen bleiben, um das vorrangige Ziel der Erblasser, die Verhinderung der Teilnahme des geschiedenen Ehegatten oder dessen nicht gemeinschaftlichen Verwandten am Nachlass, sicherzustellen.

Um auch der zweiten Zielsetzung des Testators (weitgehende Entscheidungsmacht der Vorerben) Rechnung zu tragen ohne die Gefahren, die mit dem Wegfall der Nacherbschaft einhergehen, fürchten zu müssen, wäre einer Nachlassgestaltung wünschenswert, welche die Nacherbschaftsanordnung bestehen lässt und trotzdem dem Vorerben die Bestimmung des Nacherben weitgehend überlässt. § 2065 Abs.2 BGB verbietet aber, dass der Erblasser die Bestimmung der Person des Zuwendungsempfängers oder die Bestimmung des Gegenstandes der Zuwendung einem anderen überlässt. § 2065 Abs. 2 BGB gilt als Vorschrift des allgemeinen Teils des Testamentsrechts selbstverständlich auch für die Nacherbenbestimmung.

Das Problem, die zwei gegenläufigen Zielsetzungen des Testators unter einen Hut zu bringen, bestimmt also auch die Suche nach einer geeigneten

Nacherbeneinsetzung in Geschiedenentestamenten. Es gilt innerhalb der Fesseln des § 2065 Abs. 2 BGB eine Gestaltung zu finden, die eine Nachlassteilhabe des ungewollten Personenkreises ausschließt und dem Vorerben weitmöglichste Verfügungsfreiheit gewährt. Auf folgende drei Klauseln zur Nacherbeneinsetzung wird hier näher eingegangen:

Testamentsklausel 9

„Ich setze zu Nacherben jedes Vorerben jeweils ein:

- *dessen Abkömmling nach gleichen Stammanteilen,*
- *ersatzweise das andere Kind,*
- *wiederum ersatzweise die Abkömmlinge des anderen Kindes nach gleichen Stammanteilen,*
- *wiederum ersatzweise meine sonstigen Verwandten, die nach den Regeln der gesetzlichen Erbfolge meine Erben geworden wären, wenn ich zum Zeitpunkt des Eintritts des Nacherbfalles ohne Hinterlassung von Abkömmlingen gestorben wäre.*[342]

Wenn der Nacherbfall hinsichtlich eines Vorerben eintritt und ein Abkömmling von mir Nacherbe wird, so unterliegt die Erbschaft auch bei ihm wieder der für seinen Vorerben angeordneten Nacherbfolge."[343]

[342] Entspricht der Variante A der Nacherbeneinsetzung im Geschiedenentestament bei Kössinger, S. 48

[343] Nach-Nacherbeneinsetzung wird auch vorgeschlagen bei Dieterle, BWNotZ 1971, S. 17, bei Nieder, ZEV 1994, S.159, und bei Kössinger, S. 48 (Variante B); nach h.M. ist eine Nach-Nacherbeneinsetzung zulässig, vgl. OLG Karlsruhe v. 23.2.1906, OLGZ 14, 299; Palandt-Edenhofer, § 2100, Rz. 7; Münchner Kommentar-Grunsky, § 2100, Rz 12; Staudinger-Behrends, § 2100, Rz. 26; Nieder, Handbuch, Rz. 530; jeweils m.w.N., zu beachten ist jedoch die 30-Jahresfrist des § 2109 BGB

Testamentsklausel 10

Nacherben nach meinen Kindern sollen jeweils ihre gesetzlichen Erben werden entsprechend den Regeln der gesetzlichen Erbfolge. Nicht Nacherben werden können meine geschiedene Frau G, alle ihre nicht aus unserer Ehe stammenden Abkömmlinge sowie ihre Verwandten aufsteigender Linie. Für den Fall, dass die ausgeschlossenen Personen nach der gesetzlichen Erbfolge Erben werden würden, soll nachstehende Nacherbenbestimmung gelten: [344]

- *das andere Kind,*
- *ersatzweise die Abkömmlinge des anderen Kindes nach gleichen Stammanteilen,*
- *wiederum ersatzweise meine sonstigen Verwandten, die nach den Regeln der gesetzlichen Erbfolge meine Erben geworden wären, wenn ich zum Zeitpunkt des Eintritts des Nacherbfalles ohne Hinterlassung von Abkömmlingen gestorben wäre.*

Wenn der Nacherbfall hinsichtlich eines Vorerben eintritt und ein Abkömmling von mir Nacherbe wird, so unterliegt die Erbschaft auch bei ihm wieder der für seinen Vorerben angeordneten Nacherbfolge."

Testamentsklausel 11

Nacherben nach meinen Kindern sollen jeweils ihre gewillkürten Erben sein. Nicht Nacherben werden können meine geschiedene Frau G sowie alle ihre nicht aus unserer Ehe stammenden Abkömmlinge und ihre sonstigen Verwandten aufsteigender Ordnung. Für den Fall, dass ein Kind keine gewillkürten Erben bestimmt oder eine der ausgeschlossenen Personen als Erben einsetzt, soll ersatzweise für seinen Anteil an meinem Nachlass nachstehende Nacherbenbestimmung gelten:

- *die Abkömmlinge des jeweiligen Kindes nach gleichen Stammanteilen,*
- *ersatzweise das andere Kind,*
- *wiederum ersatzweise die Abkömmlinge des anderen Kindes nach gleichen Stammanteilen,*

---

[344] Die Abkömmlinge des Vorerben brauchen als Ersatznacherben nicht aufgeführt werden, da diese gesetzliche Erben 1. Ordnung des Vorerben wären (§ 1924 BGB). Bei Existenz eines Abkömmlings können die auszuschließenden Personen nach der gesetzlichen Erbfolge nicht zum Zuge kommen. G und ihre Abkömmlinge sind als Erben 2. Ordnung (§ 1925 BGB) durch das Vorhandensein eines Erben 1. Ordnung von der gesetzlichen Erbfolge gemäß § 1930 BGB ausgeschlossen.

- *wiederum ersatzweise meine sonstigen Verwandten, die nach den Regeln der gesetzlichen Erbfolge meine Erben geworden wären, wenn ich zum Zeitpunkt des Eintritts des Nacherbfalles ohne Hinterlassung von Abkömmlingen gestorben wäre.*

Wenn der Nacherbfall hinsichtlich eines Vorerben eintritt und ein Abkömmling von mir Nacherbe wird, so unterliegt die Erbschaft auch bei ihm wieder der für seinen Vorerben angeordneten Nacherbfolge."

Die Anordnung der Nach-Nacherbfolge, die in jeder Gestaltungsvariante vorgenommen wurde, ist notwendig, da ohne diese Klausel Lebenssachverhalte denkbar sind, in denen Teile des Nachlasses in die Hände des geschiedenen Ehepartners kommen. Vorstellbar ist beispielsweise folgender Fall:

> Sachverhalt: *Nach dem Tod des E hat der Vorerbe K1 einen Verkehrsunfall. Bei diesem Unfall kommen K1 und dessen Ehefrau ums Leben. Ihr einziges Kind A überlebt den Unfall nur um wenige Tage. Mit dem Tod des Vorerben K1 wird A Nacherbe. Bei dessen Tod vererbt sich sein Vermögen nach den allgemeinen Regeln der gesetzlichen Erbfolge (§ 1926 BGB). Erbe werden die Großeltern mütterlicherseits zu ½ (§ 1926 Abs.2 BGB), die Großmutter G zu ¼ (§1926 Abs.3 BGB) und der Onkel K2 ebenfalls zu ¼ (§ 1926 Abs.3 BGB).*[345]

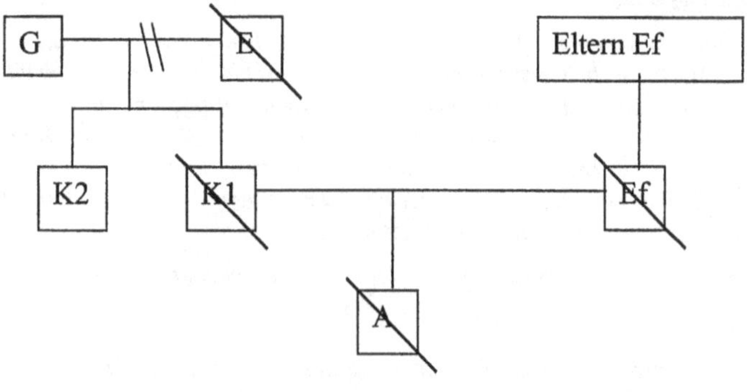

In diesem Beispiel kommen ¾ des Vermögens, das K1 als Vorerbe erhalten hat, in die Hände von Nicht-Blutsverwandten des Erblassers E. Die geschiedene Ehefrau G partizipiert mit ¼ und die Großeltern des Nacherben mütterlicherseits mit ½. Dieses Ergebnis steht im krassen Gegensatz zu der Motivation des Erblassers. Mit seinem Testament will E unter allen Umständen eine Teilnahme der G an seinem Nachlass verhindern. Und auch der Abfluss

[345] Kössinger, S. 56

eines beträchtlichen Teils seines Nachlasses an die Schwiegereltern seines Sohnes K1 wird regelmäßig nicht seinem Interesse entsprechen. Durch die Nach-Nacherbschaftsanordnung bleibt der Nachlass in seiner Familie. Aus diesem Grund ist die Anordnung einer Ketten-Nacherbschaft unbedingt angezeigt.

Grundsätzlich gilt für die Wirksamkeit der Ketten-Nacherbschaft die dreißigjährige Frist des § 2109 S.1 BGB. In vielen Fällen wird jedoch die Ausnahmevorschrift in § 2109 S. 2 BGB greifen und die mögliche Dauer der Ketten-Nacherbschaftsanordnung verlängern.[346] Nach dieser Vorschrift bleibt die Nacherbfolge für mehr als dreißig Jahre wirksam, wenn die Nacherbfolge für den Fall angeordnet ist, dass in der Person des Vorerben oder des Nacherben ein Ereignis eintritt, und derjenige, in dessen Person das Ereignis eintreten soll, zur Zeit des Erbfalls bereits lebt.[347]

Sowohl Testamentsklausel 9 als auch Testamentsklausel 10 haben den Vorzug, dass sie hinsichtlich § 2065 BGB nicht problematisch sind, da weder die Familienverhältnisse zum Zeitpunkt des Todes des Vorerben noch die gesetzliche Erbfolge vom Willen des Vorerben abhängen.[348] Diese Klauseln geben aber eine strikte Nacherbenregelung vor. Sie erfüllen nicht die Zielsetzung des Geschiedenentestaments, dem Erstbedachten die Auswahl der weiteren Erben zu überlassen. Sie kommen daher insbesondere dann in Frage, wenn der Erblasser bereits klare Vorstellungen über die Weitergabe des Vermögens auf die Folgegenerationen hat.

Um sicherzustellen, dass der Nachlass der eigenen Blutsverwandtschaft erhalten bleibt, kommt beispielsweise Testamentsklausel 9 in Betracht. Diese Klausel erlaubt es dem Vorerben aber nicht einmal, seiner Ehefrau etwas aus dem Nachlass des Erblassers zukommen zu lassen.

Ein Testament, das als Nacherben die gesetzlichen Erben des Vorerben (selbstverständlich mit Ausnahme des geschiedenen Ehegatten des Erblassers und dessen nicht gemeinschaftlichen Verwandten) einsetzt (Testamentsklausel 10) kommt den Bedürfnissen des Vorerben wohl eher entgegen als die

---

[346] Lange/Kuchinke, § 28 I 3 c, gibt ein Beispiel, in dem die Nacherbenanordnung sich über mehr als hundert Jahre durchsetzt.

[347] Busse, MittRhNotK 1998, 225, 232, merkt hierzu an, dass wegen der Beschränkungen des Vorerben eine mehrfache Nacherbfolge u.U. nur angebracht sei, wenn gemeinschaftliche Kinder Vorerben werden und daher Pflichtteilsansprüche des geschiedenen Ehegatten drohen. Werden hingegen entferntere Abkömmlinge Nacherben, könne es sachgerecht sein, auf die Nach-Nacherbschaftsanordnung zu verzichten.

[348] Vgl. oben Seite 83 „Zufallsbedingungen"

Nacherbeneinsetzung entsprechend der Testamentsklausel 9, da die gesetzliche Erbfolge primär den Nachlass zur Versorgung der Ehefrau und der Nachkommen des Erblassers verwertet und sekundär auf sonstige verwandtschaftliche Nähebeziehungen Rücksicht nimmt.[349] Ähnliche Motive wird häufig auch der Vorerbe haben, wenn er über die Weitergabe des Nachlasses entscheidet. In vielen Fällen wird die von ihm gewünschte Nachlassverteilung und die gesetzliche Erbfolge nicht wesentlich voneinander abweichen. Jedoch auch bei dieser Formulierung bleibt das Manko bestehen, dass der Vorerbe nicht Einfluss nehmen kann auf die Weitervererbung des Nachlasses. Manchmal ist die gesetzliche Erbfolge eben nicht zweckmäßig oder entspricht nicht den Wünschen des Vorerben. Vielleicht will der Vorerbe aus steuerlichen oder persönlichen Gründen von der gesetzlichen Erbfolge abweichen. Vorstellbar ist, dass er einem seiner Kinder weniger hinterlassen will als dem anderen oder dass er seine Frau nur über ein Nießbrauchvermächtnis absichern will oder dass er sein Vermögen einer gemeinnützigen Organisation zukommen lassen will. Derartige Verfügungen kann er aber für den Teil seines Vermögens, der aus dem Nachlass seines Vaters stammt, nicht vornehmen, wenn die Nacherbfolgeregelung seinem Einfluss entzogen ist.

Um den Erblasserwillen vollständig umzusetzen, wäre es notwendig, einen Weg zu finden, der es zulässt, dass die Bestimmung der Person des Nacherben und der Nacherbenquote vom Vorerben beeinflussbar ist. Als Lösung bietet sich an, die Nacherbeneinsetzung an die letztwillige Verfügung des Vorerben zu koppeln. Auf diesem Umweg könnte der Vorerbe die Nacherben bestimmen.

Eine Form der Koppelung der Nacherbeneinsetzung an die letztwillige Verfügung des Vorerben wurde bereits vorgestellt bei der Darstellung möglicher Bedingungen der Nacherbschaftsanordnung.[350] Dabei wurde das Bestehen oder Nichtbestehen der Nacherbschaftsanordnung insgesamt von der letztwilligen Verfügung des Vorerben abhängig gemacht. Diese Art der Koppelung der Nacherbeneinsetzung an die letztwillige Verfügung des Vorerben ist jedoch ungeeignet zur Sicherstellung des Erblasserzieles wegen möglicher Pflichtteilsansprüche des geschiedenen Ehegatten, da in dieser Gestaltung die Nacherbschaft insgesamt zum Wegfall gebracht wird.

In Testamentsklausel 11 wird eine weitere Möglichkeit der Koppelung der Nacherbeneinsetzung an die letztwillige Verfügung des Vorerben vorgeschlagen, die jedoch die Nacherbschaftsanordnung insgesamt bestehen lässt. Dabei setzt der Erblasser diejenigen Personen als Nacherben ein, die der

[349] Münchner Kommentar-Leipold, § 1924, Rz. 1 und § 1925, Rz. 1

[350] Vgl. oben Seite 88 ff.

Vorerbe zu seinen gewillkürten Erben macht. Im Folgenden wird dieser Vorgang mit dem Terminus „Modifizierung der Nacherbschaft"[351] beschrieben.

Dieterle hat erstmals diese Gestaltungsvariante in seiner Abhandlung über das Geschiedenentestament eingeführt.[352] In der Folgezeit haben auch die meisten anderen Autoren, die sich mit dem Geschiedenentestament beschäftigen, diese Gestaltungsvariante in ihre Testamentsformulare übernommen.[353] Diese Gestaltung scheint in geradezu idealer Weise beide Wünsche des Erblassers zu berücksichtigen. Sein Nachlass bleibt Sondervermögen in den Händen des Vorerben und ist als solches vor dem Zugriff des unerwünschten Personenkreises sicher. Andererseits kann der Vorerbe völlig frei durch sein eigenes Testament auch über die Weitergabe dieses Sondergutes bestimmen, da die Person des Nacherben erst durch seine letztwillige Verfügung festgelegt wird.

Die Frage nach der Zulässigkeit dieser idealen Lösung ist jedoch noch ungeklärt. Die herrschende Meinung hält derartige Klauseln zwar für zulässig.[354] Ein Verstoß gegen § 2065 Abs. 2 BGB, der es dem Erblasser verbietet, die Bestimmung der Person des Zuwendungsempfängers einem anderen zu überlassen, erscheint aber durchaus möglich. Eine höchstrichterliche Entscheidung ist zu dieser Frage - soweit ersichtlich - noch nicht ergangen.

---

[351] In Anlehnung an die Terminologie von Wagner

[352] Dieterle, BWNotZ 1971, 14, 17: nach ihm wird diese Variante des Geschiedenentestaments auch als sogenannte „Dieterle Formel" bezeichnet

[353] Dittmann/Reimann/Bengel, Formularteil, Rz. 32; Nieder in München Vertragshandbuch IV/2, S. 727; Kössinger, S. 48, Variante B; Busse, MittRhNotK 1998, 225, 230

[354] Für die Zulässigkeit: Dieterle, BWNotZ 1971, 14, 15; Reimann in Dittmann-Reimann-Bengel, 2. Aufl., Vorbem. zu §§ 2229 ff. BGB, Rz. 20; Staudinger-Otte, § 2065, Rz. 16 (mit ausführlicher Begründung); Nieder, Handbuch der Testamentsgestaltung, Rz. 350; derS. ZEV 1994, 156, 158; Lange/Kuchinke, § 27 I 6 b; Schäfer, BWNotZ 1961, 188, 203; Flad, ZAkDR 1938, 431,434; Busse, MittRhNotK 1998, 225, 230; dafür ohne nähere Begründung: Palandt-Edenhofer, §2065, Rz.7; von Lübtow, Bd. I, S. 143;
dagegen: Soergel-Loritz, § 2065, Rz.14 (ebenso Damrau in der Vorauflage); RGRK-Johannsen, § 2065, Rz. 16; Wagner, Diss., S. 148; derS. ZEV 1997, 369, 370; Voit in Dittmann-Reimann-Bengel, vor § 2229, Rz. 24 und Rz. 28; das Problem aufzeigend ohne ausdrücklich Stellung zu beziehen: Münchner Kommentar-Leipold, §2065, Rz. 14 (Leipold hält es nur für zulässig, die gewillkürten Erben eines anderen zu Erben einzusetzen, wenn der Erblasser den in Betracht kommenden Personenkreis selbst bezeichnet, so dass die Erbeinsetzung durch den Dritten nur darüber entscheidet, wer aus dem vorgegebenen Personenkreis Erbe wird); Kipp/Coing, § 18 III 4 (Coing trifft keine direkte Aussage zu dieser Frage; er tritt jedoch für eine eher strikte Auslegung von § 2065 BGB ein); Frank, MittBayNot 1987, 231, 236 (Frank lässt die Entscheidung dieser Streitfrage ausdrücklich offen, tendenziell will er § 2065 BGB jedoch eher strikt auslegen); Limmer in Dittmann-Reimann-Bengel, Teil E, Rz. 45

Daher bedarf es der eingehenden Prüfung bevor zur Verwendung der sogenannten „Dieterle-Formel" in einem Geschiedenentestament geraten werden kann. Dazu werden nachfolgend die in Literatur und Rechtsprechung vertretenen Meinungen zusammengetragen und bewertet, um dann in einer abschließenden Stellungnahmen die Frage der Zulässigkeit der „Dieterle-Formel" beurteilen zu können. Zuvor wird jedoch in einem kurzen Exkurs klargestellt, das die Beschränkung des § 2065 BGB selbstverständlich auch für den Vorerben gilt.

1. Exkurs: Vorerbe ist „ein anderer" im Sinne von § 2065 Abs. 2 BGB

Völlig ohne Bedenken könnte man dem Vorerbe die Befugnis zur unmittelbaren Bestimmung der Nacherben nur überlassen, wenn man annimmt, dass mit der Formulierung „ein anderer" im Sinne von § 2065 BGB nicht der Bedachte (= Vorerbe) gemeint ist sondern nur ein Dritter. Diese Auffassung geht auf Leo Rappe[355] zurück, der aus einem Vergleich mit der Erbausschlagung folgert, dass der Wille des Bedachten stets zu berücksichtigen sei. Diese Auslegung wurde im Rahmen von § 2065 Abs. 1 BGB entwickelt bei der Prüfung der Frage, ob eine Vorerbeneinsetzung unter der auflösenden Bedingung, dass der Vorerbe nicht selbst anderweitig letztwillig verfügt, zulässig ist. Die Verfechter dieser Meinung müssten konsequenterweise ihre einschränkende Auslegung des Begriffes „ein anderer" auch auf den wortgleich formulierten Absatz 2 des § 2065 BGB übertragen. Dann könnte der Vorerbe als Bedachter unproblematisch die Nacherbenbestimmung direkt vornehmen.[356]

Oben wurde jedoch ausführlich dargelegt, dass dieser Meinung nicht gefolgt werden kann und dass „ein anderer" im Sinne von § 2065 Abs. 1 BGB auch der Bedachte sein kann. [357] Daher scheidet nach der hier vertretenen Ansicht ein direktes Bestimmungsrecht des Vorerben über die Person des Nacherben aus.

Auch von den Autoren, die These Rappes unterstützen, bekennt sich kaum jemand zu der Konsequenz, den Begriff „ein anderer" in beiden Absätzen des § 2065 BGB gleich auszulegen.[358] Rappe, der Begründer dieser Auffassung,

---

[355] AcP 140, 233 ff. ; zustimmend: Brox , Rz. 103, und Soergel-Damrau, 11. Aufl., Rz. 2; vgl. oben Seite 93

[356] Vgl. OLG Zweibrücken v.4.7.1988, NJW-RR 1989, 453, das jedoch die Frage offen lässt, ob dieser einschränkenden Auslegung der Formulierung „ein anderer" zuzustimmen ist.

[357] Vgl. oben Seite 95

[358] Nur Lange/Kuchinke, § 34 VI 3 e, hält wohl auch bei § 2065 AbS. 2 BGB den Willen des Bedachten für unschädlich

wollte jedenfalls nicht so weit gehen und übertrug seine Auslegung nicht auf den Abs. 2 des § 2065 BGB. Er hält einen Vorerben mit Testierbefugnis für einen Widerspruch in sich.[359] Diese vordergründig wenig einleuchtende Differenzierung zwischen Abs. 1 und Abs. 2 wird bei genauerer Betrachtung seiner Argumentationskette durchaus verständlich.

Selbst wenn man Rappes Vergleich mit der Ausschlagung für eine ausreichende Begründung dafür hält, dass dem Bedachten das Recht übertragen werden kann, über die Gültigkeit der letztwilligen Verfügung entscheiden zu dürfen (§ 2065 Abs. 1 BGB), kann ein Vergleich mit der Ausschlagung unter keinen Umständen erklären, warum der Bedachte an Stelle des Erblassers über die Person des Zuwendungsempfängers oder über den Zuwendungsgegenstand entscheiden können soll (§ 2065 Abs. 2 BGB). Die Tatsache, dass der Bedachte die Erbschaft insgesamt ausschlagen kann, macht den Bedachten nicht zu jemandem, der mit dergleichen Sachnähe wie der Erblasser diese wichtigen Bestimmungen treffen kann. Sinn und Zweck des § 2065 Abs. 2 BGB ist es aber, den Erblasser zu zwingen, diese wichtigen Bestimmungen selbst vorzunehmen, da nur er wegen seiner genauen Kenntnis der Verhältnisse und seiner Autorität diese Bestimmungen überzeugend vornehmen kann. Eine materielle Rechtfertigung für die Übertragung der einschränkenden Auslegung des Begriffs „ein anderer" auf den Abs. 2 des § 2065 BGB liefert Rappes Vergleich mit der Auslegung daher nicht.

Die These, „ein andere" im Sinne von § 2065 Abs. 2 BGB sei nicht der Bedachte, kann nur auf den Wortlaut von § 2065 BGB gestützt werden. Die Argumentation müsste folgendermaßen geführt werden: Da in Abs. 1 und Abs. 2 des § 2065 BGB die wortgleiche Formulierung verwendet wird und da „ein anderer" im Sinne von Abs. 1 (nach Rappe) nicht der Bedachte sein kann, kann auch in Abs. 2 der Bedachte nicht gemeint sein mit der Formulierung „ein anderer".

Eine Argumentation, die sich nur auf den Wortlaut stützt, steht aber naturgemäß schon auf schwachen Füßen, da sich ein eindeutiger Wortsinn alleine aus dem Sprachgebrauch heraus regelmäßig nicht feststellen lässt. Es bedarf der weiteren Auslegungskriterien, um die Bedeutung einer Gesetzesformulierung eindeutigen festzustellen.[360] Zu leicht lässt sich die Argumentation mit dem Wortlaut auch in eine völlig andere Richtung drehen. Beispielsweise könnte

[359] AcP 140 (1935), 233, 239; ausdrücklich gegen die Annahme, der Bedachte sei nicht „ein anderer" im Sinne von § 2065 BGB jedenfalls im Hinblick auf § 2065 AbS. 2 BGB: Staudinger-Otte, § 2065, Rz. 18

[360] Larenz / Canaris, Methodenlehre, S. 141 f.; Fikentscher, Methoden des Rechts III, S. 670; Bydlinski, S. 442

auch folgendes Wortlautargument angeführt werden: Wenn es keinen überzeugenden materiellen Grund gibt, dass mit „ein anderer" im Sinne von Abs. 2 nicht der Bedachte gemeint ist und wenn man wegen der wortgleichen Formulierung diesen Begriff in beiden Absätzen gleich auslegen will, liegt es nahe, auch in Abs. 1 den Begriff umfassend auszulegen und Abs. 1 auch auf den Bedachten anzuwenden. Damit hätte man dasselbe Argument (Bedeutungsgleichheit des Begriffs „ein anderer" in beiden Absätzen des § 2065 BGB) als Begründung für zwei konträre Meinungen herangezogen. Dies zeigt deutlich, auf welch schwachen Füßen die Wortlautargumentation steht.

Es ließe sich sogar eine unterschiedliche Auslegung des Begriffes „ein anderer", in den beiden Absätzen des § 2065 BGB begründen, da der Ausdruck „ein anderer" nicht eindeutig ist und beide Varianten der Auslegung vom Wortlaut gedeckt sind. In derartigen Fällen ist es nach den Auslegungsregeln möglich, in verschiedenen Normen dasselbe Wort unterschiedlich auszulegen.[361] Der Wortlaut bildet nur die Grenze der möglichen Auslegung.

Selbst die Anhänger der These Rappes können daher nicht zu dem Ergebnis kommen, „ein anderer" im Sinne von § 2065 Abs. 2 BGB sei nicht der Bedachte, da der Hinweis auf die wortgleiche Formulierung in beiden Absätzen alleine nicht als Begründung für die Ausdehnung ihrer Auslegung des Begriffs „ein anderer" in Abs. 1 auf Abs. 2 ausreicht. Als Ergebnis ist festzuhalten, dass die Bestimmung der Person des Nacherben sowohl nach der hier vertretenen Meinung wie auch nach der Gegenmeinung nicht direkt dem Vorerben überlassen werden kann, da auch der Vorerbe (=Bedachte) „ein anderer" im Sinne von § 2065 Abs. 2 BGB ist.

2. Literaturmeinungen zur „Dieterle-Formel"

a) Logische Konsequenz aus der Zulässigkeit der bedingten Nacherbeneinsetzung

Aus der Zulässigkeit der Nacherbeneinsetzung unter der Bedingung, dass der Vorerbe nicht anderweitig letztwillig verfügt, [362] wird vereinzelt gefolgert, dass jemand, der über die Gültigkeit einer Verfügung insgesamt bestimmen

[361] Larenz / Canaris, Methodenlehre, S. 142 f.; Fikentscher, Methoden des Rechts III, S. 671 f.; jeweils mit Beispielen für die unterschiedliche Auslegung derselben Begriffe an verschiedenen Gesetzesstellen

[362] Oben Seite 88 ff. wird der Meinungsstand zu der Frage der Zulässigkeit einer Nacherbeneinsetzung unter der Bedingung, dass der Vorerbe nicht anderweitig letztwillig verfügt, ausführlich dargestellt und aufgezeigt, dass im Ergebnis der herrschenden Meinung zu dieser Frage in fast allen Fällen zuzustimmen ist.

kann, jedenfalls auch über Details der letztwilligen Verfügung (z.B. über die Person des Zuwendungsempfängers) bestimmen können müsse. Logische Konsequenz dieses a maiore ad minus Argumentes sei die Zulässigkeit der Modifizierung der Nacherbeneinsetzung, zumal sich beide Situationen in wesentlichen Punkten gleichen.[363]

Auch die BGH-Entscheidung vom 14. 7. 1972[364] scheint diese These zu stützen. In diesem Fall hatte der BGH darüber zu entscheiden, ob folgende Testamentsklausel vereinbar ist mit § 2065 BGB: „Meine Vorerbin soll auch über meinen Nachlass unter meinen beiden Kindern (den Nacherben) so verfügen und ihn verteilen können, wie sie es für gut hält." Der BGH hat im Tenor Folgendes ausgeführt:

„Nacherben können unter der aufschiebenden Bedingung eingesetzt werden, dass der Vorerbe nicht letztwillig anders über den Nachlass verfügt (vgl. BHGZ 2, 35). Die Verfügungsbefugnis des Vorerben kann dahin eingeschränkt werden, dass er unter den als Nacherben eingesetzten Abkömmlingen eine andere Verteilung vornimmt."

Die Formulierung des Tenors sowie einige Passagen aus der Entscheidungsbegründung[365] müssen zumindest als missverständlich bezeichnet werden.[366] Die unglücklichen Formulierungen in dieser Entscheidung können als allgemeine Zulässigkeitsentscheidung für modifizierende Verfügungen fehlgedeutet werden.[367]

Bei richtiger Deutung dieser Entscheidung anerkennt der BGH hier jedoch nicht die generelle Modifizierbarkeit der Nacherbeneinsetzung durch den Vorerben. In der Begründung setzt sich der BGB in keiner Weise mit diesem Thema auseinander. Nicht einmal die Problematik wird dargestellt.

---

363 Schäfer, BWNotZ 1961, 188, 203; Busse, MittRhNotK 1998, 225, 232; ähnlich auch Flad, ZAkDR 1938, 431,434, der es als „überraschend" empfindet, dass dem Vorerben zwar gestattet werde, die ganze Nacherbfolge hinfällig zu machen, dass es aber mit § 2065 BGB nicht vorbehaltlos in Einklang zu bringen sei, wenn der Vorerbe die letztwillige Verfügung des Erblassers abändere.

364 BGHZ 59, 220

365 Z.B. wird in den Entscheidungsgründen ausgeführt, dass der Vorerbin das Recht zustehe, *„auch letztwillig den Nachlass des Vaters (Erblasser) unter den Kindern (Nacherben) zu verteilen, d.h. eine andere Verteilung als die vom Vater bestimmte, nämlich je ½ , zu treffen."*

366 So auch Staudinger-Otte § 2065, Rz. 23

367 So etwa RGRK- Johannsen, § 2065, Rz. 16 a.E., der die Entscheidung deswegen auch für falsch hält

Obige Entscheidung ist vielmehr lediglich eine Bestätigung der gefestigten Rechtsprechung zur bedingten Nacherbschaftsanordnung. Dies zeigt bereits der Verweis auf BGHZ 2, 35 im Entscheidungstenor. Der Verweis auf diese Rechtsprechung ist im wesentlichen auch das einzige Argument, das der BGH anführt für seine Entscheidung. Der BGH hat im hier dargestellten Fall angenommen, dass die Erbeinsetzung jedes der beiden Nacherben im vorliegenden Fall auflösend bedingt war durch eine Verfügung der Vorerbin zu Gunsten des jeweils anderen Nacherben. In der Begründung hat er jedoch nicht ausreichend klargestellt, dass die Verfügung der Vorerbin eine Verfügung über ihren eigenen Nachlass und nicht über den Nachlass des Erblassers darstellt. Eine höchstrichterliche Untermauerung für den „Erst-Recht-Schluss" von der Zulässigkeit der bedingten Nacherbeneinsetzung auf die Zulässigkeit der Modifizierung der Nacherbeneinsetzung ergibt sich aus BGHZ 59, 220 also nicht.

Diese Folgerung ist auch nur vordergründig logisch. Einer genaueren Prüfung hält sie nicht stand. Ein Verstoß gegen § 2065 BGB durch eine Testamentsklausel, die den Bestand der Nacherbeneinsetzung insgesamt von einer letztwilligen Verfügung des Vorerben abhängig macht, wird verneint mit der Begründung, dass der Vorerbe durch seine eigene letztwillige Verfügung zum Vollerben wird - er „schwingt zum Vollerben auf". Mit dieser Begründung ist jedoch unvereinbar, dem Vorerben zu gestatten, die Nacherbschaft als solche bestehen zu lassen und nur konkretisierende Verfügungen im Sinne von § 2065 Abs. 2 BGB zu treffen. In letzterem Fall schwingt der Vorerbe gerade nicht zum Vollerben auf. [368]

Der Fall, dass die letztwillige Verfügung des Vorerben Bedingung ist für den Bestand der Nacherbschaftsregelung insgesamt, und der Fall, dass die Nacherbschaft bestehen bleibt und der Vorerbe durch sein eigenes Testament wesentliche Elemente der Nacherbfolge (hier die Person des Nacherben) festlegt bzw. ändert, sind in ihrer rechtlichen Konstruktion und in der Rechtsfolge auch nicht miteinander vergleichbar. Im ersten Fall wird der Vorerbe zum Vollerben und das Eigenvermögen des Vor-/ Vollerben verschmilzt mit dem Vorerbschaftsgut zu einer einheitlichen Vermögensmasse. Als rechtliche Konsequenzen ergeben sich aus dieser Situation einerseits, dass die Höhe etwaiger Pflichtteilsansprüche aus dem Wert des Gesamtvermögens berechnet werden, andererseits, dass der Vollerbe völlig frei über das Gesamtvermögen letztwillig verfügen kann. Im zweiten Fall bleibt die

[368] Ähnlich auch Frank, MittBayNot 1987, 231, 235; Voit in Dittmann-Reimann-Bengel, vor § 2229, Rz. 24; Stiegeler, BWNotZ 1986, 25, 26, der sogar zu dem gegenteiligen Schluss kommt: *„Wenn dem Vorerben nicht die Befugnis erteilt werden kann, nur die Erbquoten zu ändern, kann ihm erst recht nicht erlaubt werden, die Nacherbfolge ganz zu beseitigen."*

Nacherbschaft bestehen. Das Vorerbschaftsgut bleibt weiterhin eine gesonderte Vermögensmasse, über die der Vorerbe nur eingeschränkt Verfügungen treffen darf und das für die Berechnung möglicher Pflichtteilsansprüche nicht mit einbezogen wird. Die beiden Gestaltungsvarianten unterscheiden sich also in wesentlichen Punkten und es kann nicht davon die Rede sein, dass beide sich im Wesentlichen gleichen. Von der Zulässigkeit der einen kann daher nicht auf die Zulässigkeit der anderen Klausel geschlossen werden.[369]

b) Keine direkte Einflussmöglichkeit des Vorerben

Otte begründet die Zulässigkeit der Erbeinsetzung einer Person, die ein anderer zu seinem Erben oder Vermächtnisnehmer bestimmt, damit, dass die Entscheidungsmöglichkeit des Dritten über die Zuwendungen des Erblassers nur eine indirekte ist.[370] Otte führt mit dem Verweis auf die nur indirekte Einflussnahmemöglichkeit der Dritten seinen Standpunkt bzgl. der generellen Zulässigkeit aller Willkürbedingungen konsequent weiter. Sämtliche Willkürbedingungen sollen zulässig sein, da hierbei stets nur mittelbar auf die letztwillige Verfügung des Erblassers eingewirkt wird. Zur Unzulässigkeit einer Potestativbedingung kommt er nur im Falle einer bewussten Umgehung des Höchstpersönlichkeitsgrundsatzes durch die gesetzte Bedingung.[371] Somit ist für ihn auch die Koppelung der Erbenauswahl an die Erbenauswahl eines anderen zulässig, da nur mittelbar Einfluss genommen wird.

Die Möglichkeit der Umgehung des Höchstpersönlichkeitsgrundsatzes durch die Verwendung einer derartigen Klausel prüft Otte nicht. Da eine Entscheidungsmöglichkeit des Dritten voraussetze, dass der Dritte den Inhalt der Anordnung des Erblassers kenne und da diese Kenntnis des Dritten kein taugliches Abgrenzungskriterium im Rahmen des § 2065 BGB sein könne, geht er von der Zulässigkeit derartiger Klauseln aus.[372]

---

[369] Ähnlich auch BGH vom 18.11.1954, BGHZ 15, 199, 204: Hier hält der BGH eine Testamentsbestimmung, die einem Dritten ein Bestimmungsrecht über die Person des Erben oder sonstige wesentliche Elemente der Erbeinsetzung gibt, nicht für vergleichbar mit einer Testamentsbestimmung, die die Vor- und Nacherbschaft unter der Bedingung anordnet, dass der Vorerbe nicht anders über seinen Nachlass verfügt. Von der Zulässigkeit der letzteren Testamentsbestimmung könne daher nicht auf die Zulässigkeit der ersten geschlossen werden. (vgl. auch unten S.124 zur höchstrichterlichen Rechtsprechung zum Bestimmungsrecht Dritter über wesentliche Elemente der Erbfolge.)

[370] Staudinger-Otte, § 2065, Rz. 16; ähnlich: Nieder, Handbuch der Testamentsgestaltung, Rz. 350; derS. ZEV 1994, 156, 158

[371] Vgl. Seite: 83: „Ottes Ansatz"

[372] Staudinger-Otte, § 2065, Rz. 16

Otte hält zurecht die Koppelung der Erbeneinsetzung an die Erbeneinsetzung eines Dritten für zulässig, wenn der Dritte nichts von dieser Anordnung des Erblassers weis - also wenn dem Dritten nicht bewusst ist, dass er mit der Auswahl seiner eigenen Erben auch die Erben des Erblassers festlegt. In dieser Fallkonstellation macht der Erblasser die Erbeinsetzung vordergründig zwar von einer Willkürhandlung des Dritten abhängig. Der unwissende Dritte kann aber niemals willentlich die letztwilligen Verfügungen des Erblassers beeinflussen. Die Erbeneinsetzung ist hier genauso wenig abhängig vom Willen eines Dritten wie etwa eine losbestimmte Erbeneinsetzung. De facto bestimmt in derartigen Fällen der Zufall über die Erbeinsetzung (Erbe wird derjenige, der zufällig auch Erbe des Dritten wird). Da auch die echten Zufallsbedingungen stets mit § 2065 BGB vereinbar sind[373] und da der hier untersuchte Fall quasi eine Zufallsbedingung darstellt, ist ein Verstoß gegen § 2065 BGB nicht vorstellbar.

Die Überlegung, dass eine Entscheidungsmöglichkeit des Dritten nur vorliegt, wenn der Dritte über die letztwillige Anordnung Bescheid weis, ist für die Prüfung der Zulässigkeit der Dieterle-Formel aber wenig hilfreich. Bei der Dieterle-Formel wird die Erbeinsetzung an die Erbenauswahl des Vorerben gekoppelt. Der Vorerbe weis stets über die letztwilligen Anordnungen des Erblassers Bescheid. Er kennt das Testament. Die Koppelung der Nacherbeneinsetzung an die Erbenauswahl des Vorerben soll diesem ja gerade ermöglichen, nach eigenem Gutdünken über die Weitergabe auch des vom Erblasser stammenden Teils seines Vermögens frei zu bestimmen. Der Vorwurf, dass hier dem Vorerben die Bestimmung der Person des Zuwendungsempfängers i.S.v. § 2065 Abs. 2 BGB überlassen wird, drängt sich bei der Dieterle-Formel geradezu auf. Besonders deutlich wird dies, wenn der Vorerbe über kein nennenswertes sonstiges eigenes Vermögen neben dem vom Erblasser stammendem Nachlass verfügt. In diesem Fall wird der Vorerbe sein Testament insbesondere mit Blick auf die ihm vom Erblasser gewährte Einflussnahmemöglichkeit auf die Nacherbeneinsetzung abfassen.

Insoweit besteht daher ein sehr großer Unterschied zu dem Fall, in dem der Dritte nichts weis von seiner Einflussnahmemöglichkeit auf die Auswahl des Zuwendungsempfängers. In letzterem Fall kann naturgemäß bei der Erbeinsetzung durch den Dritten keine Rolle spielen, dass die eingesetzten Personen auch Erben des Erblassers werden. Im Falle der Dieterle-Formel kann diese Überlegung jedoch zum wesentlichen Kriterium für die Erbenauswahl des Vorerben werden.

[373] Vgl. oben Seite 66: allgemein zu Zufallsbedingungen

Beide Fälle völlig unproblematisch für zulässig zu erklären nur mit dem Hinweis auf die fehlende direkte Einflussnahmemöglichkeit, kann nicht befriedigen. Bei Kenntnis des Dritten von dem Inhalt der Anordnung des Erblassers ergibt sich eine völlig andere Lage als bei Nichtkenntnis. Wenn sich der Dritte über seine Einflussmöglichkeit bewusst ist, kann man nicht mehr von einer sich quasi-zufällig ergebenden Bestimmung der Erben des Erblassers reden. Hier liegt eine ganz normale Potestativbedingung vor, die unter Umständen gegen § 2065 BGB verstoßen könnte. Die allgemeinen Zulässigkeitskriterien müssen geprüft werden.[374]

Es ist nicht einsehbar, warum Otte die Kenntnis des Dritten von der Anordnung des Erblassers nicht als taugliches Abgrenzungskriterium zulassen will.[375] Er gibt hierfür auch keine nähere Begründung. Meiner Meinung nach ist es absolut notwendig, dieses Kriterium heranzuziehen. Zu sehr wird die Motivationslage des Dritten bei der Abfassung seines eigenen Testamentes verändert durch das Wissen um die weiteren Auswirkungen, die seine Erbenauswahl haben wird. Auch für den Erblasser unterscheiden sich beide Situationen stark. Im Falle der Unkenntnis des anderen wird sich der Erblasser regelmäßig an die völlig autonome Entscheidung eines anderen anhängen wollen, weil er dessen Wahl vertraut. Dieses Motiv kann ihm auch bei Kenntnis des anderen (also im Falle der Dieterle-Formel) leiten. In letzterem Fall ist jedoch auch vorstellbar, dass der Erblasser aus Unentschlossenheit heraus die Auswahl der Person des Zuwendungsempfängers dem anderen (dem Vorerben) überlassen will. Bei einer Kenntnis des anderen um die Anordnung des Erblassers ist eine Vereinbarkeit mit dem Höchstpersönlichkeitsgrundsatz jedenfalls nicht selbstverständlich. In dieser Situation bedarf es daher - anders als bei Unkenntnis des anderen - einer eingehenden Zulässigkeitsprüfung.

c) Unzulässige Stellvertretung im Willen

Einige Autoren, die zu einer generellen Unzulässigkeit der Dieterle-Formel kommen[376], halten es für eine Stellvertretung im Willen, die nach § 2065 Abs.2 BGB untersagt ist, wenn der Erblasser die gewillkürten Erben des Vorerben zu seinen Nacherben einsetzt. Hierdurch übertrage er de facto dem Vorerben die Nacherbenauswahl. Der Erblasser bilde keinen eigenen Willen sondern verzichte vielmehr auf einen eigenen Willensentschluss, um seinen Nachlass

[374] Otte müsste in konsequenter Fortführung seiner Theorie zur Zulässigkeit der Willkürbedingungen zumindest prüfen, ob es durch die entsprechende Klausel zu einer bewussten Umgehung des Höchstpersönlichkeitsgrundsatzes kommt.
[375] Staudinger-Otte, § 2065, Rz. 16
[376] Soergel-Loritz, § 2065, Rz.14 (ebenso Damrau in der Vorauflage); RGRK-Johannsen, § 2065, Rz. 16; Voit in Dittmann-Reimann-Bengel, vor § 2229, Rz. 28

gemäß dem Willen des anderen zu verteilen. Zur Bekräftigung dieser Meinung wird teilweise auch darauf verwiesen, dass bei einer Zulässigkeit der fraglichen Testamentsklausel eine Diskrepanz gegenüber der strengeren Haltung der Rechtsprechung zum Auswahlermessen eines Dritten bestehen würde.[377] Die Differenzierung, dass der Vorerbe nur mittelbar über die Nacherbeneinsetzung bestimmt, unmittelbar jedoch über seinen eigenen Nachlass verfügt, wird nicht gelten gelassen.

Diese bedingungslose Ablehnung der Dieterle-Klauseln kann jedoch ebenso wenig überzeugen wie eine generelle Zustimmung hierzu.[378] Da es sich bei der Dieterle-Formel um eine normale Potestativbedingung handelt, sind auch die allgemeinen Kriterien für die Zulässigkeit von Potestativbedingungen anzuwenden. Insbesondere kann eine Entscheidung über Zulässigkeit oder Unzulässigkeit nicht ohne vorherige Erforschung der Motivation des Erblassers erfolgen. Eine undifferenzierte Schwarz/Weiß- Entscheidung kann es zu dieser Frage nicht geben.

d) Motivation des Erblassers

Nach der hier vertretenen Auffassung und nach der wohl herrschenden Meinung ist das entscheidende Kriterium für die Vereinbarkeit einer Potestativbedingung mit dem Höchstpersönlichkeitsgrundsatz die Motivation des Erblassers für die Verwendung der entsprechenden Klausel.[379] Macht er seine letztwillige Verfügung aus Unentschlossenheit heraus abhängig vom Handeln eines anderen, so wird damit das Höchstpersönlichkeitspostulat verletzt. Hat er ein eigenes Interesse an der Bedingung und verwendet er diese aus Verantwortungsbewusstsein, so ist die gesetzte Bedingung mit § 2065 BGB vereinbar. Diese Überlegung muss auch entscheidend die Diskussion um die Zulässigkeit der Dieterle-Formel prägen.

Auch für Dieterle stellt die Motivation des Erblassers das entscheidende Kriterium für die Zulässigkeit einer Willkürbedingung dar. Er kommt zu dem klaren Ergebnis, dass der Testator eines Geschiedenentestaments, der die Einsetzung der Nacherben in erster Linie von der Erbenauswahl des Vorerben in dessen eigenem Testament abhängig macht und nur hilfsweise eigene Verfügungen hierzu trifft, nicht vor der Verantwortung flieht, sondern dass

---

[377] Vgl. Seite 124: „Rückschlüsse aus der Rechtsprechung zur Auswahlermächtigung Dritter "

[378] Vgl. Seite 116: „Logische Konsequenz aus der Zulässigkeit der bedingten Nacherbeneinsetzung" und „Keine direkte Einflussmöglichkeit des Vorerben"

[379] Dies wurde bereits an verschiedenen Stellen dieser Arbeit zum Ausdruck gebracht; vgl. insbesondere S. 86 ff.

hierdurch der wohlerwogene und von hoher Verantwortung getragene Wille des Erblassers zum Ausdruck kommt. Der Testator wolle es ganz bewusst nicht bei der gesetzlichen Erbfolge belassen im Hinblick auf die früher oder später eintretende Weitervererbung. Hierbei habe der Erblasser zwar nicht primär die positive Berufung von Erben sondern den sicheren Ausschluss gewisser Personen von der Erbfolge im Auge. Dass der Erblasser bestimmte Personengruppen nicht als Nacherben anerkennt, zeuge von seinem klaren und wohlerwogenen Willensentschluss. Dass der Erblasser nur hilfsweise eine starre Nacherbenberufung normiert, sei Ausdruck hohen Verantwortungsbewusstseins für die Zukunft.[380]

Wagner kommt zu einem völlig konträren Ergebnis bei seinen Überlegungen zur typischen Motivation eines Erblassers eines Geschiedenentestaments. Er hält die Modifizierbarkeit der Nacherbeneinsetzung im Einzelfall zwar für möglich; eine Verwendbarkeit der Dieterle-Formel in Geschiedenentestamenten lehnt er jedoch generell ab, da der Erblasser eines Geschiedenentestaments niemals einen legitimen Grund für die Übertragung der Entscheidungsbefugnis auf den Vorerben haben könne.[381] Seiner Meinung nach habe ein Erblasser, der denjenigen zum Nacherben erklärt, der auch Erbe des Vorerben wird, nur dann eine eigenverantwortliche Entscheidung getroffen, wenn nachvollziehbare Gründe erkennbar sind, warum beide Vermögensmassen vereint werden sollen. Daran fehle es immer dann, wenn die Eigenverfügung des Vorerben auf eine wirtschaftlich unbedeutende Quote gerichtet war.[382] (Dieser Fall trifft sicherlich auch auf etliche Geschiedenentestamente zu.) Auch bei erheblichem Eigenvermögen des Vorerben handele der Erblasser nur dann eigenverantwortlich, wenn er mittels der Koppelung gezielt beide Vermögensmassen vereinigen wolle. Bei Geschiedenentestamenten gebe es aber niemals konkrete Gründe, warum der spätere Nacherbe bedacht werden solle; allenfalls dafür warum bestimmte Personen nicht zum Zuge kommen sollen. Dem Geschiedenentestator komme es also nicht darauf an, dass eine bestimmte Folge eintritt. Die Koppelung der Nacherbfolge an die Erbeinsetzung durch den Vorerben diene ihm nur dazu, von einer unübersehbaren Vielzahl möglicher Gestaltungen einige ganz bestimmte zu untersagen. Hierdurch werde der Regel- Ausnahmecharakter der gesetzlichen Vorschriften erheblich zu Lasten der Selbstentscheidung überdehnt.

---

[380] Dieterle, BWNotZ 1971, 14, 16; ähnlich: Reimann in Dittmann-Reimann-Bengel, 2. Aufl., Vorbem. Zu §§ 2229 ff. BGB, Rz. 20; Busse, MittRhNotK 1998, 225, 232; auch Staudinger-Otte, § 2065, Rz. 16 übernimmt dieses Argument als zusätzliche Bekräftigung für seine Meinung

[381] Wagner, Diss., S. 139 und S. 148

[382] Ähnlich auch Soergel-Loritz, § 2065, Rz. 10

Festzuhalten bleibt aber, dass sowohl Dieterle als auch Wagner vom gleichen Argumentationsansatz ausgehen - der Motivation des Erblassers. Sie kommen jedoch zu völlig unterschiedlichen Ergebnissen. Als Ergebnis der Analyse der zur Dieterle-Formel vertretenen Meinungen in der Literatur lässt sich zusammenfassen, dass es nicht möglich ist abstrakt und allgemeingültig die Zulässigkeit bzw. Unzulässigkeit derartiger Klauseln zu begründen. Vielmehr muss auf die Motivationslage des Erblassers im Einzelfall abgestellt werden. Das typische Motiv des Erblassers eines Geschiedentestamentes - hierin stimmen beide Parteien in der Literatur überein - liegt darin, bestimmte Personen von der Nacherbfolge auszuschließen, und nicht darin, eine bestimmte Erbfolge herbeizuführen. Die Beurteilung darüber, ob dies ein anerkennenswertes Motiv für die Verwendung der Dieterle-Formel ist, ist jedoch stark umstritten. Beide Seiten bringen durchaus vernünftige Argumente für ihre jeweiligen Meinungen vor.

Von Autoren, die eine ablehnende Haltung hierzu haben, wird als Stützung ihrer Meinung die höchstrichterliche Rechtsprechung zu der Frage der Auswahlermächtigung der Erben durch eine Dritten herangezogen. Daher soll im folgenden auf die Entwicklung dieser Rechtsprechung näher eingegangen werden und geprüft werden, ob hieraus Rückschlüsse auf die hier zu untersuchende Problemstellung gezogen werden können.

3. Rückschlüsse aus der Rechtsprechung zur Auswahlermächtigung Dritter

Bei der Frage der Auswahlermächtigung Dritter geht es darum, ob und in welchem Umfang der Erblasser einem Dritten die Auswahl der Erben aus einem vorgegebenen Kreis möglicher Erben überlassen kann. Das Reichsgericht hat im Jahre 1939 in der sogenannten „Rittergutsentscheidung“[383] hierzu Stellung genommen. Ein Verstoß gegen § 2065 BGB soll danach nicht vorliegen, „sofern nur der Personenkreis so eng begrenzt ist und die Gesichtspunkte für die Auswahl so genau festgelegt sind, dass für eine Willkür des Dritten kein Raum bleibt.“ Das Reichsgericht lässt dem Dritten also durchaus ein Auswahlermessen, nur Willkür soll ausgeschlossen sein.

Der Bundesgerichtshof legt wesentlich strengere Kriterien an. Aus einer Entscheidung aus dem Jahr 1954[384] stammt der oft zitierte Satz, dass „der Erblasser nach § 2065 Abs. 2 BGB nicht die Bestimmung, sondern nur die Bezeichnung der Person des Bedachten oder des Gegenstandes der Zuwendung einem Dritten überlassen kann.“ Dies setze voraus, dass der Erblasser „Angaben

[383] RG v. 6.2.1939, RGZ 159, 296
[384] BGH v. 18.11.1954, BGHZ 15, 199

macht, die es jeder mit genügender Sachkunde ausgestatteter Person ermöglichen, den Bedachten (...) zu bezeichnen, ohne dass ihr eigenes Ermessen dabei bestimmend oder mitbestimmend ist." Nach dem BGH muss eine objektive Entscheidung möglich sein. Die vom Erblasser vorgegebenen Kriterien müssen so bestimmt sein, dass jedes eigene Ermessen des Dritten bei der Erbenauswahl ausgeschlossen ist und nicht nur ein willkürliches Handeln des Dritten verhindert wird. Der Höchstpersönlichkeitsgrundsatz wird hier sehr streng ausgelegt und nur eine Entscheidung, die vollständig und ausschließlich vom Willen des Erblassers abhängt, wird akzeptiert. Die strikte Haltung des BGH ist zwar in der Literatur nicht unumstritten[385] und der BGH hat auch nicht ausdrücklich die Reichsgerichtsentscheidung verworfen[386] aber in der Rechtsprechung der Instanzgerichte werden die strengen Kriterien des BGH als gesicherte Rechtsprechung angewendet.[387]

In der Literatur zur „Dieterle-Formel" wird ein Widerspruch zu dieser BGH-Rechtsprechung gesehen, wenn die Koppelung der Erbeneinsetzung an die Erbenauswahl des Vorerben uneingeschränkt zulässig wäre, da dem Vorerben in diesem Fall de facto das Recht gegeben würde, aus einer unübersehbaren Vielzahl von möglichen Nacherben die tatsächlichen Nacherben auszuwählen.[388] Die Rechtsprechung zur Auswahlermächtigung verlangt aber unter anderem, dass der Erblasser einen kleinen, genau bezeichneten und überschaubaren Kreis möglicher Erben vorgibt.

Für die Frage der Zulässigkeit der „Dieterle-Formel" kann diese Rechtsprechung jedoch nicht unmittelbar herangezogen werden, da die Rechtsprechung zur Auswahlermächtigung die direkte Entscheidung eines Dritten über die Person des Bedachten behandelt während es bei der „Dieterle-Formel" um indirekte Einflussnahme eines Dritten mittels der Erfüllung einer Potestativbedingung geht. Erkennbar wird aus dieser Rechtsprechung lediglich die generelle Einstellung des BGH zum Höchstpersönlichkeitsgrundsatz: Er geht von einer sehr strikten Auslegung des § 2065 BGB aus. Diese Erkenntnis ist durchaus wichtig für die Entscheidung, ob zur Verwendung der „Dieterle-

[385] Der Streit soll hier nicht näher dargestellt werden, da er für das hier zu behandelnde Problem unwesentlich ist. Vgl. hierzu Brox, Rz. 104; Staudinger-Otte, § 2065, Rz. 30 ff.; Soergel-Loritz, § 2065, Rz. 27 ff., jeweils m.w.N.

[386] In BGHZ 15,199 lässt es der BGH offen, ob er der Rittergutsentscheidung des RG zustimmen könne.

[387] Vgl. etwa BayObLG v. 27.11.1990, FamRZ 1991, 610 f.; LG München 13. 2. 1996, FamRZ 1998, 1261 f.; zum Teil werden die strengen Kriterien des BGH zwar zustimmend zitiert, im Ergebnis jedoch trotzdem ein gewisser Beurteilungsspielraum des Dritten akzeptiert: vgl. etwa KG v. 5.2.1998, NJWE - FER 1998, 132 f.; OLG Celle v. 16.12.1957, NJW 1958, 953 ff. (m. Anm. Rötelmann)

[388] Soergel-Damrau, 11. Aufl., § 2065, Rz.11 , ähnlich auch Münchner Kommentar-Leipold, § 2065, Rz. 14; Wagner, Diss., S.140

Formel“ in Geschiedenentestamenten geraten werden kann. Nur insoweit ist die Beschäftigung mit dieser Rechtsprechung hilfreich für das hier zu behandelnde Problem; zusätzliche materiellrechtliche Argumente für oder gegen die „Dieterle-Formel“ können hieraus nicht abgeleitet werden.

4. Eigene Stellungnahme und Konsequenzen für die Testamentsgestaltung

Es wurde bereits oben bei der Darstellung der Literaturmeinungen zur „Dieterle-Formel“ herausgearbeitet, dass diejenigen Argumentationsansätze, welche die „Dieterle-Formel“ akzeptieren bzw. ablehnen, ohne auf die Kriterien abzustellen, die allgemein zur Zulässigkeit von Potestativbedingungen entwickelt worden sind, nicht überzeugen können. So wurde sowohl der Erst-Recht-Schluss aus der Zulässigkeit der Nacherbschaft unter der Bedingung, dass der Vorerbe nicht anderweitig letztwillig verfügt, also auch der Hinweis auf die nur mittelbare Entscheidungsmöglichkeit des Vorerben über die Nacherbeneinsetzung als unzureichende Begründung für die Zulässigkeit der Dieterle-Formel verworfen. Auch die pauschale Ablehnung dieser Formel mit dem Verweis auf die unzulässige Stellvertretung im Willen ist nicht akzeptabel. Es ist notwendig eine differenzierte Einzelfallbetrachtung durchzuführen, die auf die Motive des Erblassers für die Verwendung einer entsprechenden Klausel bezug nimmt. Dies wurde bereits oben bei den allgemeinen Ausführungen zu Testamentsbedingungen[389] als das entscheidende Kriterium für die Zulässigkeit einer Willkürbedingung identifiziert. Der Erblasser muss ein nachvollziehbares Eigeninteresse am Ausgang der gesetzten Bedingung haben und die Bedingung nicht nur aus Unentschlossenheit heraus setzten, um die Entscheidung über die Erbfolge einem anderen überlassen zu dürfen. Sowohl Dieterle als auch Wagner nehmen die Frage nach der Erblassermotivation als Ausgangspunkt ihrer Betrachtungen und gehen somit auch nach der hier vertretenen Meinung vom richtigen Ansatz aus.

Das typische Interesse des Erblassers eines Geschiedenentestaments zielt darauf, bestimmte Personen von der Erbfolge auszuschließen - insoweit herrscht auch in der Literatur Übereinstimmung. Völlig konträre Schlussfolgerungen werden jedoch in der Literatur aus dieser Interessenlage gezogen. Die entscheidende Frage ist also: Hat ein Erblasser, dem die Nacherbeneinsetzung weitgehend gleichgültig ist und der nur ganz bestimmte Personen vom Nachlass ausschließen will, ein nachvollziehbares Eigeninteresse daran, wer Erbe des Vorerben wird? Wagner sagt nein, da dem Erblasser die konkrete Auswirkung seiner Anordnung gleichgültig ist. Die Koppelung seiner eigenen Verfügung an die des Vorerben diene letztlich nur dazu, von einer unübersehbaren Vielzahl

[389] Vgl. Seite 87

von Gestaltungen einige ganz bestimmte zu verhindern. Besonders deutlich trete die Gleichgültigkeit des Erblassers zu Tage, wenn der Vorerbe kein wesentliches Eigenvermögen besitzt und dieser ein eigenes Testament nur verfasst, um dadurch die Nacherben des Erblassers zu bestimmen. Dieterle und diejenigen, die seiner Argumentation folgen, meinen ja, da es von einem wohlerwogenen Willensentschluss zeuge, wenn der Erblasser bestimmte Personen von der Erbfolge ausschließen wolle.

Die Einwände Wagners wiegen schwer. Insbesondere dann, wenn der Vorerbe mangels nennenswerter eigener Vermögensgegenstände ein Testament nur aufsetzt, um so über die Weitergabe des Nachlasses des Erblassers zu bestimmen, und wenn dem Erblasser dies auch bewusst ist, drängt sich der Vorwurf der unzulässigen Vertretung im Willen auf. Andererseits kann es auch in diesem Fall einen sachlichen Grund für die Koppelung seiner letztwilligen Verfügung an die des Vorerben geben. Das Motiv für die Koppelung könnte sein, dass der Erblasser glaubt, die Personen, die dieser als Erben einsetzt, werden auch würdige Nacherben für sein Vermögen sein. Nur so weit der Vorerbe die vom Erblasser nicht gewollten Personen bedenkt, will der Erblasser sich nicht an dessen Erbenauswahl anhängen und trifft eigene Regelungen für die Nacherbfolge.

Nach der hier vertretenen Ansicht zur Zulässigkeit von Potestativbedingungen ist in Grenzfällen die Annahme des Eigeninteresses des Erblassers an der gesetzten Bedingung nicht zu restriktiv zu handhaben, da im Zweifel die Testierfreiheit des Erblassers höher zu bewerten ist als der Grundsatz der Höchstpersönlichkeit.[390] Da das Interesse des Erblassers an der in der „Dieterle-Formel“ gesetzten Bedingung nicht abwegig ist, ist nach der hier vertretenen Meinung die Benutzung der „Dieterle-Formel“ in Geschiedenentestamenten zulässig.

Damit ist aber noch nicht gesagt, dass zu deren Verwendung auch geraten werden kann. Bei der Gestaltung von Testamenten ist die Verhinderung zukünftiger Rechtsstreitigkeiten und die Prozessfestigkeit der verwendeten Formulierungen ein wesentliches Element. Die „Dieterle-Formel“ ist sicher ein Grenzfall in Bezug auf ihre Vereinbarkeit mit § 2065 BGB. Dies zeigt die vorangegangene Diskussion ganz deutlich. Gute Argumente sprechen auch für deren Unzulässigkeit. Höchstrichterliche Rechtsprechung hierzu gibt es nicht. Die Rechtsprechung zum Auswahlermessen zeigt aber, dass der BGH von einer sehr strengen Definition des Höchstpersönlichkeitsgrundsatzes ausgeht. Daher kann nicht sicher vorhergesagt werden, ob im Falle einer gerichtlichen Prüfung

[390] Vgl. Seite 88

die höchstrichterliche Rechtsprechung die „Dieterle-Formel" für zulässig erklären wird.

Andererseits stellt diese eine geradezu ideale Gestaltungsvariante für ein Geschiedenentestament dar. Die Teilhabe der auszuschließenden Personen kann mit völliger Sicherheit ausgeschlossen werden und zugleich wird dem Vorerben weitgehend das Recht zur Bestimmung über die Weitergabe des Vermögens gegeben. Sollte trotz der Prozessunsicherheit die „Dieterle-Formel" angewendet werden, ist es jedoch wichtig, dass die Beweggründe des Erblassers für die konkrete Verfügung in der Urkunde festgehalten werden, damit im Falle eines Rechtsstreites die Motive des Erblassers leichter ermittelt werden können.[391] Beispielsweise könnte folgender Satz ins Testament aufgenommen werden:

> *„Ich möchte, dass die Erben meiner Vorerben auch Nacherben meines Vermögens werden, weil ich glaube, dass meine Vorerben würdige Personen bedenken werden."*

So wird deutlich gemacht, warum der Erblasser ein Interesse daran hat, dass die beiden Vermögensmassen nach dem Tod des Vorerben an dieselben Personen weitergegeben werden. So kann das Prozessrisiko stark vermindert werden, da die Motivation des Erblassers bereits in der Testamentsurkunde festgehalten wird.

Besser als die Verwendung einer Klausel, deren Zulässigkeit nicht vollständig gesichert ist, wäre aber natürlich eine Gestaltung, welche die Ziele des Geschiedenentestaments genauso gut erfüllt und rechtlich vollständig abgesichert ist. Sollte bei der weiteren Bearbeitung der Thematik des Geschiedenentestaments eine solche Gestaltung ermittelt werden, so wäre diese selbstverständlich der „Dieterle-Formel" vorzuziehen. Trotzdem stellt nach der hier vertretenen Auffassung die „Dieterle-Formel" eine geeignete und zulässige Formulierung für ein Geschiedenentestament dar.[392]

---

391 Reimann in Dittmann/Reimann/Bengel, 2. Aufl., Vorbem. Zu §§ 2229 ff., Rz. 20

392 Mayer, ZEV 2000, 1, 7, meint, dass unter dem Gesichtspunkt der Wahl des sichersten Weges die „Dieterle-Formel" in der Praxis vermieden werden sollte; ähnlich auch Zawar, Das Vermächtnis in der Kautelarjurisprudenz, S. 29

IV. Ausschluss der Vererblichkeit und der Übertragbarkeit des Nacherbenanwartschaftsrechts

1. Ausschluss der Vererblichkeit des Nacherbenanwartschaftsrechts

Der Nacherbe erlangt mit dem Tod des Erblassers ein Anwartschaftsrecht auf die spätere Nacherbschaft. Stirbt der Nacherbe nach dem Erblasser aber vor dem Eintritt der Nacherbfolge, so ist gemäß der widerlegbaren Vermutung des § 2108 Abs. 2 BGB dieses Anwartschaftsrecht vererblich, sofern nicht ein entgegenstehender Wille des Erblassers anzunehmen ist.[393] Die Vererblichkeit hat zur Folge, dass das Anwartschaftsrecht auf die gesetzlichen oder testamentarischen Erben des Nacherben übergeht als Vermögensteil des eigenen Nachlasses des Nacherben. Durch entsprechende Verfügung kann der Erblasser die Vererblichkeit des Anwartschaftsrechts – auch konkludent – ausschließen mit der Folge, dass der Vorerbe mit dem Tod des zum Nacherben Berufenen Vollerben wird. Dies ergibt sich unstreitig aus § 2108 Abs. 2 S.1, 2. Halbsatz: „sofern nicht ein anderer Wille des Erblassers anzunehmen ist".

Eine Bestimmung über die Vererblichkeit der Anwartschaft erübrigt sich auch nicht für die Fälle der Nacherbschaft, in denen diese wegen einer entsprechenden Bedingungen erst mit dem Tod des Bedachten feststeht (z.B. bei Einsetzung der testamentarischen Erben des Vorerben („Dieterle-Formel") oder der gesetzlichen Erben des Vorerben). Zwar wird mit guten Argumenten vertreten, dass diese „unbekannten Nacherben" kein Anwartschaftsrecht weitervererben können, da sich ihre Nacherbenstellung erst mit dem Tod des Vorerben konkretisiert. Erleben sie den Tod ihres eigenen Erblassers nicht, so können sie auch nicht Erbe nach ihm werden (§ 1923 BGB) und somit auch nicht Nacherbe nach dem Erblasser bzw. ein entsprechendes Anwartschaftsrecht weitervererben. Die Frage der Vererblichkeit der Anwartschaft stelle sich daher in diesen Fällen nicht.[394] Eine gewichtige Meinung in der Literatur geht jedoch davon aus, dass jeder Nacherbe, also auch der nur bedingt bekannte oder noch nicht endgültig bestimmte Nacherbe ein vererbliches Anwartschaftsrecht

---

[393] Nach h.M. stellt § 2108 AbS. 2 S. 1 BGB eine Auslegungsregel dar: RG v. 12.3.1923, RGZ 106, 355, 357; RG v. 2.11.1933, RGZ 142, 171,173; BayObLG v, 30.9.1982, Rpfleger 1983, 11; Palandt-Edenhofer, § 2108, Rz. 2, Nieder, Handbuch der Testamentsgestaltung, Rz. 537; a.A. Staudinger-Behrends/Avenarius, § 2108, Rz. 8, der § 2108 AbS. 2 BGB für eine Vorschrift hält, die die Vererblichkeit des Nacherbenanwartschaftsrechtes definiert und zugleich dem Erblasser eine abänderbare Dispositionsmacht darüber gibt. Nach beiden Meinungen stellt die Unvererblichkeit jedenfalls den Ausnahmefall dar, für den derjenige, der sich darauf beruft, die Beweislast trägt.

[394] Dieterle, BWNotZ 1971, 14, 17; Busse, MittRhNotK 1998, 225, 233

erwirbt.[395] Wegen dieser ungesicherten Rechtslage empfiehlt es sich daher, vorsorglich auch in diesen Fällen die Vererblichkeit explizit auszuschließen.[396]

Fast alle Autoren, die Varianten des Nacherbschaftsmodells für Geschiedenentestamente empfehlen, schlagen vor, entsprechende Klauseln in Geschiedenentestamente aufzunehmen.[397] Ob dies Sinn macht, wenn sowohl Ersatznacherben wie auch weitere Nacherbschaften vorgesehen sind (vgl. Testamentsklausel 9 - Testamentsklausel 11), ist jedoch fraglich.

Als Begründung für die Notwendigkeit, die Vererblichkeit des Nacherbenanwartschaftsrechts auszuschließen, wird zum einen angegeben, dass sich die Streitfrage, welche Auswirkung die Berufung von Ersatznacherben auf die Vererblichkeit der Nacherbenanwartschaft hat, nicht stellt, wenn diesbezüglich eine klare Regelung vom Erblasser vorgegeben wird. Zum anderen wird vorgebracht, dass die Vererblichkeit der Nacherbenanwartschaft die Ausschaltung des geschiedenen Ehegatten gefährden könnte. [398] Zur Veranschaulichung dieser Gefährdung wird auf folgendes Beispiel verwiesen:

---

[395] Lange/Kuchinke, § 28 VII 3 e: *„auch der unter einer unwahrscheinlichen Bedingung eingesetzte Nacherbe kann über sein Anwartschaftsrecht verfügen; je unwahrscheinlicher sein Erwerb ist, um so theoretischer wird jedoch die Verwertungsmöglichkeit“*; Kanzleiter, DNotZ 1970, 326, 327

[396] So auch Nieder, Handbuch der Testamentsgestaltung, Rz. 537

[397] So auch Dieterle, BWNotZ 1971, 14, 17; Busse, MittRhNotK 1998, 255, 233; Limmer in Dittmann-Reimann-Bengel, Teil E, Rz. 48; Kössinger, S. 48 (Variante B)

[398] Dieterle, BWNotZ 1971, 14, 17; Busse, MittRhNotK 1998, 225, 233

<u>Sachverhalt:</u> *Der Enkel A setzt die Großmutter G zu seiner testamentarischen Erbin ein. Stirbt A nach dem Erblasser E (und erwirbt so ein Nacherbenanwartschaftsrecht) aber vor seinem Vater K1, so wird die geschiedene Ehefrau des Erblassers G nach dem Tod des K1 auf Grund des ererbten Anwartschaftsrechts Nacherbin des Erblassers E.*

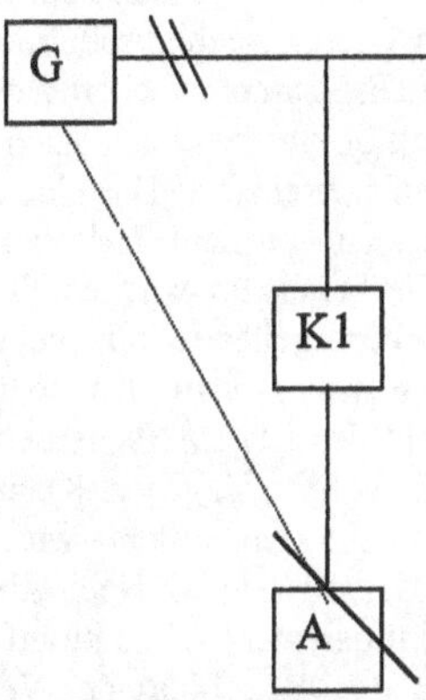

Richtig ist, dass Streit darüber besteht, ob in der ausdrücklichen Berufung von Ersatznacherben bereits der Wille des Erblassers zum Ausdruck kommt, die Vererblichkeit des Nacherbenanwartschaftsrechts auszuschließen. Nach der einen Meinung soll sich dies allein aus der Berufung von Ersatznacherben noch nicht ergeben, da die Ersatznacherbeneinsetzung auch nur für andere Fälle des Wegfalls, z.B. der Ausschlagung des Nacherben, § 2142 BGB, sinnvoll sei.[399] Nach der Gegenmeinung spricht eine starke, widerlegbare Vermutung dafür, dass der Erblasser die Vererblichkeit stets ausschließen wollte, wenn er Ersatznacherben bestimmte, da andernfalls der Tod des Nacherben vor Eintritt des Nacherbfalls kein Ersatzfall wäre. Ohne besondere Umstände werde man jedoch nicht annehmen dürfen, dass der Erblasser die Ersatzerbschaft nur für

[399] RG v. 3.3.1919, RGZ 95, 97, 98; RG v. 2.11.1933, RGZ 142, 171, 174; RG v. 11.3.1942, RGZ 169, 38, 40; BayObLG v. 5.10.1951, BayObLGZ 1951, 561, 570; BayObLG v. 7.4.1961, BayObLGZ 1961, 132, 136; OLG Köln v. 15.1.1955, NJW 1955, 633; Palandt-Edenhofer, § 2108, Rz. 4; Münchner Kommentar-Grunsky, § 2102, Rz. 7 (für eine Auslegung im Einzelfall); offen gelassen in BGH v. 23.1.1963, NJW 1963, 1150, 1151

die Sonderfälle der Ausschlagung oder der Erbunwürdigkeitserklärung des Nacherben und nicht auch für den wohl häufigsten Wegfallgrund, den Tod des Nacherben vor Eintritt der Nacherbschaft, gewollt hat.[400] In Anbetracht dieses Meinungsstreits ist es sicherlich richtig, neben der Anordnung einer Ersatznacherbfolge auch die Vererblichkeit der Nacherbenanwartschaft ausdrücklich auszuschließen.[401]

In den hier vorgeschlagenen Klauseln zur Nacherbeneinsetzung (vgl. Testamentsklausel 9 - Testamentsklausel 11) wird jedoch neben der Ersatznacherbenregelung auch noch eine Kette weiterer Nacherbschaften angeordnet für den Fall, dass ein Abkömmling des Erblassers Nacherbe wird. Durch die Anordnung weiterer Nacherbfolgen ergibt sich zugleich auch der Ausschluss der Vererblichkeit der Nacherbschaftsanwartschaft.[402] Das Nacherbenrecht ist in diesem Fall auflösend befristet und erlischt mit dem Tode des Nacherben. Da der Nachlass nach dem Willen des Erblassers in solchen Fällen dem ersten Nacherben nur für die Dauer seines Lebens gehören soll, rückt der eingesetzte zweite Nacherbe auf, wenn der erste vor Eintritt des ersten Nacherbfalls stirbt.[403] Nur für das Anwartschaftsrecht des letzten Nacherben gilt wieder die Regel des § 2108 Abs. 2 BGB. In den vorgeschlagenen Klauseln werden die weiteren Nacherbschaften jedoch solange angeordnet wie dies nach der zeitlichen Beschränkung des § 2109 BGB zulässig ist. Nach Ablauf dieser Frist kann der Erblasser ohnehin keinen Einfluss mehr nehmen auf die Weitergabe seines Nachlasses. Daher bringt selbst der Ausschluss der Vererblichkeit des Anwartschaftsrechts des letzten Nacherben in der Kette keine Vorteile. Durch die weiteren Nacherbenanordnungen wird auch die Gefahr der Teilnahme des auszuschließenden Personenkreises am Nachlass gebannt.[404] In obigem Beispielsfall kann die vom Enkel A als Erbin eingesetzte Großmutter wegen der weiteren Nacherbschaftsanordnung nicht Nacherbin werden, da an Stelle des verstorbenen Enkels eine andere Person nachrückt in die Nacherbenposition und die Großmutter und geschiedene Ehefrau des ursprünglichen Erblassers hierfür nach den Regelungen im Testament nicht in Frage kommt.

Die Anordnung der weiteren Nacherbschaften macht den ausdrücklichen Ausschluss der Vererblichkeit der Nacherbenanwartschaft daher eigentlich entbehrlich. Es sind praktisch keine Fälle denkbar, in denen Probleme auftauchen werden, wenn dieser Ausschluss unterbleibt. (Ein Nichtabkömmling des Erblas-

---

400 OLG Braunschweig v. 11.11.1993, FamRZ 1995, 443, 444; Staudinger-Behrends/Avenarius, § 2108, Rz. 14 f.; Soergel-Harder, § 2108, Rz. 3; Musielak, ZEV 1995, 5, 7; offen gelassen in BGH v. 23.1.1963, NJW 1963, 1150, 1151

401 So auch Nieder, Handbuch der Testamentsgestaltung, Rz. 537

402 KG v. 21.6.1954, DNotZ 1955, 408, 413; Soergel-Harder, § 2108, Rz. 8

403 BGH v. 8.7.1981, NJW 1981, 2743, 2745

404 Siehe hierzu auch oben Seite 108

sers müsste die Nacherbenanwartschaft erwerben – für ihn gilt nach der vorgeschlagenen Formulierung die Anordnung der weiteren Nacherbschaft nicht – und Erbe dieses Nichtabkömmlings müsste eine der auszuschließenden Personen werden.) Selbstverständlich ist ein ausdrücklicher Ausschluss der Vererblichkeit aber auch nicht schädlich und sehr einfach durch eine entsprechende Klausel im Testament herbeizuführen. Es spricht also nichts dagegen, eine derartige Formulierung quasi als doppelte Sicherung ins Testament aufzunehmen.

2. Ausschluss der Übertragbarkeit des Nacherbenanwartschaftsrechts

Das Anwartschaftsrecht des Nacherben ist nicht nur vererblich sondern kann auch zu Lebzeiten durch den Nacherben veräußert und übertragen werden. Eine Mitwirkung der Ersatznacherben ist für eine wirksame Übertragung nicht erforderlich.[405] Durch Übertragung des Anwartschaftsrechts kann es zu Nacherbenkonstellationen kommen, die nicht dem Willen des Erblassers entsprechen. So könnte der Nacherbe sein Anwartschaftsrecht einer auszuschließenden Person übertragen. Auch eine Übertragung an den Vorerben, wodurch dieser – bei Mithilfe der Ersatznacherben - endgültiger Vollerbe werden könnte mit der Folge, dass die bezweckten Schutzwirkungen der Nacherbschaft wegfallen, ist möglich.[406] Die Übertragung der Nacherbenanwartschaft an Personen, die nach dem Sinn und Zweck des Geschiedenentestaments nicht Inhaber dieser Anwartschaft sein sollten, gilt es zu verhindern.

Es ist jedoch umstritten, ob der Erblasser die Übertragbarkeit des Nacherbenanwartschaftsrechts ausschließen kann.[407] Der Ausschluss kann aber als Nacherbeneinsetzung unter der Bedingung ausgelegt werden, dass der Nacherbe

---

[405] RG v. 8.11.1934, RGZ 145, 316; OLG Köln v. 15.1.1955, NJW 1955, 633; Nieder, Handbuch der Testamentsgestaltung, Rz. 537: die Übertragung ist ohne Mitwirkung des Ersatznacherben diesem gegenüber aber auch nicht wirksam. Der Erwerber übernimmt nur die Anwartschaft des Nacherben. Sollte diese Anwartschaft niemals zu einem Vollrecht erwachsen (z.B. Nacherbe erlebt den Nacherbfall nicht), so wird auch der Erwerber nicht Nacherbe.

[406] Näheres zur Übertragung des Anwartschaftsrechts auf den Vorerben: Nieder, Handbuch der Testamentsgestaltung, Rz. 538

[407] Dafür: RG v. 12.11.1942, RGZ 170, 163, 168 (andeutungsweise); Palandt-Edenhofer, § 2108, Rz. 6; Soergel-Harder, § 2108, Rz. 12; Münchner Kommentar-Grunsky, § 2100, Rz. 27; Brox, Rz. 346; dagegen wegen Verstoßes gegen § 137 BGB: Staudinger-Behrends/Avenarius, § 2100, Rz. 60; offen gelassen von OLG Köln v. 15.1.1955, NJW 1955, 633 (jedoch den von der h.M. gezogenen Schluss mit ausführlicher Begründung ablehnend, dass von der Zulässigkeit des Ausschlusses der Vererblichkeit auf die Zulässigkeit des Ausschlusses der Übertragbarkeit gefolgert werden kann)

die Erbschaft nur im vollen Umfang erwerben soll und eine Veräußerung der Anwartschaft zum Wegfall der Nacherbschaft führen soll.[408] Der Ausschluss der Übertragbarkeit der Anwartschaft ist also rechtlich zulässig und er sollte im Geschiedenentestament auch verfügt werden. Ob eine entsprechende Klausel direkt oder über den Umweg der ergänzenden Auslegung Wirksamkeit erlangt, kann dem Erblasser gleichgültig sein.

Anzumerken bleibt zudem, dass der Erblasser eine umfangreiche und wohl durchdachte Nacherbenregelung mit Ersatznacherben und weiteren Nacherben getroffen hat, wenn er eine der hier vorgestellten Nacherbeneinsetzungen übernimmt. Ein Wegfall sämtlicher zu Nacherben berufener Personen ist praktisch nicht möglich. Diese vom Erblasser vorgegeben Nacherbenregelung lässt die Vererblichkeit und die Übertragbarkeit der Nacherbenanwartschaft daher als unnötig und unzweckmäßig erscheinen. Insbesondere bei einem Nichtausschluss der Übertragbarkeit der Anwartschaft könnte die Erbfolge unnötig verkompliziert und schwer übersehbar werden. Eine Vielzahl von Varianten müsste bedacht und im Testament dafür Vorsorge getroffen werden. Ein völliger Ausschluss von Vererblichkeit und Übertragbarkeit der Nacherbenanwartschaft ist daher auch aus diesem Grund empfehlenswert.

[408] Lange/Kuchinke § 28 VII 3 f; Nieder, Handbuch der Testamentsgestaltung, Rz. 537; Kanzleiter, Anm. zu OLG Frankfurt v. 7.8.1970, DNotZ 1970, 693, 695, Fn. 13

B. Aufgeschobenes Vermächtnis

Um den mit der Nacherbfolge einhergehenden Beschränkungen und Verpflichtungen für den Vorerben zu entkommen, bietet sich die Anordnung von aufgeschobenen Vermächtnissen an. Ähnlich wie mittels Nacherbschaftsanordnung kann durch ein auf den Tod des Erben und Vermächtnisbeschwerten aufgeschobenes Herausgabevermächtnis, das den gesamten zur Zeit des Todes des Erben noch vorhandenen Nachlass einschließlich etwaiger Surrogate umfasst, ein unerwünschtes Abwandern von Vermögen des Erblassers an Erben des Erstbedachten und an Pflichtteilsberechtigte[409] des Erstbedachten verhindert werden. Die Erstbedachten erhalten hierbei zu Lebzeiten die unbeschränkte Rechtsstellung eines Vollerben. Die Beschränkungen auf den Todesfall wirken sich nur auf schuldrechtlicher Ebene aus. Sie sind aber weder aus dem Erbschein noch aus dem Grundbuch ersichtlich.[410] Die Praxis hat sich in den vergangenen Jahren diese Vorteile der Vermächtnisanordnung vermehrt zu Nutzen gemacht und die Verbreitung von Vermächtnisanordnungen hat zugenommen.[411]

Im Geschiedenentestament wird dieses auf den Tod des Erstbedachten aufgeschobene Vermächtnis zusätzlich von der Bedingung abhängig gemacht, dass der auszuschließende Personenkreis Erbe oder Vermächtnisnehmer des Erstbedachten wird. Eine entsprechende Vermächtnisanordnung könnte folgendermaßen formuliert werden:

Testamentsklausel 12

Jeden einzelnen meiner Erben oder Ersatzerben und jeden nach dieser Anordnung zum Vermächtnisnehmer Berufenen beschwere ich mit folgendem aufschiebend bedingten Vermächtnis:

Sofern Gegenstände aus meinem Nachlass nach dem Tod einer der vorgenannten Personen im Wege der Erbfolge oder auf Grund eines Vermächtnisses an meinen geschiedenen Ehegatten, dessen Abkömmlinge, die

---

[409] Vgl. Seite 150: „Werden etwaige Pflichtteilsansprüche verhindert?"

[410] Nieder, ZEV 1994, 156, 159; Busse, MittRhNotK 1998, 225, 237

[411] Kanzleiter, Festschrift Schippel, 287, 296, Fn. 38, der darauf hinweist, dass dies schwerpunktmäßig in Württemberg passiert, wo Notare sowohl Grundbücher führen als auch als Vormundschaftsgericht über die Genehmigung von Rechtsgeschäften entscheiden, und deshalb eher als andere Notare geneigt sind, bereits bei der Testamentsgestaltung spätere Probleme für den Grundbuchverkehr oder für Vormundschaftsgerichte durch die Nacherbfolge zu bedenken (z.B. bei minderjährigen oder unbekannten Nacherben), und diese durch die Anordnung eines Vermächtnisses zu vermeiden.

nicht mit mir gemeinschaftlich sind, oder an seine Verwandten aufsteigender Linie fallen, vermache ich alle Vermögensgegenstände, die der Verstorbene aus meinem Nachlass erhalten hat und die sich zum Zeitpunkt seines Todes noch nachweislich in seinem Vermögen befinden, seinen Erben zu Miteigentumsanteilen entsprechend ihrer Erbteile. Gleiches gilt für den Fall, dass mein geschiedener Ehegatte Pflichtteilsansprüche nach dem Tod des jeweiligen Erben oder Vermächtnisnehmers geltend machen könnte. Ausgeschlossen als Vermächtnisnehmer sind mein geschiedener Ehegatte, dessen Abkömmlinge, die nicht mit mir gemeinschaftlich sind, und seine Verwandten aufsteigender Linie. Sollte eine dieser Personen zum Zuge kommen, bestimme ich als Ersatzvermächtnisnehmer:

- *die Abkömmlinge des jeweiligen Erben oder Vermächtnisnehmers nach gleichen Stammanteilen,*
- *ersatzweise meine übrigen Abkömmlinge nach den Regeln der gesetzlichen Erbfolgeordnung,*
- *wiederum ersatzweise meine sonstigen Verwandten, die nach den Regeln der gesetzlichen Erbfolge meine Erben geworden wären, wenn ich zum Zeitpunkt des Eintritts des Nacherbfalles ohne Hinterlassung von Abkömmlingen gestorben wäre*

Als Nachlassgegenstand von mir gilt auch, was als Ersatz oder Erlös für nicht mehr vorhandene Nachlassgegenstände erlangt wird.

Diese Vermächtnisse fallen dem Berechtigten mit dem Tode des Beschwerten an und werden zugleich fällig. Die Vererblichkeit und Übertragbarkeit des Vermächtnisanwartschaftsrechts für die Zeit zwischen dem Erbfall und dem Vermächtnisanfall ist ausgeschlossen.[412]

Zur Erfüllung der angefallenen Vermächtnisse wird Testamentsvollstreckung angeordnet. Als Testamentsvollstrecker setzte ich ein....., ersatzweise ....

Obige Vermächtnisanordnung weist einige Parallelen auf zu den beim Nacherbschaftsmodell behandelten Formulierungsvorschlägen zur Nacherbeneinsetzung. So wird auch beim Vermächtnismodell die Vererblichkeit und die Übertragbarkeit der Anwartschaft ausgeschlossen, es werden Ersatzvermächtnisnehmer bestimmt, weitere Nachvermächtnisse werden angeordnet und die Surrogationsregelung des § 2111 BGB wird aus dem Nacherbenrecht entlehnt. Damit soll allen Eventualitäten vorgebeugt werden, um die Teilnahme der auszuschließenden Personen am Nachlass des Erblassers in jedem erdenklichen Lebenssachverhalt sicher zu verhindern. Die

[412] Ähnlich auch die Formulierungsbeispiele bei Dieterle, BWNotZ 1971, 14, 20 und bei Busse, MittRhNotK 1998, 225, 239

Auswahl des Vermächtnisnehmers soll ähnlich wie bei der „Dieterle-Formel" dem Erstbedachten überlassen werden, indem primär dessen Erben, also insbesondere dessen testamentarische Erben, zu Vermächtnisnehmern ernannt werden.

Die Anordnung der Testamentsvollstreckung nach § 2223 BGB dient der Sicherstellung der Vermächtniserfüllung. Die Erfüllung des schuldrechtlichen Anspruchs aus dem Vermächtnis kann problematisch sein, wenn mit der Vermächtniserfüllung eine Person belastet ist, von der anzunehmen ist, dass sie versuchen wird, diese mit allen Mitteln zu erschweren. Diese Gefahr besteht auch beim Geschiedenentestament, wenn nach dem Tod des Erstbedachten der geschiedene Ehepartner des Erblassers als gesetzlicher Erbe des mit dem Vermächtnis belasteten Erstbedachten das Vermächtnis zu erfüllen hat. Hier bietet sich die Anordnung einer Testamentsvollstreckung zur Sicherung der Vermächtniserfüllung an.[413]

Im Folgenden wird überprüft, ob durch die oben vorgestellte Vermächtnisanordnung die Zielsetzungen des Geschiedenentestaments erreicht werden. Dabei wird zum einen die erbrechtliche Zulässigkeit und zum anderen die Funktionalität der einzelnen Detailbestimmungen des obigen Formulierungsvorschlages überprüft. Gleichzeitig werden Gestaltungsalternativen des Vermächtnismodells vorgestellt (vgl. II. „Werden die Ziele des Geschiedenentestaments erreicht ?"). Anschießend werden die Vor- und Nachteile des Vermächtnismodells insbesondere im Vergleich zum Nacherbenmodell zusammengefasst und Gestaltungshinweise gegeben (vgl. III. „Vor- und Nachteile des Vermächtnismodell"). Zunächst wird jedoch kurz auf allgemeine Probleme im Zusammenhang mit Vermächtnisanordnungen hingewiesen.

I. Allgemeine Hinweise zu Vermächtnisanordnungen

1. Bedingtes oder befristetes Vermächtnis

Aus § 2177 BGB ergibt sich unzweifelhaft, dass Vermächtnisanordnungen einer Bedingung oder Befristung unterworfen werden können. Es ist möglich, das Vermächtnis erst mit dem Tod des beschwerten Erben fällig werden zu lassen (§ 2181 BGB). Auch der Anfall des Vermächtnisses kann bis zu diesem Zeitpunkt aufgeschoben werden.[414] Aus § 2191 BGB folgt, dass eine Kettenver-

[413] J. Mayer, ZEV 2000, 1, 9; vgl. auch unten Fn. Nr. 551

[414] Einhellige Meinung in Rechtsprechung und Literatur: RG v. 7.2.1918, JW 1918, 502, 503; OLG Bremen v. 14.10.1955, DNotZ 1956, 149, 151; BGH v. 24.10.1979,

mächtnisanordnung, also die Einsetzung mehrerer Personen zeitlich hintereinander als Vermächtnisnehmer, zulässig ist. Der Vermächtnisgegenstand steht dabei zunächst dem Vorvermächtnisnehmer zu und nach Eintritt des vom Erblasser bestimmten Ereignisses bzw. Termins dem Nachvermächtnisnehmer.[415] In obiger Vermächtnisanordnung werden als Nachvermächtnisnehmer die Erben des jeweils früheren Vermächtnisnehmers bestimmt. Hierdurch soll ähnlich wie durch die Anordnung der Kettennacherbschaft die Verhinderung der Teilnahme des auszuschließenden Personenkreises am Nachlass auch im Falle des Vorversterbens des ersten Vermächtnisnehmers sichergestellt werden. Insbesondere hat man den Fall im Auge, dass der Enkel des Erblassers, der Vermächtnisnehmer geworden ist, vor dem überlebenden Großelternteil und geschiedenen Ehegatten des Erblassers stirbt.[416]

Auch im Vermächtnisrecht gilt wie bei der Nacherbschaft die 30-Jahresfrist. Ist ein aufschiebend bedingtes oder befristetes Vermächtnis (§ 2177 BGB) oder ein Vermächtnis an eine noch nicht erzeugte oder in ihrer Persönlichkeit erst durch ein nach dem Erbfall eintretendes Ereignis bestimmte Person (§ 2178 BGB) 30 Jahre nach dem Erbfall noch nicht angefallen, wird es gemäß § 2162 BGB unwirksam. Das Vermächtnis bleibt aber, wie nach § 2107 BGB bei der Nacherbschaft, gemäß § 2163 Abs. 1 BGB über diesen Zeitraum hinaus wirksam, wenn es für den Fall angeordnet ist, dass in der Person des Beschwerten oder des Bedachten ein bestimmtes Ereignis eintritt (z.B. dessen Tod), und derjenige, in dessen Person das Ereignis eintreten soll, zur Zeit des Erbfalls lebt, oder wenn ein Erbe, Nacherbe oder Vermächtnisnehmer für den Fall, dass ihm ein Bruder oder eine Schwester geboren wird, mit einem Vermächtnis zu Gunsten dieses Bruders oder dieser Schwester beschwert ist.

Für die Schwebezeit zwischen Erbfall und Vermächtnisanfall ergibt sich die Rechtsposition der nach § 2177 BGB bedingt eingesetzten Vermächtnisnehmer und der nach § 2178 BGB unbestimmten Vermächtnisnehmer aus § 2179 BGB. Danach sind die Vorschriften anwendbar, die für den Fall gelten, dass eine Leistung unter einer aufschiebenden Bedingung geschuldet wird. Zu diesen Vorschriften zählen insbesondere §§ 160

NJW 1980, 1276, 1277 (die Zulässigkeit derartiger Vermächtnisanordnungen stillschweigend voraussetzend); Erman-Hense/Schmidt, § 2147, Rz. 4; Staudinger-Otte, § 2147, Rz. 4; Soergel-Wolf, § 2177, Rz. 6; Nieder, Handbuch der Testamentsgestaltung, Rz. 552; von Olshausen, DNotZ 1979, 707, 715 ff. (mit eingehender Erörterung)

[415] Zawar, DNotZ, 1986, 515, 518

[416] Vgl. auch den Beispielsfall auf Seite 108

Abs. 1, 162, 281 BGB, nach herrschender Meinung aber nicht § 161 BGB.[417] Aus diesen Vorschriften ergibt sich, dass der Bedachte bereits in der Schwebezeit eine rechtlich geschützte Aussicht auf den Vermächtnisanspruch hat, wenn auch dieser Schutz im Vergleich zu dem des Nacherben eher schwach ausgeprägt ist. Diese Rechtsposition des potentiellen bzw. zukünftigen Vermächtnisnehmers wird meist als Anwartschaft bezeichnet, da weder der mit dem bedingten Vermächtnis beschwerte Erbe (bzw. Vermächtnisnehmer) noch ein sonstiger Dritter die das Vermächtnis anordnende Verfügung von Todes wegen aufheben oder abändern kann.[418] In der Literatur wird zwar zurecht darauf hingewiesen, dass der Terminus „Anwartschaft" im Vermächtnisrecht missverständlich sein kann, da der Vermächtnisanwärter nur obligatorisch und nicht dinglich geschützt ist und da sich seine Rechtsstellung von der Nacherbenanwartschaft zum Teil erheblich unterscheidet.[419] Trotzdem wird auch hier diese Terminologie verwendet, da die Rechtsposition des Vermächtnisnehmers nach dem Erbfall unentziehbar ist, was typisch für ein Anwartschaftsrecht ist. Diese Anwartschaft ist, wie andere Anwartschaften auch, grundsätzlich vererblich, unter Lebenden übertragbar und der Zwangsvollstreckung zugänglich.[420] Bei aufschiebend bedingten Vermächtnissen ist jedoch § 2074 BGB zu beachten. Nach dieser Auslegungsregel soll eine aufschiebend bedingte Zuwendung im Zweifel nur gelten, wenn der Bedachte den Eintritt der Bedingung erlebt. Das aufschiebend bedingte Vermächtnis ist also im Zweifel nicht vererblich. Den Untergang aufschiebend bedingter Vermächtnisse kann der Erblasser jedoch verhindern, indem er entweder ausdrücklich die Vererblichkeit anordnet oder Ersatzvermächtnisnehmer einsetzt.

Grundsätzlich muss jedoch festgestellt werden, dass das Gesetz die Rechte des Vermächtnisnehmers nur sehr grob regelt. Die Rechtsstellung des bedingt eingesetzten Vermächtnisnehmers ergibt sich beispielsweise aus einer einzigen Norm (§ 2179 BGB), die auf allgemeine Vorschriften für Leistungen unter aufschiebenden Bedingungen verweist. Auch in Rechtsprechung und Literatur hat der bedingte Vermächtnisnehmer lange Zeit eine eher untergeordnete Rolle gespielt.[421] Demgegenüber enthält das Gesetz für die Nacherbschaft eine umfas-

---

[417] Zu Einzelheiten bzgl. dieser Schutzvorschriften vgl. Seite 143: „Beschränkungen des Erben"

[418] BGH v. 25.3.1963, MDR 1963, 824

[419] Zawar, DNotZ 1986, 515, 524; Watzek, MittRhNotK 1999, 37, 40

[420] RG v.17.3.1908, RGZ 67, 425, 430; BGH v. 25.3.1963, MDR 1963, 824; OLG Oldenburg v. 27.2.1990, NJW-RR 1990, 650; Staudinger-Otte, § 2179, Rz. 7 ff.; Münchner Kommentar-Skibbe, § 2179, Rz. 7; Palandt-Edenhofer, § 2179, Rz. 1; Lange / Kuchinke, § 29 IV 2 b; Bengel, NJW 1990,1826, 1828

[421] Vgl. Zawar, Das Vermächtnis in der Kautelarjurisprudenz, S. 13, der für sich in Anspruch nimmt, mit seiner 1983 erschienen Arbeit erstmals – abgesehen von einem schwer zugänglichen, kleineren Aufsatz von Bühler, BWNotZ 1967, 174 ff. – die Rechtsstellung des Vermächtnisanwärters darzustellen

sende Regelung in den §§ 2100 – 2146 BGB, die zusammen mit einer über 100-jährigen Rechtsprechung zu einer weitgehenden Klärung aller mit ihr verbundenen Rechtsfragen führte.[422]

Von Jörg Mayer wird die geringe gesetzliche Regelungsdichte und die fehlende Rechtsprechung als grundsätzliches Problem von Vermächtnisgestaltungen identifiziert, da dies eine erhöhte Streitanfälligkeit und größere Haftungsgefahr für den Gestalter bedingt.[423] Richtig ist sicherlich, dass die nur im geringen Umfang ausgestaltete Rechtsstellung des Vermächtnisanwärters erhöhte Sorgfalt bei der Ausformulierung entsprechender Testamentsgestaltungen erfordert. Andererseits kann die Rechtsstellung des Vermächtnisanwärters vom Erblasser ergänzt bzw. abweichend vom Gesetz geregelt werden. Durch sinnvolle Modifizierung und Ergänzung der gesetzlichen Regelung wird eine auf den Einzelfall maßgeschneiderte Lösung, die dem Erblasserwillen gerecht wird, ermöglicht. Bei sorgfältiger Gestaltung werden so die Möglichkeiten, die das Vermächtnisrecht eröffnet, ausgeschöpft und gleichzeitig die Gefahren, insbesondere die erhöhte Streitanfälligkeit, weitgehend vermindert.

Die Dispositionsbefugnis des Erblassers ergibt sich aus dem verfassungsrechtlich garantierten Grundsatz der Testierfreiheit. Im Vermächtnisrecht werden die Möglichkeiten des Erblassers nicht einmal durch eine dem § 2136 BGB entsprechende Vorschrift beschränkt.[424] Der Erblasser unterliegt nur den allgemeinen Grenzen der §§ 137, 138, 276 Abs. 2, 226 BGB[425] und der sich aus dem erbrechtlichen Typenzwang immanent ergebenden Beschränkung der Dispositionsbefugnis.[426] Er kann also unmittelbar weder dingliche Verfügungsbeschränkungen anordnen noch den Beschwerten von der Haftung für Vorsatz befreien oder durch abändernde Bestimmungen die grundlegenden Prinzipien der Vermächtnisanordnung übergehen. Anerkanntermaßen kann er jedoch den Schutz des Vermächtnisanwärters durch ergänzende Bestimmungen verstärken aber auch weiter abschwächen.[427] So ist es möglich, alle Nachlassgegenstände nur unter der Bedingung zu vermachen, dass die

[422] Kanzleiter, Festschrift Schippel, 287, 297; Zawar, Das Vermächtnis in der Kautelarjurisprudenz, S.9
[423] J. Mayer, ZEV 2000, 1, 8; ähnlich auch Bengel, NJW 1990, 1826
[424] Zawar, Das Vermächtnis in der Kautelarjurisprudenz, S. 79
[425] Palandt-Edenhofer, § 2179, Rz. 1; Nieder, Handbuch der Testamentsgestaltung, Rz. 556; Bühler, BWNotZ 1967, 174, 180
[426] Zawar, Das Vermächtnis in der Kautelarjurisprudenz, S. 79; siehe zum Typenzwang auch oben Seite 11
[427] Beispiele hierfür bei Zawar, Das Vermächtnis in der Kautelarjurisprudenz, S. 83 ff.; Bühler, BWNotZ 1967, 174, 181

einzelnen Gegenstände beim Tod des Erben noch vorhanden sind.[428] Hierdurch wird erreicht, dass der Beschwerte völlig frei – also auch unentgeltlich – über die Nachlassgegenstände verfügen kann ohne Schadensersatzansprüche fürchten zu müssen. Daher ist in das Geschiedenentestament regelmäßig eine entsprechende Formulierung aufzunehmen. Auch der Ausschluss der Vererblichkeit und der Übertragbarkeit des Anwartschaftsrechts liegt in der Dispositionsbefugnis des Erblassers[429] und ist im Geschiedenentestament aus denselben Gründen wie im Nacherbenmodell anzuraten.[430]

2. Universalvermächtnis

Das Stichwort Universalvermächtnis beschreibt Vermächtnisanordnungen, die den gesamten oder fast den gesamten Nachlass des Erblassers umfassen. In der oben für das Geschiedenentestament vorgeschlagenen Vermächtnisanordnung wird der gesamte Restnachlass des Erblassers bedingt als Vermächtnis ausgesetzt. Es liegt also ein Universalvermächtnis vor. Nur so kann die Teilnahme des auszuschließenden Personenkreises vollständig verhindert werden. Würde das Vermächtnis nicht den gesamten vom Erblasser stammenden Nachlass umfassen, kann bzgl. des nicht-vermachten Nachlassteils die Partizipation des auszuschließenden Personenkreises nicht beeinflusst werden.

Fraglich ist aber, ob durch eine derart weitgehende Vermächtnisanordnung der durch den erbrechtlichen Typenzwang für Vermächtnisanordnungen vorgegebene Rahmen verlassen wird, weil durch die vollständige Belastung des Nachlasses mit Vermächtnissen dem eigentlichen Erben nichts bleibt und de facto der Vermächtnisnehmer zum Rechtsnachfolger wird: Die Abgrenzung zwischen Vermächtniseinsetzung und Erbeinsetzung lässt sich dem § 2087 BGB entnehmen. Danach ist eine Verfügung als Erbeinsetzung zu verstehen, wenn der Erblasser sein Vermögen oder einen Bruchteil seines Vermögens zuwendet (§ 2087 Abs. 1 BGB). Nach dieser Regelung ist daher bei einer bedingten Zuwendung des gesamten Restvermögens – wie in obiger Klausel – von einer bedingten (Nach-) Erbeneinsetzung auszugehen. Dennoch geht die absolut herrschende Meinung richtigerweise von der Zulässigkeit des Universalvermächtnisses aus.[431]

---

[428] Vgl. unten Seite 147

[429] So auch Nieder, Handbuch der Testamentsgestaltung, Rz. 553; Zawar, Das Vermächtnis in der Kautelarjurisprudenz, S. 71; Dieterle, BWNotZ 1971, 14, 18

[430] Vgl. oben Seite 129: „Ausschluss der Vererblichkeit und der Übertragbarkeit des Nacherbenanwartschaftsrechts"

[431] Nieder, Handbuch der Testamentsgestaltung, Rz. 403; Lange/Kuchinke, § 29 II 2 a; Soergel-Wolf, § 2151, Rz. 1; Staudinger-Otte, § 2151 Rz. 2; Dobroschke, DB

Als Begründung hierfür wird regelmäßig auf die Abdingbarkeit des § 2087 Abs. 1 BGB verwiesen. Dabei kann hier die genaue dogmatische Einordnung von § 2087 Abs. 1 BGB dahinstehen.[432] Fest steht nach ganz überwiegender Ansicht jedenfalls, dass die Vorschrift nicht zwingend ist. Der Erblasser kann daher den gesamten Nachlass im Wege der Einzelrechtsnachfolge einem Vermächtnisnehmer zuweisen durch eine eindeutig formulierte letztwillige Verfügung. Daneben bedarf es jedoch trotzdem eines Erben als Gesamtrechtsnachfolger, der jedoch aus dieser Stellung keinerlei Vorteil ziehen kann.

Als weiteres Argument für die Zulässigkeit des Universalvermächtnisses lässt sich anführen, dass das BGB den Umfang eines Vermächtnisses anders als das gemeine Recht[433] nicht beschränkt hat. Es gibt im Vermächtnisrecht keine Regelung, die vorschreibt, dass dem Erben ein wirtschaftlicher Vorteil verbleiben muss aus der Erbschaft.[434] Nach § 1939 BGB stellt ein Vermächtnis einen Vermögensvorteil dar, der einem anderen durch Testament zugewendet wird, ohne ihn zum Erben zu machen. Eine Aussage darüber, welcher Art dieser Vermögensvorteil zu sein hat, wird nicht gemacht. Es ist daher möglich, auch das gesamte Vermögen als Vermächtnis zuzuwenden, ohne dass dadurch die vom erbrechtlichen Typenzwang vorgegebenen Gestaltungsbeschränkungen überschritten werden.[435]

Im Hinblick auf § 2087 Abs. 1 BGB ist es jedoch notwendig, im Testament klar zum Ausdruck zu bringen, dass es sich um ein Vermächtnis handelt, um auszuschließen, dass ein Gericht diese Anordnung ggf. als (Nach-) Erbeneinsetzung deutet. [436]

1967,803, 804; Klunzinger, BB 1970,1197, 1199; N.Mayer, ZEV 1995, 247, 248; G.Müller, ZEV 1996, 179, 181; Sens, S. 33 (mit von der h.M. abweichender Begründung); a.A. Menz, DB 1966, 1719; Sudhoff, DB 1966, 1720

[432] § 2087 AbS. 1 BGB wird entweder als Auslegungsregel (vgl. Staudinger-Otte, § 2087, Rz. 2; Palandt-Edenhofer, § 2087, Rz. 2; Soergel-Loritz, § 2087, Rz. 3) oder als Dispositiv- oder Ergänzungsvorschrift (vgl. BGB-RGRK-Johannsen, § 2087, Rz. 1; Münchner Kommentar-Schlichting, § 2087, Rz.6; N. Mayer, ZEV 1995,247 248) bezeichnet.

[433] Klunzinger, BB 1970,1197, 1199, Fn. 26: Das gemeine Recht kannte die sogenannte „falzidische Quart", wonach der Erblasser mindestens ein Viertel seines Nachlasses dem Erben unbelastet von Vermächtnissen überlassen musste.

[434] BayObLG v. 20.12.1985, FamRZ 1986, 728, 731

[435] Klunzinger, BB 1970, 1197, 1199; Sens, S. 33

[436] G. Müller, ZEV 1996, 179, 181; zur Abgrenzungsproblematik vgl. auch OLG Bremen v. 14.10.1955, DNotZ 1956, 149, 150; OLG Oldenburg v. 12.10.1957, DNotZ 1958, 95, 96; Staudinger-Behrends/Avenarius, § 2137, Rz. 5

II. Werden die Ziele des Geschiedenentestaments erreicht ?

1. Beschränkungen des Erben

Im Vor- und Nacherbschaftsmodell war es nicht bzw. nicht in rechtlich unumstrittener Weise möglich den Erstbedachten zu Lebzeiten von sämtlichen gesetzlichen Beschränkungen, die dem Schutz des Nacherben dienen, freizustellen. Diese Beschränkungen, insbesondere das Schenkungsverbot, entsprechen nicht den Zielsetzungen im Geschiedenentestament. Der Vermächtnisbeschwerte unterliegt nach der gesetzlichen Ausgestaltung seiner Rechtsstellung wesentlich geringeren Beschränkungen als der Vorerbe. Trotzdem wird auch im Vermächtnisrecht der Anwärter geschützt. Der Umfang dieser den Erstbedachten belastenden Vorschriften wird im Folgenden dargestellt und im Anschluss daran wird auf mögliche Modifizierungen der gesetzlichen Vorgaben eingegangen, mit denen die Zielsetzungen des Geschiedenentestaments besser verwirklicht werden als durch die gesetzliche Regelung.

a) Rechtsstellung des bedingt oder befristet eingesetzten Vermächtnisnehmers

Bei Vermächtnissen, die unter einer aufschiebenden Bedingung oder unter der Bestimmung eines Anfangstermins angeordnet sind und bei denen die Bedingung oder der Termin erst nach dem Erbfall eintritt, erfolgt der Vermächtnisanfall nicht mit dem Erbfall sondern mit dem Eintritt der Bedingung oder des Termins (§ 2177 BGB). Vermächtnisse, deren Bedachter zur Zeit des Erbfalls noch nicht erzeugt ist oder bei denen die Persönlichkeit des Bedachten durch ein erst nach dem Erbfall eintretendes Ereignis bestimmt wird, fallen ebenfalls nicht mit dem Erbfall an, sondern mit der Geburt des Berechtigten bzw. mit dem Eintritt des Ereignisses (§ 2178 BGB). Erst mit dem Anfall des Vermächtnisses entsteht das Forderungsrecht des Vermächtnisnehmers gegen die Erben. Demgegenüber erfolgt beim unbedingten und unbefristeten Vermächtnis der Anfall des Vermächtnisses und die Entstehung des Forderungsrechts des Vermächtnisnehmers mit dem Erbfall (§ 2176 BGB). Dies gilt auch für das sogenannte betagte Vermächtnis. Mit diesem Begriff werden Vermächtnisse umschrieben, die sofort mit dem Erbfall anfallen, deren Fälligkeit aber auf einen späteren Zeitpunkt aufgeschoben ist (§ 2181 BGB). Ob der Erblasser im Einzelfall ein befristetes oder ein betagtes Vermächtnis ausgesetzt hat, ist durch Auslegung zu ermitteln.[437]

---

[437] Palandt-Edenhofer, § 2177, Rz.4; Münchner Kommentar-Westermann, § 163, Rz.2; Zawar, Das Vermächtnis in der Kautelarjurisprudenz, S.37

Bei dem in Testamentsklausel 12 vorgeschlagenen Vermächtnis wurde ausdrücklich klargestellt, dass der Anfall erst mit dem Bedingungseintritt erfolgen soll und daher ein echtes bedingtes Vermächtnis anzunehmen ist. Grundsätzlich wäre es natürlich auch vorstellbar, ein betagtes Vermächtnis zu konstruieren mit ähnlichem Inhalt. Im Geschiedenentestament ist der sofort mit dem Erfall erfolgende Anfall des Vermächtnisses jedoch wegen der Regelung des § 2184 BGB im Normalfall nicht angebracht, da nach dieser Vorschrift der Beschwerte ab dem Anfall des Vermächtnisses gezogene Früchte dem Berechtigten herauszugeben hat. Zielsetzung des Geschiedenentestaments ist es aber, den Erstbedachten weitmöglichst von Belastungen und Ansprüchen freizustellen.[438] Selbst ohne die ausdrückliche Klarstellung des Zeitpunkts des Vermächtnisanfalls in Testamentsklausel 12 könnte bei der dort vorgeschlagenen Vermächtnisanordnung jedoch kein sofortiger Anfall des Vermächtnisses angenommen werden, da die Person des Berechtigten („Erbe des Beschwerten") erst mit dem Tod des Beschwerten feststeht, und daher nach § 2178 BGB der Anfall auch erst zu diesem Zeitpunkt erfolgen kann.

Für die Schwebezeit zwischen dem Erbfall und dem Anfall des Vermächtnisses ergeben sich die Rechte des Vermächtnisnehmers aus § 2179 BGB. Diese Vorschrift verweist auf die allgemeinen Vorschriften über Bedingungen und Zeitbestimmungen (§§ 158 ff. BGB).[439] Der Bedachte genießt demnach den Schutz des § 160 Abs. 1 BGB, wonach er nach Anfall des Vermächtnisses Schadensersatz verlangen kann, wenn sein Recht in der Schwebezeit durch Verschulden des Beschwerten vereitelt oder beeinträchtigt worden ist. Es gilt der allgemeine Verschuldensmaßstab des § 276 BGB. Der Beschwerte haftet also selbst für leicht fahrlässiges Handeln. Dies stellt im Vergleich zur Position des Vorerben, der nach § 2131 BGB bei der Nachlassverwaltung zur Sorgfalt wie in eigenen Angelegenheiten verpflichtet ist, sogar einen verschärften Haftungsmaßstab dar.[440] Verhindert der Beschwerte den Eintritt der Bedingung, unter der das Vermächtnis angeordnet ist, wider Treu und Glauben, gilt die Bedingung gemäss § 162 Abs. 1 BGB als eingetreten und das Vermächtnis als angefallen. Führt andererseits der Bedachte die Bedingung treuwidrig herbei, gilt ihr Eintritt nach § 162 Abs. 2 BGB als nicht erfolgt. Ob § 159 BGB anwendbar ist und der Beschwerte die seit dem Erbfall gezogenen Nutzungen herauszugeben hat, muss durch Auslegung der Vermächtnisanordnung ermittelt werden. Im Rahmen eines Geschiedenentestaments wird eine Rückbeziehung

---

[438] Vgl. zu dieser Problematik auch unten Seite 151

[439] Ausführliche Darstellungen der Rechtsstellung des bedingten Vermächtnisnehmers finden sich bei Zawar, Das Vermächtnis in der Kautelarjurisprudenz, S. 37 ff., und bei Bühler, BWNotZ 1967, 174, 175 ff.; gelungene Kurzdarstellungen bieten etwa Staudinger-Otte, § 2179, Rz. 2 ff., und Nieder, Handbuch der Testamentsgestaltung, Rz. 554

[440] Zawar, Das Vermächtnis in der Kautelarjurisprudenz, S. 75

im Sinne von § 159 BGB regelmäßig zu verneinen sein. Die im Geschiedenentestament getroffene Vermächtnisanordnung ist ausschließlich gegen die unerwünschten Personen gerichtet. Der Berechtigte soll nur soviel erhalten, wie notwendig ist, um eine Nachlassteilhabe der auszuschließenden Personen zu verhindern. Die Herausgabe von gezogenen Nutzungen ab dem Erbfall ist dazu nicht erforderlich. Daher ist auch § 159 BGB regelmäßig nicht im Geschiedenentestament anwendbar. Dies sollte unter Umständen in der letztwilligen Verfügung auch ausdrücklich klargestellt werden.

Dem Vermächtnisnehmer steht des weiteren der schuldrechtliche Surrogationsanspruch aus § 281 BGB zu. Vom Wortlaut des § 2179 BGB her ist die Anwendung dieser Vorschrift zwar nicht zwingend geboten. Ihre Anwendbarkeit lässt sich jedoch wie folgt begründen: § 281 BGB ist eigentlich nicht bei anfänglicher Unmöglichkeit anwendbar. Andererseits entsteht der Vermächtnisanspruch erst mit dem Anfall des Vermächtnisses, so dass der Untergang des Vermächtnisgegenstandes vor dem Anfall des Vermächtnisses an sich anfängliche Unmöglichkeit bedeutet. Die vom Gesetz angeordnete Schadensersatzpflicht (§ 160 Abs. 1 BGB) zeigt aber, dass der Untergang des Vermächtnisses zwischen Erbfall und Vermächtnisanfall nicht wie anfängliche Unmöglichkeit behandelt werden soll. Um die Lücke zu schließen, die zwischen der Zeit vor dem Erbfall (hier gelten §§ 2169 Abs. 3 und 2164 Abs. 2 BGB) und nach dem Vermächtnisanfall (hier ist § 281 BGB unmittelbar anwendbar) besteht, ist daher auch für diese Schwebezeit die Anwendbarkeit von § 281 BGB geboten.[441]

Schutz vor Zwischenverfügungen nach § 161 BGB erfährt der Vermächtnisanwärter nicht. § 161 BGB ist unanwendbar, weil die Zuwendung eines Vermächtnisses einen schuldrechtlichen Anspruch darstellt und nicht eine Verfügung im Sinne des in § 161 BGB vorausgesetzten allgemeinen Verfügungsbegriffs. Außerdem würde bei Anwendbarkeit des § 161 BGB die Anwartschaft auf den schuldrechtlichen Anspruch aus dem Vermächtnis stärker geschützt als der Anspruch selbst, was allgemeinen Rechtsgrundsätzen widersprechen würde.[442] Mit den §§ 2113 ff. BGB vergleichbare Verfügungsverbote existieren im Vermächtnisrecht nicht. Der Beschwerte ist in seiner Verfügungsmacht also völlig unbeschränkt. Der Vermächtnisnehmer ist auch nicht davor geschützt, dass in der Schwebezeit Eigengläubiger des Beschwerten auf die Vermächtnisgegenstände zugreifen. Er hat die Stellung

[441] Im Ergebnis unstreitig: vgl. etwa Staudinger-Otte, § 2179, Rz. 4; Münchner Kommentar-Schlichting, § 2179, Rz. 5; Palandt-Edenhofer, § 2179, Rz. 2

[442] H.M.: vgl. etwa Staudinger-Otte, § 2179, Rz. 5; Münchner Kommentar-Schlichting, § 2179, Rz. 4; Palandt-Edenhofer, § 2179, Rz. 2; Zawar, Das Vermächtnis in der Kautelarjurisprudenz, S. 38 f.; Bühler, BWNotZ 1967, 174; Brox, Rz. 429; a.A. Gudian, NJW 1967, 431

eines einfachen Nachlassgläubigers.[443] Dem Bedachten bleiben für den Fall der treuwidrigen Handlung des Beschwerten lediglich die Schadensersatzansprüche aus § 160 BGB. Die Beschränkungen des Beschwerten wirken sich also nur auf schuldrechtlicher Ebene aus und sind somit nicht aus dem Erbschein oder dem Grundbuch ersichtlich.

b) Ergänzende Bestimmungen im Geschiedenentestament

Dem Erblasserziel, den Erstbedachten zu Lebzeiten den Nachlass frei von Beschränkungen zu überlassen, kommt man mit der Vermächtnislösung auch ohne Modifikation der gesetzlich bestimmten Rechtsstellung des Beschwerten bereits näher als beim Nacherbenmodell. Insbesondere das Fehlen dinglicher Verfügungsbeschränkungen und die fehlenden Eintragungen in Grundbuch und Erbschein kommen der Zielsetzung des Geschiedenentestaments entgegen. Dem Erstbedachten sind also auch Schenkungen von Nachlassgegenständen mit dinglicher Wirkung möglich. Jedoch würde der Nachlass des Erstbedachten mit Ersatzansprüchen der Vermächtnisnehmer nach §§ 2179, 160 Abs. 1 BGB belastet, da in einer Schenkung stets die Beeinträchtigung der Rechte des Vermächtnisnehmers zu sehen ist. Auch der strenge Haftungsmaßstab aus §§ 160 Abs. 1, 276 Abs. 1 BGB entspricht regelmäßig nicht den Zielsetzungen des Geschiedenentestaments.

Oben wurde bereits dargestellt, dass dem Erblasser selbstverständlich die Möglichkeit offen steht, die gesetzlichen Regelungen der Rechtsstellung des Beschwerten zu modifizieren. Er ist dabei lediglich an die allgemeinen Grenzen der §§ 137, 138, 276 Abs.2, 226 BGB und an die durch den erbrechtlichen Typenzwang vorgegebenen Beschränkungen gebunden.[444] Selbstverständlich könnte der Erblasser die Haftung des Beschwerten beschränken auf vorsätzliche Handlungen (§ 276 Abs. 2 BGB). Jedoch ermöglicht auch diese Beschränkung der Haftung noch nicht die Schenkung von Nachlassgegenständen, ohne dass hierdurch Ersatzansprüche ausgelöst würden. Im Allgemeinen wird daher geraten, den Vermächtnisnehmer nur das zukommen zu lassen, was beim Tod des Erstbedachten bzw. bei Bedingungseintritt noch vorhanden ist, um eine vollständige Freistellung des Beschwerten zu erreichen. Eine derartige Bestimmung enthält auch der hier vorgestellte Formulierungsvorschlag für eine Vermächtnisanordnung im Geschiedenentestament.

---

[443] Lange/Kuchinke, § 29 II 1 a; Zawar, Das Vermächtnis in der Kautelarjurisprudenz, S. 75; Nieder, ZEV 1994, 156, 159

[444] Vgl. oben Fn. Nr. 425 und 426, S. 140

Bühler will mittels einer dogmatischen Einordnung eine Begründung für die Zulässigkeit einer derart weitgehenden Freistellung des Beschwerten geben. Er führt aus, dass eine zwar vorsätzliche, aber nicht in Benachteiligungsabsicht vorgenommene Vereitelung oder Beeinträchtigung entweder als auflösende Bedingung des Anwartschaftsrechts zum Freiwerden des Beschwerten führen könne oder der Erlass der Schadensersatzforderung dem Bedachten als Untervermächtnis auferlegt werden könne. Auf diese Weise sei es möglich, dem Beschwerten die Verwendung der vermachten Gegenstände für sich selbst zu erlauben.[445] Demgegenüber hält Zawar diese dogmatische Begründung nicht für erforderlich, da der Erblasser bereits auf Grund seiner Testierfreiheit die Rechtsstellung des Vermächtnisanwärters unmittelbar gestalten könne und so einen starken oder einen schwachen aufschiebend bedingten oder befristeten Vermächtnisanspruch begründen könne. Zudem hält er den Ansatz Bühlers für konstruiert und wenig überzeugend, da § 276 Abs. 2 BGB nach seinem Sinngehalt nur vorsätzlich schädigende, also in Benachteiligungsabsicht vorgenommene Handlungen verbietet. Gestattet der Erblasser dem Beschwerten die vorsätzliche Verwendung der Vermächtnisgegenstände für sich selbst, so stehe § 276 Abs. 2 BGB nur bei darüber hinausgehender Benachteiligungsabsicht entgegen.[446] Meiner Meinung nach ist der Ansatz Bühlers durchaus nützlich. Er gibt dem Testamentsgestalter eine stärkere Sicherheit, da die Zulässigkeit der Testamentsbestimmung eben nicht nur mit der allgemeinen Testierfreiheit begründet wird. Die von Bühler vorgenommene dogmatische Einordnung mag etwas konstruiert erscheinen. Sie ist dennoch zutreffend und zeigt, dass keine dogmatischen Bedenken dagegen bestehen, dem Beschwerten zu gestatten, Vermächtnisgegenstände vorsätzlich für sich zu verbrauchen. Für den Testamentsgestalter ist jedoch nicht so sehr entscheidend, warum eine bestimmte Klausel zulässig ist, sondern viel mehr, dass sie zulässig ist. Hierüber besteht jedenfalls Einigkeit und dies wurde auch wiederholt in Gerichtsentscheidungen bestätigt.[447] Die Vermächtniseinsetzung des Berechtigten auf das, was bei Bedingungseintritt noch vorhanden ist, ist daher eine empfehlenswerte Ergänzung einer Vermächtnisanordnung im Geschiedenentestament.

---

[445] Bühler, BWNotZ 1967, 174, 180 f.

[446] Zawar, Das Vermächtnis in der Kautelarjurisprudenz, S. 105: Für die Auslegung des Begriffs der Benachteiligungsabsicht sind strenge Maßstäbe anzusetzen. Auf die Auslegung bei § 2138 AbS. 2 BGB könne zurückgegriffen werden.

[447] OLG Bremen v. 14.10.1955, DNotZ 1956, 149, 150; OLG Oldenburg v. 12.10.1957, DNotZ 1958, 95, 96; Müller, ZEV 1996, 179, 181; Nieder, Handbuch der Testamentsgestaltung, Rz. 552; von Olshausen, DNotZ 1979,707, 716; Zawar, Das Vermächtnis in der Kautelarjurisprudenz, S. 103 ff.; Bühler, BWNotZ 1967, 174, 180; skeptisch nur Wingerter, S.24 ff., der insbesondere die Begründung Zawars für unzureichend hält und der darüber hinaus die Frage aufwirft, ob ein „Vermächtnis auf den Überrest" mit § 2065 Abs.2 BGB vereinbar ist; im Ergebnis stimmt jedoch auch Wingerter der allgemeinen Meinung zu.

Die in der Literatur vorgeschlagenen Formulierungsbeispiele für Geschiedenentestamente mit Vermächtnisanordnung sehen regelmäßig die Anordnung der Surrogation entsprechend der Regelung des § 2111 BGB vor.[448] Auch J. Mayer hält eine dem § 2111 BGB entsprechende Anordnung für angebracht, insbesondere wenn Zweck der Vermächtnisanordnung die Reduzierung von Pflichtteilsansprüchen ist, da anderenfalls die Gefahr bestünde, dass im Laufe der Zeit der Nachlass durch entsprechende Umschichtungen in das Eigenvermögen des Beschwerten hineinwächst.[449] Wagner weist darauf hin, dass die Frage der Zulässigkeit einer derartigen Bestimmung, soweit ersichtlich, in Literatur und Rechtsprechung noch nicht hinreichend herausgearbeitet wurde. Er meint, der juristische Berater sollte daher von derartigen Gestaltungen abraten.[450]

Zweifellos ist es wegen des erbrechtlichen Typenzwangs dem Erblasser nicht möglich, unmittelbar wirkende Verfügungsbeschränkungen oder sonstige Bestimmungen mit dinglicher Wirkung anzuordnen.[451] Dem Erblasser ist es daher verwehrt, Surrogation mit dinglicher Wirkung anzuordnen. Die Anordnung der entsprechenden Anwendung des § 2111 BGB im Geschiedentestament mit Vermächtnisanordnung kann jedoch so gedeutet werden, dass Surrogation mit schuldrechtlicher Wirkung stattfinden soll, die diejenigen Gegenstände umfasst, die im Nacherbenrecht dinglich surrogieren. Eine Surrogationsanordnung in diesem Sinne ist auch zweifellos erbrechtlich zulässig, da nach dem gesetzlich vorgezeichneten Grundmodell der bedingten oder befristeten Vermächtnisanordnung ohnehin eine schuldrechtliche Surrogation nach § 281 BGB vorgesehen ist.[452] Mit einer Surrogationsanordnung in diesem Sinne wird daher nur die Gesetzeslage wiedergegeben. Die Zitierung von § 2111 BGB kann jedoch widersprüchlich aufgefasst werden, da dort ja eine dingliche Ersetzung vorgeschrieben ist. Diese dingliche Wirkung kann durch eine Verfügung des Erblassers sicher nicht erreicht werden, wie oben bereits dargelegt worden ist. Um nicht den trügerischen Eindruck einer dinglich wirkenden Surrogation zu erwecken, erscheint es daher sinnvoll, im Geschiedenentestament die Surrogation zwar ausdrücklich zu erwähnen, um diesbezüglich allen Beteiligten die Gesetzeslage klar vor Augen zu führen, ohne dabei jedoch auf § 2111 BGB zu verweisen. Ein entsprechender Formulierungsvorschlag ist in obiger Mustervermächtnisanordnung enthalten.

---

[448] Dieterle, BWNotZ 1971, 14, 18; Limmer in Dittmann-Reimann-Bengel, E 54; Busse, MittRhNotK 1998, 225, 237
[449] J.Mayer, ZEV 2000, 1, 8
[450] Wagner, ZEV 1997, 369, 370
[451] So auch Zawar, Das Vermächtnis in der Kautelarjurisprudenz, S. 99
[452] Zur Anwendbarkeit des § 281 BGB im Vermächtnisrecht vgl. oben Seite 145

Eine Kehrseite der vollständigen Verfügungsfreiheit des Beschwerten und der hier vorgeschlagenen weitgehenden Befreiung von Schadensersatzansprüchen ist jedoch, dass es dem Erstbedachten möglich ist, durch Verfügung unter Lebenden Gegenstände aus dem Nachlass an auszuschließende Personen weiterzugeben. Auch ist der Nachlass nicht wie beim Nacherbenmodell vor dem Zugriff der Eigengläubiger des Erstbedachten geschützt. Es bestehen jedoch Möglichkeiten, auch im Vermächtnismodell diesen Gefahren entgegenzuwirken. Schutz vor dem Zugriff von Gläubigern des Beschwerten wird beispielsweise mittels der Anordnung der Verwaltungstestamentsvollstreckung ermöglicht.[453] In diesem Fall ist der Nachlass vor dem Zugriff von Eigengläubigern des Erben bzw. des Vermächtnisnehmers geschützt, da nach § 2214 BGB Gläubiger des Erben, die nicht Nachlassgläubiger sind, sich nicht an die der Verwaltung unterliegenden Gegenstände halten können. Die Anordnung der Testamentsvollsteckung gekoppelt mit einer entsprechenden Auflage bietet auch Schutz davor, dass durch Rechtsgeschäft unter Lebenden etwas aus dem Nachlass an die auszuschließenden Personen gelangt.[454] Um ungewollte Verfügungen unter Lebenden zu verhindern kann die Vermächtnisanordnung auch durch Strafklauseln ergänzt werden, wonach der Nachlass teilweise oder im ganzen einem Dritten vermacht wird im Fall der Veräußerung an eine auszuschließende Person. Zwar wäre eine vorgenommene Verfügung wegen der nur schuldrechtlichen Wirkung des Vermächtnisses wirksam. Der Erblasser kann jedoch festlegen, dass in diesem Fall der Beschwerte schadensersatzpflichtig wäre (und somit die oben vorgeschlagene Modifizierung wieder zurücknehmen).[455]

Durch derartige zusätzliche Anordnungen wird jedoch der Vorteil der Vermächtnislösung, die Verfügungsfreiheit zu Lebzeiten, wieder weitgehend verspielt. Durch die Verwaltungstestamentsvollstreckung wird der Beschwerte in der eigentlich bezweckten Verfügungsfreiheit zu Lebzeiten wieder beschränkt. Die vorgestellten Strafklauseln führen zu einer sehr komplexen und nur noch schwer verständlichen Rechtslage und sind daher auch nicht empfehlenswert. Zudem sind derartige Strafklauseln auch nur dann sinnvoll, wenn sie durch die Anordnung einer Testamentsvollstreckung ergänzt werden. Nur ein Testamentsvollstrecker kann die Durchführung der Strafklauseln sicherstellen. Die Testamentsvollstreckung bringt aber wiederum eine Belastung für den Beschwerten mit sich. Wenn der Erblasser daher Angst hat

[453] Bühler, BWNotZ 1967, 174, 181; Zawar, Das Vermächtnis in der Kautelarjurisprudenz, S. 121; Nieder, Handbuch der Testamentsgestaltung, Rz. 556; ders., ZEV 1994, 156, 159; Busse, MittRhNotK 1998, 225, 238; Watzek, MittRhNotK 1999, 37, 47

[454] Limmer in Dittmann-Reimann-Bengel, Teil E, Rz. 55

[455] Limmer in Dittmann-Reimann-Bengel, Teil E, Rz. 55

vor Verfügungen seiner Erben unter Lebenden oder wenn der Zugriff von Eigengläubigern droht, dann ist das Nacherbenmodell wohl die klarere und bessere Variante für das Geschiedenentestament, auch wenn der Erbe dann natürlich wieder den generell im Nacherbenmodell geltenden Verfügungsbeschränkungen unterliegt.

2. Pflichtteilsanspruch

a) Werden etwaige Pflichtteilsansprüche verhindert?

Zur Berechnung des Pflichtteilsanspruchs des geschiedenen Ehegatten am Nachlass eines vorverstorbenen gemeinschaftlichen Kindes, das Erbe des Erblassers geworden ist, oder eines Enkels, der Vermächtnisnehmer geworden ist, wird das vom Erblasser stammende Vermögen nicht mitgerechnet, wenn es durch vom Erblasser angeordnete Vermächtnisse aufgezehrt wird. Die vom Erblasser angeordneten Vermächtnisse stellen Erblasserschulden dar, die nach § 2311 BGB bei der Wertermittlung vorrangig vom Nachlass abzuziehen sind. Dies gilt völlig unstreitig für Vermächtnisse, die bereits vor dem weiteren Todesfall angefallen waren, selbst wenn sie zum Zeitpunkt des Todes des Vermächtnisbeschwerten noch nicht fällig waren.

Nicht völlig gesichert ist jedoch, ob ein Vermächtnis, dessen Anfall erst mit dem Tod des beschwerten Erben (oder Vermächtnisnehmers) eintritt, ebenfalls den gewünschten Erfolg erzielt bei der Vermeidung von Pflichtteilsansprüchen des geschiedenen Ehegatten.[456] Gerade solche Vermächtnisse, die erst mit dem Tod des Beschwerten anfallen, sind aber für Geschiedenentestamente von besonderer Relevanz und ein derartiges Vermächtnis wurde auch in der oben vorgeschlagenen Vermächtnisanordnung verwendet. Nach der Legaldefinition des § 2177 BGB sind solche Vermächtnisse bis zum Tod des Erben noch nicht entstanden. Es besteht bis dahin nur eine rechtlich geschützte Anwartschaft (§ 2179 BGB). Fraglich ist daher, ob diese Vermächtnisse bereits beim Tod des Beschwerten vorhandene

[456] Diese Problematik wird insbesondere auch im Rahmen der sog. „Jastrow'schen Formel" zur Abschreckung von Pflichtteilsansprüchen beim Berliner Testament diskutiert: für die Möglichkeit der Pflichtteilsreduktion mittels eines erst mit dem zweiten Erbfall anfallenden Vermächtnisses: Nieder, Handbuch der Testamentsgestaltung, Rz. 596; Rohlfing, § 3, Rz.133 ff.; Watzek, MittRhNotK 1999, 37; Radke, S.120 ff.; dagegen: Ebenroth, Rz.491; skeptisch auch J. Mayer in Dittmann / Reimann / Bengel, Teil E, Rz.106; ders., ZEV 2000, 1, 9; ders., ZEV 1995, 136, 138, der meint, dass derartige Gestaltungen angesichts der pflichtteilsfreundlichen Rechtsprechung des BGH (vgl. z.B.: BGH v.17.9.1986, BGHZ 98, 226 ff.; BGH v.27.4.1994, ZEV 1994, 233 f.) kaum Bestand haben werden; das Problem beschreibend: Daragan, DStR 1998, 357, 360, Fn. 29

Schulden im Sinne von Erblasserschulden darstellen und nach § 2311 BGB als Nachlassverbindlichkeit in Abzug gebracht werden können, um so den Pflichtteilsanspruch gegen den Beschwerten zu reduzieren. Diskutiert wird, ob nicht ein mit dem Tod des Belasteten anfallendes Vermächtnis wie ein vom Belasteten selbst stammendes Vermächtnis behandelt werden müsse und daher nach § 327 Abs. 1 Nr. 2 InsO nachrangig wäre. Als erst mit dem weiteren Erbfall entstehende Schuld dürfte es in diesem Fall bei der Wertermittlung für die Pflichtteilsberechnung nicht zum Abzug gebracht werden nach § 1991 Abs. 4 BGB i.V.m. § 327 Abs. 1 Nr. 2 InsO.[457]

In Anbetracht dieser Unsicherheit schlägt J. Mayer als sichereren Weg vor, das Vermächtnis sofort mit dem Erbfall anfallen zu lassen und erst mit dem Tod des Erben fällig zu stellen (betagtes Vermächtnis).[458] Ab dem Anfall des Vermächtnisses ist jedoch die Regelung des § 2184 BGB anwendbar mit der Folge, dass der Beschwerte bei Fälligkeit des Vermächtnisses dem Vermächtnisnehmer auch die seit dem Anfall des Vermächtnisses gezogenen Früchte sowie das sonst auf Grund des vermachten Rechtes Erlangte herauszugeben hat. Gehört beispielsweise ein Mietshaus zum Nachlass, so umfasst der Vermächtnisanspruch des Bedachten nicht nur das Mietshaus selbst sondern auch alle seit dem Vermächtnisanfall, also seit dem ersten Erbfall, bezogenen Mieteinnahmen und zwar selbst, wenn der Beschwerte diese zwischenzeitlich für sich verbraucht hat. Insoweit ist der Anspruch des Vermächtnisnehmers nicht notwendigerweise auf das vom Erblasser stammende, zum Fälligkeitszeitpunkt noch vorhandene Vermögen begrenzt sondern kann sich auch auf das Eigenvermögen des Beschwerten beziehen. Dies widerspricht eindeutig der Zielsetzung des Geschiedenentestaments, den Erstbedachten von Beschränkungen und Belastungen weitmöglichst freizustellen. Die Vorschrift des § 2184 BGB ist jedoch nicht zwingend, so dass

---

457 Vgl.; J. Mayer, ZEV 2000, 1, 9 und Watzek, MittRhNotK 1999, 37, 41, die beide auf Zawar, Das Vermächtnis in der Kautelarjurisprudenz, S. 61, verweisen, als Fundstelle für die Meinung, dass in diesem Fall das Vermächtnis nur nachrangig ist. Zawar behandelt an dieser Stelle jedoch nicht den Spezialfall des auf den Tod aufgeschobenen Vermächtnisses bzw. des Nachvermächtnisses sondern weist lediglich allgemein auf die gesetzliche Regelung des § 226 AbS. 2 Nr. 5 KO (= § 327 AbS. 1 Nr. 2 InsO) hin, wonach der Vermächtnisnehmer einfacher Nachlassgläubiger ist und im Nachlasskonkurs nur die schlechte Rangstelle nach § 226 AbS. 2 Nr. 5 KO besetzt.

458 J. Mayer, ZEV 2000, 1, 9, der darauf hinweist, dass dies, selbst wenn man die Zweifel bzgl. der Reduzierung des Pflichtteilsanspruchs nicht teilt, trotzdem ratsam sein könne, da bei Geldvermächtnissen eventuell ein Bewertungsabschlag durch die auf Grund der hinausgeschobenen Erfüllung dem Erben verbleibende Nutzung zu machen ist (analog der Behandlung solcher Fälle im Erbschaftsteuerrecht). Für Geschiedenentestamente ist dieser Hinweis jedoch nicht von Relevanz, da Geldvermächtnisses hier wohl selten zum Einsatz kommen werden.

der Erblasser abweichende Anordnungen treffen könnte.[459] Für die Zwecke des Geschiedenentestaments ist der von J. Mayer vorgeschlagene Lösungsweg mittels eines betagten Vermächtnisses jedenfalls nur sinnvoll, wenn der Erblasser anordnet, dass dem Beschwerten auch nach dem Anfall gezogene Früchte verbleiben sollen und somit die Regelung des § 2184 BGB abbedungen wird.[460]

Dieser Lösungsweg steht jedoch nicht zur Verfügung, wenn der Vermächtnisnehmer nicht eindeutig bestimmbar ist. Dann erfolgt der Anfall nach § 2178 BGB mit dem Eintritt des Ereignisses, durch das die Persönlichkeit des Vermächtnisnehmers bestimmt wird. Sobald die gesetzlichen bzw. die gewillkürten Erben des Erstbedachten als Vermächtnisnehmer eingesetzt werden, wie dies in der oben vorgeschlagenen Vermächtnisanordnung der Fall ist, ergibt sich die Persönlichkeit des Vermächtnisnehmers erst mit dem Tod des Erstbedachten und das Vermächtnis fällt auch erst zu diesem Zeitpunkt an. Der oben beschriebene „sicherere Weg" ist daher nur möglich, wenn kein Fall des § 2178 BGB vorliegt, wenn also die Person des Bedachten zum Zeitpunkt des ersten Erbfalls bereits bestimmbar ist. Für die Eignung im Geschiedenentestament bedeutet es jedoch eine entscheidende Einschränkung, wenn die Person des Bedachten bereits durch den Erblasser festgelegt werden muss und diese Entscheidung nicht mehr vom Beschwerten beeinflussbar ist. Daher erscheint der Vorschlag Mayers für das Geschiedenentestament auch bei Abbedingung des § 2184 BGB nicht zweckmäßig.

Nach der hier favorisierten Meinung ist eine entsprechende Gestaltung auch nicht notwendig, da die vorgebrachten Bedenken gegen die Behandlung von Vermächtnissen, deren Anfall auf den Tod des Beschwerten aufgeschoben ist, als im Rahmen von § 2311 BGB abziehbare Nachlassverbindlichkeiten nicht stichhaltig sind. Schon der Wortlaut des § 327 Abs. 1 Nr. 2 InsO, der ein „vom Erblasser angeordnetes Vermächtnis" voraussetzt, spricht dafür, derartige Vermächtnisse als abziehbare Erblasserschulden zu behandeln. Erblasser im Sinne dieser Vorschrift ist der Erblasser des weiteren Todesfalls, also der Erstbedachte

---

459 Staudinger-Otte, § 2184, Rz.4; Münchner Kommentar-Schlichting, § 2184, Rz.1

460 Auch erbschaftsteuerlich kann es problematisch sein, das Vermächtnis bereits mit dem Tod des ersten Erblassers oder jedenfalls vor dem Tod des Erstbedachten anfallen zu lassen und erst mit dem zweiten Erbfall fällig zu stellen, da strittig ist, ob in diesem Fall die Erbschaftsteuer für das Vermächtnis bereits mit dem Eintritt der Bedingung entsteht, § 9 Abs.1 Nr.1 a ErbStG. Konsequenz könnte eine Erbschaftsteuerbelastung für den Vermächtnisberechtigten zu einem Zeitpunkt sein, zu dem sein Vermächtnisanspruch noch nicht fällig ist und er noch keine Mittel aus dem Nachlass zur Verfügung hat. Richtig dürfte jedoch sein, dass die Steuer erst mit Fälligkeit des Vermächtnisses entsteht. Dafür spricht auch die Regelung des § 6 Abs.4 ErbStG. (vgl. hierzu Rohlfing, § 3, Rz. 135; Daragan, DStR 1998, 357, 359 f.; jeweils m.w.N.

des Geschiedenentestators. In der konkursrechtlichen Literatur ist allgemein anerkannt, dass unter § 327 Abs. 1 Nr. 2 InsO (früher § 226 Abs. 2 Nr. 5 KO) nur vom Erblasser angeordnete Vermächtnisse fallen. Vermächtnisse, mit denen der Erblasser selbst beschwert war, stellen im Nachlasskonkurs eine vollberechtigte Konkursforderung dar.[461]

Auch eine nähere Charakterisierung des Begriffs der Nachlassverbindlichkeit stützt dieses Ergebnis.[462] Nach § 1967 Abs. 2 BGB zählen zu Nachlassverbindlichkeiten zum einen die vom Erblasser herrührenden Schulden (sogenannte „Erblasserschulden") und zum anderen Verbindlichkeiten, die den Erben als solchen treffen, insbesondere aus Pflichtteilsrechten, Vermächtnissen und Auflagen (sogenannte Erbfallschulden). Die Erblasserschulden bilden stets einen Abzugsposten bei der Ermittlung des Nachlasswertes im Rahmen von § 2311 BGB. Bei den Erbfallschulden ist hingegen die Rangfolge im Insolvenzfall zu beachten (§§ 1991 Abs.4 BGB, 327 Abs. 1 InsO).[463] Zu den Erbfallschulden zählen jedoch nur solche Vermächtnisse, die der Erblasser angeordnet hat. Vermächtnisse mit denen schon der Erblasser beschwert war, zählen zu ererbten Schulden, die vom ersten Erblasser herrühren – also zu Erblasserschulden. Auch ein Vermächtnis, das erst mit dem Tod des (zweiten) Erblassers anfällt, ist als Erblasserschuld einzuordnen. Als vom Erblasser herrührend gehen auch Verbindlichkeiten aus noch werdenden und schwebenden Rechtsbeziehungen, aus bedingten oder künftigen Rechten und aus Anwartschaften auf den Erben über, da auch diese vermögensrechtlichen Beziehungen vererblich sind.[464] Voraussetzung ist lediglich, dass die Bindung oder Belastung bereits in der Person des Erblassers begründet war.[465] Ein mit dem Tod des Erblassers anfallendes und von dessen Erblasser angeordnetes Vermächtnis war zweifellos bereits in der Person des Erblassers begründet. Daher ist ein erst mit dem Tod des Beschwerten anfallendes Vermächtnis genauso gut geeignet, Pflichtteilsansprüche gegen den Nachlass des Beschwerten zu reduzieren, wie ein bereits mit dem ersten Erbfall anfallendes und erst mit dem zweiten Erbfall fällig werdendes Vermächtnis. Auch aus § 2313 Abs.1 BGB kann sich nichts anderes ergeben, da im Zeitpunkt des Ablebens des Vermächtnisbeschwerten die aufschiebende Bedingung eingetreten ist.

Der Pflichtteilsberechtigte soll nach den zwingend ausgestalteten gesetzlichen Regeln nur vor beeinträchtigenden Verfügungen „seines" Erblassers ge-

[461] Kuhn/Uhlenbruck, KO, § 226, Rz. 10; Hess in Hess, KO, § 226, Rz. 10
[462] Watzek, MittRhNotK 1999, 37, 41
[463] Palandt-Edenhofer, § 2311, Rz. 7; Münchner Kommentar-Frank, § 2311, Rz. 11
[464] Palandt-Edenhofer, § 1922, Rz. 26
[465] BGH v. 9.6.1960, BGHZ 32, 367, 369; BGH v. 19.3.1981 , NJW 1981, 1446; Palandt-Edenhofer, § 1967, Rz. 5; Münchner Kommentar-Siegmann, § 1967, Rz. 10

schützt werden. Daher ist der Pflichtteilsanspruch – wie oben dargelegt – vorrangig vor vom zweiten Erblasser stammenden Vermächtnissen zu bedienen. Eine dritte Person (hier der erste Erblasser) kann in seiner Testierfreiheit nicht durch Schutzvorschriften zugunsten der Pflichtteilsberechtigten eines anderen Erblassers beschränkt werden. Dabei spielt es auch keine Rolle, dass diese dritte Person ihre letztwilligen Verfügungen aus der Motivation heraus trifft, etwaige Pflichtteilsansprüche gegen den Nachlass des zweiten Erblassers zu reduzieren. Es besteht ein klarer rechtstechnischer Unterschied zwischen Verfügungen des ersten und des zweiten Erblassers. Die Schutzvorschriften zugunsten des Pflichtteilsberechtigten würden über das Gesetz hinaus ausgedehnt, wenn auch Verfügungen des ersten Erblassers die Gültigkeit verwehrt werden würde, um Pflichtteilsberechtigte des zweiten Erblassers zu schützen.[466]

Es bestehen nicht einmal wegen des für den Kautelarjuristen geltenden Grundsatz, den sichersten Weg zu wählen, diesbezüglich Bedenken gegen eine Verwendung im Geschiedenentestament. Soweit ersichtlich hat in der Literatur noch niemand eine materiellrechtliche Begründung geliefert für die Ansicht, dass derartige Vermächtnisse hinter Pflichtteilsansprüchen zurücktreten und daher nicht zur Pflichtteilsreduktion führen.

Die Äußerung Zawars, die regelmäßig als Fundstelle für diese Meinung angegeben wird, bezieht sich bei näherer Betrachtung auf einen anderen Sachverhalt.[467]

Ebenroth bezieht zwar ausdrücklich Stellung in dieser Frage und meint, um den gewünschten Effekt einer Minderung des Nachlasses des Vermächtnisbeschwerten und damit des Pflichtteilsanspruchs zu erzielen, müssten die Vermächtnisse sofort mit dem Tod des ersten Erblassers oder jedenfalls vor dem zweiten Erbfall anfallen. Er gibt hierfür jedoch keine Begründung.[468]

J. Mayer glaubt ebenfalls, dass mittels einer derartigen Vermächtnisanordnung das gewünschte Ziel der Pflichtteilsreduktion nicht erreicht werden kann. Er führt für seine Meinung jedoch ebenfalls keine materiellrechtlichen Argumente an sondern verweist lediglich auf die tendenziell pflichtteilsfreundliche Rechtsprechung des BGH.[469] Ein den zweiten Erblasser nur formal belastendes, aber für diesen nicht lästiges Vermächtnis werde

466 Radke, S.122
467 Vgl. Fn. Nr. 457
468 Ebenroth, Rz. 491
469 Vgl. Fn. Nr. 456

angesichts dieser Rechtsprechung keinen Bestand haben. Dabei mache es keinen Unterschied, dass dieses Vermächtnis vom ersten Erblasser herstamme.

Gegen diese pessimistische Rechtsprechungsprognose spricht jedoch, dass sich die von J. Mayer zitierten Entscheidungen mit der Auslegung des § 2325 BGB beschäftigen, also mit der Problematik lebzeitiger Schenkungen des Pflichtteilsschuldners,[470] und es hier um die Auswirkungen letztwilliger Verfügungen einer anderen Person geht. Diese beiden Problemstellungen sind derart unterschiedlich, dass aus der Rechtsprechung zu der ersten Frage wohl nicht auf die Einstellung des BGH zur zweiten Frage geschlossen werden kann.[471]

Die anderen Autoren, die diese Problematik eingehend diskutieren, kommen zu dem Ergebnis, dass eine Pflichtteilsminderung auf diesem Wege möglich ist.[472] Zwar liegt keine bestätigende Rechtsprechung zu dieser Frage vor; angesichts der überwiegenden Meinung in der Literatur und des Fehlens einer materiellrechtlichen Begründung für die Gegenmeinung braucht jedoch auch ein vorsichtiger Rechtsberater keine Scheu haben, entsprechende Gestaltungen anzuraten.

b) Unnötige Beschränkung der Erben, wenn der Pflichtteil nicht geltend gemacht wird

In der oben vorgeschlagenen Vermächtnisanordnung wurde der Anfall des Vermächtnisses von der Bedingung abhängig gemacht, dass der geschiedene Ehegatte seinen Pflichtteil verlangen kann. Der Eintritt dieser Bedingung steht mit dem Tod des Erben bzw. des Vermächtnisnehmers fest, da der Pflichtteilsanspruch mit dem Erbfall entsteht (§ 2317 Abs. 1 BGB). Das Vermächtnis fällt an unabhängig davon, ob der geschiedene Ehegatte seinen Pflichtteilsanspruch auch tatsächlich verlangt. Dies könnte dazu führen, dass das zur Verhinderung der Nachlassteilhabe des geschiedenen Ehegatten bedingt ausgesetzte Vermächtnis zu bedienen ist, obwohl die Störung, die es verhindern soll, nicht eintritt, weil der Pflichtteil nicht verlangt wird.

Um einen unnötigen Anfall des Vermächtnisses und den damit zusammenhängenden Eingriff in die Nachlassverteilung zu vermeiden, könnte man daran denken, das Vermächtnis nur anfallen zu lassen, wenn der Pflichtteil tatsächlich gefordert wird. Diese Variante hat jedoch den Nachteil, dass die

---

470 Vgl. Fn. Nr. 456
471 So auch Radke, S. 122
472 Nieder, Handbuch der Testamentsgestaltung, Rz. 596; Watzek, MittRhNotK 1999, 37, 41; Rohlfing, § 3, Rz. 134; Radke, S.122

vermögensrechtliche Situation für eine nicht unerhebliche Dauer ungewiss wäre.[473] Bis zum Ablauf der Verjährungsfrist des § 2332 BGB – also in der Regel 3 Jahre lang – kann der Pflichtteil geltend gemacht werden. Ein solcher Schwebezustand sollte aus Gründen der Rechtssicherheit verhindert werden. Daher ist die zuerst vorgestellte Gestaltung vorzuziehen.

Wegen der dargestellten Schwierigkeiten meint Busse, das Nacherbenmodell biete eine effektivere und verständlichere Lösung des Problems der Pflichtteilsansprüche als die Vermächtnislösung.[474] Er stimmt mit der hier vertretenen Meinung überein, dass es wegen des potentiellen Schwebezustandes unzweckmäßig ist, das Vermächtnis unter die Bedingung zu stellen, dass der Pflichtteil tatsächlich bedient wird. Andererseits hält er auch die hier vorgeschlagene Variante für wenig geeignet. Sie führe zu einer sehr komplizierten Gestaltung, die den Beteiligten nur schwer verständlich sein wird, da der Erblasser Sicherungen selbst für den Fall treffen muss, dass der Pflichtteilsanspruch nicht geltend gemacht wird.

Die Kritik ist zutreffend und durchaus ernstzunehmend. Dieser Einwand ist jedoch nicht so schwerwiegend, dass eine Vermächtnisgestaltung generell als unzweckmäßig für die Lösung des Pflichtteilsproblems im Geschiedentestament abzulehnen wäre. Eine Teilnahme des geschiedenen Ehegatten am Nachlass des Erblassers über Pflichtteilsansprüche gegen gemeinschaftliche Abkömmlinge wird jedenfalls zuverlässig ausgeschlossen und durch die Bestimmung geeigneter Vermächtnisnehmer wird auch eine sachgerechte Verteilung des Nachlasses sichergestellt für den Fall, dass das Vermächtnis anfällt. Die Zielsetzungen des Geschiedenentestaments werden also erfüllt. Ich meine, es ist durchaus akzeptabel, dass in dem Sonderfall, in dem Pflichtteilsansprüche des geschiedenen Ehegatten bestehen, die jedoch nicht bedient werden müssen, die vom Erblasser zur Sicherung gewählte Gestaltung ausnahmsweise greift, obwohl eine Störung nicht vorliegt.

3. Freie Auswahl des Vermächtnisnehmers

a) Erbeserbe als Vermächtnisnehmer – unzulässige Umgehung von § 2065 BGB ?

Als Vermächtnisnehmer werden für Geschiedenentestamente regelmäßig dieselben Personen vorgeschlagen, die nach der Dieterle-Formel Nacherben

[473] Busse, MittRhNotK 1998, 225, 239
[474] Busse, MittRhNotK 1998, 225, 239

werden sollen.[475] Auch der oben vorgestellte Formulierungsvorschlag folgt diesem Muster. Danach sollen die gewillkürten Erben des Erben Vermächtnisnehmer werden. Nur hilfsweise werden die gesetzlichen Erben des Erben hierzu bestimmt bzw. eine starre Ersatzvermächtniseinsetzung vorgenommen. Ausgeschlossen sind jedoch in jedem Fall der geschiedene Ehegatte, dessen Abkömmlinge, die nicht mit dem Erblasser gemeinschaftlich sind, sowie dessen Verwandte aufsteigender Linie.

Die Zulässigkeit einer entsprechenden Vermächtniseinsetzung wird in der Literatur nicht in Frage gestellt und auch nicht näher diskutiert. Die Autoren, die von der Zulässigkeit der Dieterle-Formel im Nacherbenmodell überzeugt sind, gehen selbstverständlich auch davon aus, dass eine entsprechende Anordnung im Vermächtnismodell möglich ist.[476] Selbst Wagner, der im Nacherbenmodell die Dieterle-Formel kategorisch ablehnt,[477] hält eine Einsetzung der gewillkürten Erben zu Vermächtnisnehmern für zulässig. Er begründet seine Ansicht folgendermaßen: Da es gemäß § 2151 Abs. 1 BGB erlaubt sei, dem Beschwerten die Individualisierung des Bedachten im Wege einer bloßen Erklärung zu ermöglichen, müsse diese Individualisierung erst recht über die Koppelung an die letztwillige Verfügung des Bedachten über dessen Eigenvermögen gestattet sein.[478]

Meiner Meinung nach bedarf die Frage der Zulässigkeit der Vermächtniseinsetzung entsprechend der Dieterle-Formel einer genaueren Begründung als sie bisher gegeben wurde. Richtig ist zwar, dass das Vermächtnisrecht einen weiten Spielraum für die Drittbestimmung lässt, wie sich aus §§ 2151 ff. BGB ergibt. Andererseits ist auch im Vermächtnisrecht die Verbotsnorm des § 2065 Abs. 2 BGB zu beachten, da § 2065 BGB als allgemeine Vorschrift des dritten Abschnitts auch für das Vermächtnisrecht anwendbar ist, das als vierter Titel dieses Abschnitts im BGB geregelt ist. Die Einsetzung der gewillkürten Erben des Erben als Vermächtnisnehmer ist eine Potestativbedingung (wenn der Erbe eine Person zum Erbe seines Eigenvermögens macht, dann soll diese Person auch Vermächtnisnehmer werden), deren Zulässigkeit anhand der allgemeinen Kriterien festgestellt werden muss. Die §§ 2065 und 2151 ff. BGB bilden insoweit ein Regel-Ausnahme-System, das in der Zulässigkeitsprüfung mit zu berücksichtigen sein wird. Trotz der im Vermächtnisrecht vorgesehenen Durchbrechungen ist der Höchstpersönlichkeitsgrundsatz im Vermächtnisrecht nicht bedeutungs-

[475] Dieterle, BWNotZ 1971, 14, 18; Nieder, ZEV 1994, 156, 159; Busse, MittRhNotK 1998, 225, 238; Limmer in Dittmann-Reimann-Bengel, Teil E, Rz. 51
[476] Vgl. Fn. Nr. 475
[477] Vgl. oben Seite 123
[478] Wagner, ZEV 1997, 369, 370

los. Verwiesen sei nur auf die Diskussion um die Drittbestimmung beim Universalvermächtnis.[479]

Als entscheidendes Kriterium für die Zulässigkeit von Potestativbedingungen wurde oben die Motivation des Erblassers herausgearbeitet. Wenn der Erblasser ein eigenes Interesse am Ausgang der Bedingung hat, von der er die Person des Zuwendungsempfängers abhängig gemacht hat, so ist die Bedingung zulässig. Die Motive des Erblassers sind dabei in jedem Einzelfall zu prüfen. Wenn die Motivation nicht mehr feststellbar ist, soll im Zweifel die gesetzte Bedingung für zulässig erachtet werden, wenn nicht die Annahme eines Eigeninteresses des Erblassers im zu überprüfenden Einzelfall abwegig ist, da die Testierfreiheit höher zu gewichten ist als der Höchstpersönlichkeitsgrundsatz.[480] Nach der hier vertretenen Meinung ist die Dieterle-Formel im Nacherbenfall regelmäßig als zulässige Gestaltung anzusehen.[481] Gleiches gilt selbstverständlich auch für eine entsprechende Gestaltung im Vermächtnisrecht, da im wesentlichen dieselben Argumente greifen. Aber im Nacherbenmodell wurde bereits darauf hingewiesen, dass gute Argumente gegen die Zulässigkeit der Dieterle-Formel sprechen und dass daher nur bedingt zu dieser Gestaltungsform geraten werden kann. Eine ähnliche Einschränkung müsste auch im Vermächtnismodell gemacht werden, wenn sich aus den Besonderheiten des Vermächtnisrechts keine zusätzlichen Argumente für die Zulässigkeit ergeben, welche die bestehenden Zweifel beseitigen.

Alleine der Hinweis auf den im Vermächtnisrecht geltenden § 2151 BGB kann jedenfalls nicht die Bedenken bezüglich der Zulässigkeit dieser Formel im Vermächtnismodell beseitigen.[482] Hierdurch werden keine zusätzlichen Argumente für die Zulässigkeit dieser Gestaltung gegeben. § 2151 Abs. 1 BGB legt genaue Voraussetzungen für eine zulässige Drittbestimmung des Vermächtnisnehmers fest. Diese Voraussetzungen werden bei der Einsetzung der gewillkürten Erbeserben nicht erfüllt. Insbesondere wird nicht, wie in § 2151 Abs. 1 BGB verlangt, vom Erblasser ein überschaubarer Personenkreis vorgegeben, aus dem der Vermächtnisnehmer auszuwählen ist. § 2151 BGB als Ausnahmevorschrift zu § 2065 BGB greift daher nicht unmittelbar.

Aus den §§ 2151 ff. BGB lässt sich jedoch zurecht der Schluss ziehen, dass im Vermächtnisrecht dem materiellen Höchstpersönlichkeitsgrundsatz des § 2065 BGB ein geringeres Gewicht beizumessen ist als bei der Erbeinsetzung.

[479] Vgl. unten Seite 160
[480] Vgl. oben Seite 86 f.
[481] Vgl. oben Seite 126 ff.
[482] So aber Wagner, ZEV 1997, 369, 370

Bei der Zulässigkeitsprüfung einer Potestativbedingung kommt es in Zweifelsfällen letztlich auf die Abwägung zwischen Testierfreiheit und Höchstpersönlichkeitsgrundsatz an. Schon bei der Erbeinsetzung entsprechend der Dieterle-Formel fällt diese Abwägung regelmäßig zu Gunsten der Testierfreiheit aus. Da im Vermächtnisrecht die Bedeutung des § 2065 BGB tendenziell geringer ist, wird man im Vermächtnisrecht noch eher geneigt sein, der Testierfreiheit Vorrang zu gewähren. Insoweit ergeben sich aus den §§ 2151 ff. BGB zusätzliche Anhaltspunkte für die Zulässigkeit einer der Dieterle-Formel entsprechenden Vermächtniseinsetzung. Diese Argumentation spielt sich jedoch auf der Ebene der Auslegung im Rahmen einer Güterabwägung ab, die notwendigerweise subjektiv sein muss. Zusätzliche, objektive und unumstößliche Gesichtspunkte für die Zulässigkeit einer entsprechenden Vermächtnisanordnung lassen sich aus den §§ 2151 ff. BGB nicht ableiten. Daher ist die Wahrscheinlichkeit, dass eine derartige Vermächtnisanordnung der gerichtlichen Überprüfung standhält, wohl noch größer als bei der klassischen Dieterle-Formel. Trotzdem bleibt ein Restrisiko.[483]

b) Drittbestimmungsmöglichkeiten der §§ 2151 und 2153 BGB

Da das Vermächtnisrecht auch risikolose Möglichkeiten der Drittbestimmung bietet, sollen nachfolgend diese Möglichkeiten näher erläutert werden und auf ihre Eignung für das Geschiedenentestament hin überprüft werden. Besonders attraktiv sind die Gestaltungsvarianten, die durch §§ 2151 und 2153 BGB geboten werden. Nach § 2151 Abs. 1 BGB kann der Erblasser mehrere in der Art mit einem Vermächtnis bedenken, dass der Beschwerte oder ein Dritter zu bestimmen hat, wer von den mehreren das Vermächtnis erhalten soll. § 2153 Abs. 1 BGB gestattet es, mehrere derart zu bedenken, dass der Beschwerte oder ein Dritter zu bestimmen hat, was jeder von dem vermachten Gegenstand zu erhalten hat. Möglich ist auch eine Gestaltung, die das Bestimmungsvermächtnis des § 2151 BGB und das Verteilungsvermächtnis des § 2153 BGB miteinander verbindet.[484]

---

[483] Wohl um dieses Restrisiko zu vermeiden verwendet Dittmann-Reimann-Bengel, Formularteil, Rz. 33, eine starre Vermächtnisanordnung in seinem Formular für ein Geschiedenentestament mit Vermächtnislösung

[484] RG v. 13.5.1919, RGZ 96, 15, 17; Soergel-Wolf, § 2153, Rz. 1; Staudinger-Otte, § 2153, Rz. 2; Nieder, Handbuch der Testamentsgestaltung, Rz. 354

Durch eine derartige Gestaltung wird dreierlei erreicht:

1. Eine völlige freie Drittauswahl des Bedachten wird ermöglicht in einer vom Gesetz abgesegneten und daher bezüglich der Zulässigkeit unproblematischen Art und Weise.

2. Der Erstbedachte kann eine „Feinsteuerung" bezüglich der Weitergabe sämtlicher zu seinem Vermögen zählenden Gegenstände vornehmen, da nicht wie bei der Dieterle-Formel die Zuwendungsquote beim Eigenvermögen des Erben und beim vom Erblasser stammenden Teil seines Vermögens identisch sein müssen.

3. Der Erbe kann auch die Weitergabe seines Eigenvermögens und des ererbten Vermögens vollständig voneinander trennen und jeweils unterschiedliche weitere Bedachte einsetzen.[485]

Die letzten beiden Punkte sind jedoch kein großer Vorteil gegenüber den bisher behandelten Gestaltungen. Ein wirtschaftlich vergleichbares Ergebnis kann beispielsweise im Nacherbenmodell mittels der Anordnung eines Vorausvermächtnisses bezüglich des Eigenvermögens des Erben hergestellt werden. Dabei setzt der Erbe diejenigen Personen zu seinen Erben ein, die nach seinem Willen den Erblassernachlass erhalten sollen. Er beschwert seine Erben jedoch mit einem Vermächtnis in beliebigem Umfang zu Gunsten der Personen, denen er sein Eigenvermögen zukommen lassen will. Die gesetzlich abgesegnete Möglichkeit der freien Drittentscheidung ist jedoch ein echtes Plus dieser Gestaltungsvariante gegenüber der Dieterle-Formel.

Nicht verschwiegen werden dürfen jedoch die Probleme oder Einschränkungen, die diese Gestaltung mit sich bringt. In der Literatur wird diskutiert, ob beim Universalvermächtnis, das im Geschiedenentestament ja regelmäßig zum Einsatz kommt, § 2151 BGB überhaupt anwendbar ist. Eine Mindermeinung hält es für eine unzulässige Umgehung des Verbots aus § 2065 Abs. 2 BGB, wenn bei einem Universalvermächtnis § 2151 BGB zu Anwendung kommt und der Vermächtnisnehmer drittbestimmt wird, da durch ein Universalvermächtnis wirtschaftlich das Gleiche erreicht wird wie durch Erbeinsetzung. [486] Die herrschende Meinung führt dagegen den nicht zwingenden Charakter des § 2087 BGB als Argument an. § 2087 BGB gibt die Abgrenzung zwischen Erb- und Vermächtniseinsetzung vor. Der Gesetzgeber habe die Schnittstelle des

[485] Dieterle, BWNotZ 1971, 14, 19

[486] Menz, DB 1966, 1719; Sudhoff, DB 1966, 1720; Schlüter, Erbrecht, Rz.886; Keller, BWNotZ 1970, 49, 51

§ 2087 BGB nicht zwingend ausgestaltet und damit der Privatautonomie überlassen, ein wirtschaftlich vergleichbares Ergebnis auf zwei formal unterschiedlichen Wegen zu erreichen. Die Ausnutzung dieser Rechtsmacht könne daher keine unzulässige Umgehung einer Verbotsnorm sein.[487] Die Argumentation der herrschenden Meinung ist überzeugend und wird auch von der überwiegenden Mehrzahl der Kommentatoren zum Erbrecht geteilt. Eine Testamentsgestaltung, die ein Universalvermächtnis mit einem Bestimmungsvermächtnis nach § 2151 BGB koppelt ist daher auch unter dem Gesichtspunkt des sichersten Weges durchaus geeignet für die gestaltende Jurisprudenz.

Unklar ist auch, ob der Beschwerte als Auswahlberechtigter in Frage kommt. § 2151 Abs. 2 BGB, der auch auf Verteilungsvermächtnisse anwendbar ist (§ 2153 Abs. 1 Satz 2 BGB), sieht dies zwar vor. Die Ausübung des Bestimmungsrechts kann nach allgemeiner Auffassung jedoch nicht durch Verfügung von Todes wegen erfolgen.[488] Die Bestimmung erfolgt durch empfangsbedürftige Willenserklärung.[489] Eine Willenserklärung gilt als abgegeben im Sinne von § 130 Abs. 1 BGB, wenn der Erklärende seinen rechtsgeschäftlichen Willen so geäußert hat, dass an der Endgültigkeit der Äußerung kein Zweifel möglich ist. Bei empfangsbedürftigen Erklärungen muss hinzukommen, dass sie mit Willen des Erklärenden in den Verkehr gegeben wird.[490] Bei einer im Testament geäußerten Willenserklärung bestehen zum einen Zweifel an ihrer Endgültigkeit, da auch das Testament jederzeit abänderbar ist. Zum anderen ist die Erklärung mit der Niederlegung im Testament auch noch nicht in den Verkehr gebracht. Dies geschieht erst mit Testamentseröffnung, also nach dem Tod des Erklärenden. Durchaus möglich ist jedoch, dass die Willenserklärung niemals in den Verkehr gebracht wird, beispielsweise bei Unterdrückung des Testaments. Insbesondere im Fall eines privatschriftlichen Testaments wird daher zurecht angenommen, dass der Erklärende nicht ausreichend Vorsorge getroffen hat für den Zugang der Erklärung. Da sich im Geschiedenentestament nach der hier vorgeschlagenen Gestal-

---

[487] Soergel-Wolf, § 2151, Rz. 1; Münchner Kommentar-Schlichting, § 2151, Rz. 8; Staudinger-Otte, § 2151, Rz. 2; Palandt-Edenhofer, Einf. v. § 2147, Rz. 6; Dobroschke, DB 1967, 803, 805; Klunzinger, BB 1970, 1197, 1199; Haegele, BWNotZ 1972, 74, 77; N. Mayer, ZEV 1995, 247, 248; Nieder, Handbuch der Testamentsgestaltung, Rz. 352; Zawar, Das Vermächtnis in der Kautelarjurisprudenz, S. 114 f.

[488] Nieder in Münchner Vertragshandbuch, Band 4, 2. Halbband, Formular XVI. 16, Anm. 2; Dieterle, BWNotZ 1971, 14, 18; Busse, MittRhNotK 1998, 225, 238

[489] Münchner Kommentar-Schlichting, § 2151, Rz. 10; Staudinger-Otte, § 2151, Rz. 9; Dieterle, BWNotZ 1971, 14, 18; Nieder in Münchner Vertragshandbuch, Band 4, 2. Halbband, Formular XVI. 16, Anm. 2

[490] BGH v. 11.5.1979, NJW 1979, 2032; BGH v. 30.5.1975, BGHZ 65, 13, 14; Soergel-Hefermehl, § 130, Rz.6; Palandt-Heinrichs, § 130, Rz. 4

tung erst mit dem Tod des Erstbedachten herausstellt, ob das Vermächtnis anfällt, könnte der Erstbedachte die Bestimmung nur im Wege des Testaments treffen, was nach den obigen Ausführungen im Allgemeinen nicht zulässig sein dürfte.[491]

Die Rechtsprechung hat jedoch in einigen Einzelfällen die Abgabe empfangsbedürftiger Willenserklärungen im Testament zugelassen, wenn der Erklärende mit hinreichender Sicherheit mit dem Zugang der Erklärung rechnen durfte.[492] Fraglich ist, ob man aus diesen Einzelfällen allgemein folgern darf, dass die Abgabe einer empfangsbedürftigen Willenserklärung im Testament immer möglich ist, wenn der Zugang nach dem Erbfall beispielsweise durch Mitwirkung des Nachlassgerichts bzw. eines Testamentsvollstreckers sichergestellt ist.

Dieterle lehnt dies ab und meint, die durch die Rechtsprechung zugelassenen Ausnahmen bestätigen nur die Regel.[493]

Die Argumentation der Rechtsprechung basiert auf § 130 Abs.2 BGB, wonach es auf die Wirksamkeit einer Willenserklärung ohne Einfluss ist, wenn der Erklärende nach Abgabe der Erklärung stirbt. Hieraus lässt sich folgern, dass auch eine Willenserklärung wirksam ist, mit deren Zugang erst nach dem Tod des Erklärenden zu rechnen ist, wenn nur sichergestellt ist, dass sie zugehen wird. Hiergegen wird eingewendet, dass § 130 Abs. 2 BGB nur den Fall regeln soll, dass ein Erklärender, der eigentlich mit dem Zugang der Erklärung zu seinen Lebzeiten rechnete, zufällig zwischen Abgabe und Zugang verstirbt. Die Aufnahme der Willenserklärung in das Testament zeige jedoch, dass nach dem Plan des Erklärenden die Erklärung stets erst nach seinem Tod zugehen wird. Ob § 130 Abs. 2 BGB auch diesen Fall mitumfasst wird bestritten.[494]

Dieser Einwand ist meiner Meinung nach nicht zwingend. Es spricht daher viel für die Auffassung, dass es möglich ist, eine empfangsbedürftige Willenserklärung über ein Testament wirksam in den Verkehr zu bringen, solang der Zugang sichergestellt ist. Es müsste daher auch im Geschiedenentestament gestattet sein, dem Beschwerten das Bestimmungsrecht über den

---

[491] Dieterle, BWNotZ 1971, 14, 18; Limmer in Dittmann-Reimann-Bengel, Teil E, Rz. 53; Busse, MittRhNotK 1998, 225, 238

[492] Im Falle eines Widerrufs einer Schenkung wegen groben Undanks: RG v. 8.2.1943, RGZ 170, 380, 383; Auflassungsvollmacht in Erbvertrag oder notariellem Testament: OLG Köln v.3.5.1950, NJW 1950, 702; LG Siegen v. 18.10.1949, NJW 1950, 226; diesen Ausnahmen zustimmend: Flume, Allgemeiner Teil, Bd. II, § 14, 2; a.A. Titze, ZAkDR 1943, 134

[493] Dieterle, BWNotZ 1971, 14, 18

[494] Titze, ZAkDR 1943, 134

Vermächtnisnehmer zu gewähren durch entsprechende Festlegung in seinem eigenen Testament. Soweit ersichtlich vertritt jedoch niemand in der Literatur die Auffassung, dass der Beschwerte in seinem Testament die Auswahlentscheidung gemäß §§ 2151, 2153 BGB selbst treffen solle und könne.[495]

Dem ist im Ergebnis auch zuzustimmen. Zwar ist es nach der hier vertretenen Meinung zulässig, dass der Beschwerte die Auswahlentscheidung in seinem eigenen Testament niederlegt. Jedoch muss der Zugang sichergestellt werden. Dies kann nur durch eine entsprechende Wahl der Testamentsform erfolgen. Der Erblasser des Geschiedenentestaments hat jedoch keinen Einfluss darauf, welche Testamentsform sein Erstbedachter wählen wird. Außerdem besteht eine sehr gute Alternative zu der Übertragung der Auswahlentscheidung auf den Beschwerten, wie im folgenden dargestellt wird, so dass es nicht notwendig ist, dem Bescherten die Auswahlentscheidung selbst zu überlassen.

Wenn der Beschwerte nicht selbst die Wahl trifft, bleibt nur, einen Dritten mit dieser Aufgabe zu betrauen. Wenig sinnvoll ist es, wenn der Erblasser diesen Dritten bezeichnet, da er die Gedankengänge der beschwerten Erben kaum oder gar nicht kennt. Es bestände die Gefahr einer selbstherrlichen Entscheidung, die dem Willen der beschwerten Erben nicht gerecht würde. Zudem ist zweifelhaft, ob der vom Erblasser bestimmte Dritte beziehungsweise dessen Ersatzmann den Bestimmungszeitpunkt überhaupt erleben.[496] Die Benennung eines Bestimmungsberechtigten kann jedoch auch bedingt erfolgen. Der Bestimmungsberechtigte muss nicht namentlich genannt werden, er muss nur zum Bestimmungszeitpunkt personenmäßig bestimmbar sein. Deshalb wäre beispielsweise die Einsetzung eines Testamentsvollstreckers, den der beschwerte Erbe für seinen Nachlass einsetzt, zulässig. Der Erbe kann wiederum die Person seines Testamentsvollstreckers frei festlegen und somit indirekt auch über die Person der Bestimmungsberechtigten entscheiden.[497] Den Testamentsvollstecker, zu dem der Erbe wohl nur eine Vertrauensperson benennen wird, kann der beschwerte Erbe zudem letztwillig anweisen, wie er das Wahlrecht auszuüben hat.

Der Bestimmungsberechtigte fällt seine Entscheidung nach freiem Ermessen und ist grundsätzlich nicht an die Vorgaben des beschwerten Erben gebunden. Als Vertrauensperson wird er den Willen des Verfügenden aber regelmäßig erfüllen. Nach der überwiegenden Meinung wird eine gerichtliche

---

[495] Vgl. Fn. Nr. 488

[496] Dieterle, BWNotZ 1971, 14, 19

[497] Dieterle, BWNotZ 1971, 14, 19; Limmer in Dittmann-Reimann-Bengel, Teil E, Rz. 53

Überprüfbarkeit der Auswahlentscheidung aber abgelehnt sofern nicht Arglist oder Sittenwidrigkeit vorliegt.[498] Möglich ist es jedoch, eine gerichtliche Überprüfbarkeit letztwillig anzuordnen. Den Interessen des Erblassers ist damit freilich nur gedient, wenn hinreichend präzise und damit justitiable Kriterien vorliegen.[499] Auch ist zu bedenken, ob eine gerichtliche Überprüfbarkeit überhaupt dem Interesse des Erblassers entspricht. Häufig wird der Erblasser wollen, dass die Entscheidung seines Vertrauensmannes inappellabel ist.[500] Ob die Auswahlentscheidung der gerichtlichen Nachprüfung unterliegen soll, ist daher eine nur für den Einzelfall zu beantwortende Frage.

Als weitere wichtige Entscheidung muss der Erblasser, der den Weg über §§ 2151, 2153 BGB wählt, den Kreis der möglichen Vermächtnisnehmer bestimmen. Die Identität der möglichen Vermächtnisnehmer muss aus der letztwilligen Verfügung des Erblassers bestimmbar sein und ihre Anzahl muss überschaubar sein.[501] Dies ist schon mit Blick auf § 2151 Abs. 3 BGB notwendig, wonach bei Ausbleiben der Konkretisierung des Vermächtnisnehmers alle vom Erblasser Genannten Gesamtgläubiger werden. Die Eingrenzung des Personenkreises muss positiv vorgenommen werden. Es reicht nicht aus zu bestimmen, dass jedenfalls nicht der geschiedene Ehegatte und die sonstigen auszuschließenden Personen Vermächtnisnehmer werden sollen, da bei einer derartigen negativen Eingrenzung der Kreis der möglichen Vermächtnisnehmer unüberschaubar groß wäre. Dem Erblasser des Geschiedenentestaments wird es im Regelfall schwer fallen, konkret die Personen vorzugeben, an die sein Nachlass in der übernächsten Generation übergehen soll, da er nicht wissen kann, was die Zukunft bringt. Auch diese Entscheidung würde er daher am liebsten seinem Erben überlassen. Deshalb schlägt Dieterle vor, alle Personen, die der Erbe in seinem Testament als Erben oder Vermächtnisnehmer bedenkt, als mögliche Vermächtnisnehmer zu benennen.[502]

Eine derartige bedingte Festlegung des Personenkreises stößt jedoch auf dieselben Probleme wie die Dieterle-Formel. Wieder werden die gewillkürten Erbeserben als Zuwendungsempfänger eingesetzt, wogegen wiederum Bedenken bestehen könnten wegen § 2065 Abs.2 BGB. Da vorliegend die Gestaltung über § 2151 BGB insbesondere deshalb näher untersucht wird, um

[498] Staudinger-Otte, § 2151, Rz. 6; Münchner Kommentar-Schlichting, § 2151, Rz. 12; Soergel-Wolf, § 2151, Rz. 4; a.A. N. Mayer, ZEV 1995, 247, 249

[499] N. Mayer, ZEV 1995, 247, 249

[500] Staudinger-Otte, § 2151, Rz. 7

[501] Münchner Kommentar-Schlichting, § 2151 Rz. 2; Staudinger-Otte, § 2151, Rz. 3; Brox, Rz. 412

[502] Dieterle, BWNotZ 1971, 14, 19

diese Problematik zu umgehen, scheidet die von Dieterle vorgeschlagen Möglichkeit aus.

Um eine konkrete Festlegung des Personenkreises kommt der Erblasser also nicht herum. Durch umsichtige Formulierung muss dabei versucht werden, den Erben nicht unnötig einzuschränken. Naturgemäß wird der Erblasser jedoch nicht alle Personen vorhersehen können, die sein Erbe gerne bedenken würde. Nicht geeignet erscheint es, die gesetzlichen Erben des Erben auszuwählen. Hierbei wäre der vorgegebene Kreis wohl zu eng gefasst, da unter Umständen der Erbe sogar daran gehindert wäre, seine Enkel zu bedenken, da nicht sie sondern deren Vater bzw. deren Mutter die gesetzlichen Erben sind. Besser wäre es, die gesetzlichen Erben des Erstbedachten und sämtliche Abkömmlinge dieser gesetzlichen Erben als mögliche Vermächtnisnehmer zu benennen. Auch eine noch weitere Ausdehnung auf sonstige Verwandte (z.B. Nichten und Neffen) ist möglich. Selbstverständlich sind der geschiedene Ehegatte des Erblassers, dessen Kinder, die nicht mit dem Erblasser gemeinschaftlich sind, sowie dessen sonstige Verwandte aufsteigender Linie stets auszunehmen.

Eine entsprechende Vermächtnisanordnung könnte folgendermaßen aussehen:

Testamentsklausel 13

Jeden einzelnen meiner Erben oder Ersatzerben und jeden nach dieser Anordnung zum Vermächtnisnehmer Berufenen beschwere ich mit folgendem aufschiebend bedingten Vermächtnis:

Sofern Gegenstände aus meinem Nachlass nach dem Tod einer der vorgenannten Personen im Wege der Erbfolge oder auf Grund eines Vermächtnisses an meinen geschiedenen Ehegatten, dessen Abkömmlinge, die nicht mit mir gemeinschaftlich sind, oder an seine Verwandten aufsteigender Linie fallen, vermache ich alle Vermögensgegenstände, die der Verstorbene aus meinem Nachlass erhalten hat und die sich zum Zeitpunkt des Todes noch nachweislich in seinem Vermögen befinden, den wie folgt zu bestimmenden Personen:

Diejenige Person, die der jeweilige Erbe oder Vermächtnisnehmer zu seinem Testamentsvollstecker ernennt, ist berechtigt, als Dritter im Sinne der §§ 2151 und 2153 BGB zu bestimmen, wer Vermächtnisnehmer werden soll und was jeder der Vermächtnisnehmer von den vermachten Gegenständen erhalten soll. Der Personenkreis, aus dem dieser Dritte auswählen darf setzt sich zusammen aus den gesetzlichen Erben des jeweiligen Erben oder Vermächtnisnehmers sowie aus den Abkömmlingen dieser ge-

setzlichen Erben. Die Entscheidungen dieses Dritten sind endgültig und nicht gerichtlich überprüfbar.

Gleiches gilt für den Fall, dass mein geschiedener Ehegatte Pflichtteilsansprüche nach dem Tod des jeweiligen Erben oder Vermächtnisnehmers geltend machen könnte. Ausgeschlossen als Vermächtnisnehmer sind mein geschiedener Ehegatte, dessen Abkömmlinge, die nicht mit mir gemeinschaftlich sind, und seine Verwandten aufsteigender Linie. Sollte eine dieser Personen zum Zuge kommen oder sollte es nicht zu einer oben angeordneten Bestimmung des Vermächtnisnehmers kommen, bestimme ich als Ersatzvermächtnisnehmer:

- *die Abkömmlinge des jeweiligen Erben oder Vermächtnisnehmers nach gleichen Stammanteilen,*
- *ersatzweise meine übrigen Abkömmlinge nach den Regeln der gesetzlichen Erbfolgeordnung,*
- *wiederum ersatzweise meine sonstigen Verwandten, die nach den Regeln der gesetzlichen Erbfolge meine Erben geworden wären, wenn ich zum Zeitpunkt des Eintritts des Nacherbfalles ohne Hinterlassung von Abkömmlingen gestorben wäre.*

Als Nachlassgegenstand von mir gilt auch, was als Ersatz oder Erlös für nicht mehr vorhandene Nachlassgegenstände erlangt wird.

Diese Vermächtnisse fallen dem Berechtigten mit dem Tode des Beschwerten an und werden zugleich fällig. Die Vererblichkeit und Übertragbarkeit des Vermächtnisanwartschaftsrechts für die Zeit zwischen dem Erbfall und dem Vermächtnisanfall ist ausgeschlossen.

Zur Erfüllung der angefallenen Vermächtnisse wird Testamentsvollstreckung angeordnet. Als Testamentsvollstrecker setzte ich ein....., ersatzweise ....

Die Erben der Erblassers können später letztwillig verfügen, wer Testamentsvollstrecker werden soll und wie dieser den Nachlass innerhalb des vorgegebenen Personenkreises zu verteilen hat. Der unleugbare Nachteil dieser Konstruktion ist ihre Komplexität. Nur juristisch versierte oder gut beratene Erben werden die ihnen durch diese Gestaltung gewährten Möglichkeiten auch ausnutzen können.

III. Vor- und Nachteile des Vermächtnismodells

Der größte Vorteil des Vermächtnismodells ist sicherlich das Fehlen jedweder Verfügungsbeschränkungen. Aus Grundbuch und Erbschein ergeben sich keine Einschränkungen für den Erstbedachten. Die grundsätzlichen Nachteile dieses Modells sind weitgehend die Kehrseite dieser Vorteile. Es besteht die Gefahr, dass durch Verfügung unter Lebenden etwas aus dem Erblassernachlass an auszuschließende Personen gelangt. Außerdem besteht regelmäßig kein Schutz gegenüber Eigengläubigern des Erben. Da diese Nachteile nur mittels komplexer Zusatzanordnungen ausgeglichen werden können, ist einem Erblasser, der lebzeitige Verfügungen zu Gunsten der auszuschließenden Personen verhindern will oder Schutz vor den Eigengläubigern des Erben haben will, mit dem Nacherbenmodell wohl besser gedient.

Andererseits bietet das Vermächtnismodell demjenigen, der im Wesentlichen nur die Teilnahmen der auszuschließenden Personen über Erbfolge oder Pflichtteilsrecht verhindern will, einige interessante Gestaltungsalternativen. Zum einen kann er die gewillkürten Erben des Erben als bedinge Vermächtnisnehmer einsetzten. Ähnlich wie bei der Dieterle-Formel im Nacherbenmodell kann so der Erbe in seinem eigenen Testament auch über die Vermächtnisnehmer seines Erblassers entscheiden. Demjenigen, der wegen der –wenn auch nach der hier vertretenen Meinung nur sehr überschaubaren- Gefahr, dass diese vermächtnisrechtliche Variante der Dieterle-Formel einer gerichtlichen Überprüfung nicht standhält, eine derartige Gestaltung ablehnt, bietet das Vermächtnisrecht zum anderen eine völlig sichere Möglichkeit der Drittbestimmung über §§ 2151 und 2153 BGB. Hier muss der Erblasser jedoch eine überschaubare Gruppe von möglichen Vermächtnisnehmern vorgeben, was selbstverständlich im Gegenzug die freie Bestimmung des Erben über die Weitergabe des Nachlasses etwas einschränkt. Auch kann der Erbe nicht direkt die Bestimmung der weiteren Bedachten vornehmen. Er kann jedoch über seine eigene letztwillige Verfügung die Person festlegen, welche die Auswahl zu treffen hat, und er kann dieser Person –wenn auch unverbindlich- Vorgaben über die Art und Weise der Weitergabe machen.

C. Auflösend bedingte Erbeinsetzung

Die auflösend bedingte Erbeinsetzung ist eine Gestaltungsvariante, die insbesondere im Rahmen der Diskussion um die Optimierung von Wiederverheiratungsklauseln eine große Rolle spielt. In diesem Zusammenhang wird der überlebende Ehegatte zum auflösend bedingten Vollerben eingesetzt. Für den Fall der Wiederverheiratung soll er jedoch mit ex nunc Wirkung nur noch Vorerbe seines verstorbenen Ehepartners werden und die gemeinschaftlichen Kinder Nacherben. Hierdurch soll ein Abwandern des Vermögens des Erblassers an den neuen Partner des überlebenden Ehegatten oder an dessen Verwandte verhindert werden. Gleichzeitig soll aber der überlebende Ehegatte, der nicht wieder heiratet von sämtlichen Beschränkungen unter Lebenden befreit sein. Daher wird er primär als Vollerbe eingesetzt. Auch soll er zumindest bis zum Zeitpunkt der Wiederverheiratung frei verfügen können. Dies soll mit der ex nunc Wirkung erreicht werden.[503]

Die Zielsetzungen bei der Wiederverheiratungsklausel und beim Geschiedenentestament weisen gewisse Parallelen auf: Die Erstbedachten, also der überlebende Ehepartner im einen Fall bzw. die Kinder des Erblassers im anderen Fall, sollen grundsätzlich die völlige Verfügungsfreiheit zu Lebzeiten und von Todes wegen über den Nachlass erhalten. Nur bei Eintritt einer bestimmten Bedingung - der Wiederverheiratung bzw. der Teilhabe der unerwünschten Personen am Nachlass nach dem Tod des Erstbedachten - will der Erblasser die Weitergabe seines Nachlasses an die übernächste Generation steuern, um Pflichtteils- bzw. Erbansprüche von ungewünschten Personen zu verhindern. Bis zum Bedingungseintritt soll der Erstbedachte jedenfalls frei über den Nachlass verfügen können. Daher drängt sich die Übernahme des Gestaltungsmodells der bedingten Erbeinsetzung für das Geschiedenentestament geradezu auf. Trotzdem wird in der Literatur kaum eine entsprechende Gestaltung vorgeschlagen.[504] Die Zurückhaltung gegenüber

---

[503] Münchner Kommentar-Musielak, § 2269, Rz. 45 ff.; Meier-Kraut, NJW 1992,143, 145 ff.; allgemein zum Problem der Wiederverheiratungsklausel vgl. z.B.: Jünemann, ZEV 2000, 81, 82 ff.; Zawar, Festschrift Schippel, 327, 332 ff.

[504] Nur Limmer in Dittmann-Reimann-Bengel, Teil E, Rz. 50, erwähnt die auflösend bedingte Erbeinsetzung als mögliche Variante eines GeschiedenentestamentS. Er will zur Bedingung allerdings die Veräußerung eines Nachlassgegenstandes an den geschiedenen Ehegatten unter Lebenden erheben. Damit wird wohl in gewisser Weise eine Strafklausel für Fehlverhalten der Erstbedachten zu Lebzeiten bezweckt. Limmer weist jedoch darauf hin, dass eine solche Gestaltung für alle Beteiligte sehr einschneidend ist und wegen der Schwierigkeiten, die der gutgläubige Erwerb mit sich bringen kann, nicht zweckmäßig ist. Selbstverständlich kann aber als Bedingung auch die Teilnahme der auszuschließenden Personen am Nachlass des Erblassers nach dem Tod des Erstbedachten gesetzt werden.

dieser Gestaltungsvariante ist durchaus erklärlich, da einige entscheidende Probleme, die sich aus ihr ergeben, sehr strittig sind. Im Folgenden werden daher diese Probleme kurz erläutert. Insbesondere wird die Rechtsstellung des bedingt eingesetzten Vollerben näher untersucht.

I. Rechtliche Stellung des bedingt eingesetzten Erben

Nur eine Mindermeinung hält es überhaupt für möglich, die Rechtsstellung des Vorerben und die damit einhergehenden Verfügungsbeschränkungen erst mit ex nunc Wirkung nach Erfüllung der Bedingung eintreten zu lassen.[505] Die ganz herrschende Meinung weist dem bedingt eingesetzten Vollerben sofort ab dem Erbfall auch die rechtliche Position eines Vorerben zu, der selbstverständlich auch den Regeln unterliegt, die dem Vorerben zum Schutz des Nacherben auferlegt sind.[506] Innerhalb der herrschenden Meinung ist die konkrete dogmatische Einordnung der bedingten Vollerbschaft strittig: Zum Teil wird auflösend bedingte Erbeinsetzung gekoppelt mit aufschiebend bedingter Vor- und Nacherbschaft (mit quasi ex tunc Wirkung)[507] angenommen. Zum Teil geht man von einer auflösend bedingten Vor- Nacherbschaft aus, die notwendigerweise mit einer aufschiebend bedingten Vollerbschaft gekoppelt ist.[508] Gegen die Auffassung, die auflösend bedingte Vollerbenstellung mit aufschiebend bedingter Vor- und Nacherbschaft annimmt, spricht, dass undogmatisch gesehen eine formale Vollerbenbestellung belastet mit den Beschränkungen eines Vorerben in sich widersprüchlich ist. Dieser Widerspruch wird durch die letztgenannte Auffassung vermieden. Sie basiert auf der meiner Meinung nach überzeugenden Annahme, dass jede bedingte Erbeinsetzung eine Vor- und Nacherbeneinsetzung sei. Vor- und Nacherbschaft stellt kein „aliud" zur Vollerbschaft dar sondern die Anordnung der Nacherbschaft beschränkt die uneingeschränkte Vollerbschaft und stellt daher ein „minus" zu ihr dar. Als Argument hierfür lässt sich § 2103 BGB anführen. Diese Auslegungsregel dient zwar primär der Abgrenzung zum Vermächtnis , aber zugleich stellt sie klar, dass es bei einer befristeten oder bedingten

---

[505] Münchner Kommentar-Musielak, § 2269, Rz. 45 ff.; Meier-Kraut, NJW 1992,143, 145; Buchholz, Erbfolge und Wiederverheiratung, S. 45 f.

[506] Regelmäßig wird jedoch von befreiter Vorerbschaft auszugehen sein: BayObLG v. 21.2.1962, BayObLGZ 1962, 47, 57; Lange/Kuchinke, § 34 VI 3 f, Fn. 236

[507] BGH v. 6.11.1985; NJW 1988, 59, 60; Kipp/Coing, § 79 IV 1; Palandt-Edenhofer, § 2269, Rz. 17

[508] Lange/Kuchinke, § 24 IV 3 c; Soergel-Harder, vor § 2100, Rz. 10; Erman-Schmidt, § 2269, Rz. 12; Wilhelm, NJW 1990, 2857,2860 f.; Zawar, Festschrift Schippel, 327, 332 ff.; J. Mayer in Dittmann-Reimann-Bengel, § 2269, Rz. 63; Jünemann, ZEV 2000, 81, 84

Erbeinsetzung zur Vor- und Nacherbschaft keine gesetzliche Alternative gibt.[509] Für die Ausgestaltung des Geschiedenentestaments ist es aber gleichgültig, wie die dogmatische Einordnung innerhalb der herrschenden Meinung vorzunehmen ist. Dieser Streit muss deshalb hier nicht eingehender erörtert werden. Wichtig ist aber festzuhalten, dass die herrschende Meinung sofort mit dem Erbfall die Verfügungsbeschränkungen eines Vorerben auf den bedingt eingesetzten Vollerben anwendet.

Für das Geschiedenentestament wäre die auflösend bedingte Erbeinsetzung nur interessant, wenn die oben angeführte Mindermeinung, welche die Verfügungsbeschränkungen des Vorerben erst mit ex nunc Wirkung nach Bedingungseintritt annimmt, zutreffend wäre. Ausgangspunkt diese Mindermeinung ist ebenfalls, dass eine formale Vollerbenstellung, die den Verfügungsbeschränkungen eines Vorerben unterliegt, in sich nicht schlüssig ist. Um dem Erblasserwillen besser gerecht zu werden, müsse dem auflösend bedingten Vollerben bis zum Bedingungseintritt tatsächlich eine unbeschränkte Vollerbenstellung zukommen. Dies sei auch erbrechtlich zulässig, da man von zwei Bedingungen ausgehen könne, die auf unterschiedlichen Ebenen wirken. Eine Wiederverheiratungsklausel beinhalte demnach zum einen die auflösende Bedingung der Vollerbschaft mit der Folge, dass bei Wiederheirat die Stellung als Vollerbe ende und zum anderen die Bedingung, die der Vor- und Nacherbschaft mit ex nunc Wirkung Geltung verschaffe.[510] Eine entsprechende Doppelbedingung lässt sich selbstverständlich auch für das Geschiedenentestament konstruieren.

Gegen diese Auffassung lässt sich zum einen § 2103 BGB anführen, demzufolge Nacherbschaft anzunehmen ist, wenn der Erbe die Erbschaft ab Eintritt eines bestimmten Ereignisses herausgeben soll. Aus dieser Vorschrift wurde oben der Schluss gezogen, dass bedingte Erbeinsetzung und Vor- und Nacherbeneinsetzung nicht zwei erbrechtliche Institute darstellen, die nebeneinander auftreten können, sondern dass sie in einem „aliud"-Verhältnis zueinander stehen.[511] Die Annahme eines derartigen „aliud"-Verhältnisses würde das Vorliegen zweier Bedingungen mit unterschiedlicher Wirkung zwingend ausschließen. Diese Ansicht ist jedoch nicht unbestritten. Verwiesen sei nur auf den oben dargestellten Streit innerhalb der herrschenden Meinung um die dogmatische Einordnung der Stellung des bedingten Vollerben. An ihrer Richtigkeit werden insbesondere deshalb Zweifel angemeldet, da es sich bei § 2103 BGB nur um eine Auslegungsvorschrift handelt, die eine andere

[509] Lange/Kuchinke, § 24 IV 3 c; J. Mayer in Dittmann-Reimann-Bengel, § 2269, Rz. 63
[510] Münchner Kommentar-Musielak, § 2269, Rz. 56
[511] Vgl. Fn. Nr. 509

Konstellation begrifflich wohl nicht auszuschließen vermag.[512] Daher mag der Hinweis auf § 2103 BGB alleine noch nicht genügen, um die Mindermeinung zu widerlegen.

Zur endgültigen Ablehnung der Mindermeinung muss man jedoch kommen, weil sie zu Rechtsfolgen führen würde, die mit dem Sinn und Zweck des Vor- und Nacherbenrechts nicht mehr vereinbar wären. Beispielsweise gilt für den Vollerben nicht die Surrogationsvorschrift des § 2111 BGB. Sofern der Vollerbe nun mit dem Nachlass am Wirtschaftsleben teilnimmt und die Nachlassgegenstände teilweise oder vollständig durch andere ersetzt, stellt sich die Frage, ob überhaupt noch ein Nachlass des Erstverstorbenen vorhanden ist. Die kuriose Folge wäre, dass bei Bedingungseintritt kein Erblassernachlass mehr vorhanden sein könnte, obwohl der Voll-/ Vorerbe den Nachlass nicht im wirtschaftlichen Sinn verbraucht hat.[513] Mit der Mindermeinung würde eine Variante der Nacherbschaft geschaffen, bei der einerseits der „Vorerbe" keinerlei Beschränkungen unterliegt, andererseits aber ein automatischer Rechtsübergang mit dem Bedingungseintritt bzw. mit dem Nacherbenfall eintreten würde. Eine Garantie für den Bestand des Nachlasses fehlt völlig. Damit wird jedoch der gesetzlich vorgegebene Rahmen für die Nacherbschaft verlassen (vgl. § 2136 BGB) und die Grenzen des erbrechtlichen Typenzwanges werden überschritten.[514] Die Mindermeinung lässt sich daher nicht sauber in die erbrechtliche Systematik einpassen und ist abzulehnen.

II. Konsequenzen für die Testamentsgestaltung

Für das Geschiedenentestament bedeutet dies, dass eine Gestaltung mittels auflösend bedingter Erbeinsetzung nicht in Frage kommt. Nach der hier favorisierten Meinung stellen bedingte Vollerbschaft und Vor- und Nacherbschaft ohnehin nur zwei Seiten derselben Medaille dar. Jedenfalls wendet die herrschende Meinung die Verfügungsbeschränkungen des Vorerben sofort ab dem Erbfall auch auf den bedingten Vollerben an, so dass dieses Modell gegenüber dem Vor- und Nacherbschaftsmodell keinerlei Vorteile bringt. Nur bei Anwendung der oben dargestellten Mindermeinung könnte durch eine derartige Verfügung die Belastung für den Vorerben zu Lebzeiten vermieden werden. Diese Mindermeinung ist jedoch aus den dargelegten Gründen abzulehnen. Überdies dürfte auch ein Berater, der von der Richtigkeit dieser Mindermeinung überzeugt ist, nicht zur Verwendung in der Testamentsgestaltung raten. Sie stellt unstreitig eine höchst umstrittene und dogmatisch nicht abgesicherte

512 Jünemann, ZEV 2000, 81, 83
513 Jünemann, ZEV 2000, 81, 84
514 Nieder, Handbuch der Testamentsvollstreckung, Rz. 533; Zawar, NJW 1988, 16, 19; Jünemann, ZEV 2000, 81, 84

Variante dar, die der Kautelarjurist, der sichere Pfade zu beschreiten hat und der zur Streitvermeidung verpflichtet ist, keinesfalls anraten darf.[515]

D. Nießbrauchvermächtnis

Eine weitere Möglichkeit, um die Teilhabe des geschiedenen Ehepartners am Nachlass zu vermeiden, wäre, den Erstbedachten nicht zum Erben sondern zum Berechtigten eines Nießbrauchvermächtnisses zu machen und die in zweiter Linie als Vermögensnachfolger gewünschten Personen zu Erben zu machen. Pflichtteilsansprüche und Erbansprüche des geschiedenen Ehepartners gegen den Erstbedachten führen dann nicht zu einem unerwünschten Abwandern von Erblasservermögen, da das vom Erblasser stammende Vermögen nicht Eigentum des Erstbedachten wird und daher auch nicht Teil seines Nachlasses ist. Der Nießbraucher unterliegt jedoch im Rechtsverkehr sehr weitgehenden Einschränkungen. Beispielsweise ist er grundsätzlich nicht befugt, über Nachlassgegenstände zu verfügen. Auch kann er nur die Nutzungen aus dem Vermögen für sich verwenden, nicht jedoch die Vermögenssubstanz. Ferner ist der Nießbraucher zur Sacherhaltung und zur Aufrechterhaltung der bisherigen wirtschaftlichen Bestimmung der nießbrauchbelasteten Sachen verpflichtet (§§ 1036 Abs. 2, 1037, 1041 BGB). Im Allgemeinen wird der Erblasser dem Erstbedachten daher immer dann ein Nießbrauchvermächtnis statt der Vorerbschaft zuwenden, wenn er ihm weitgehend die Verwaltungs- und Verfügungsbefugnis über Nachlassgegenstände vorenthalten und den Zweitbedachten entsprechend stärker schützen will.[516] Das Gegenteil wird aber mit dem Geschiedenentestament beabsichtigt. Hier soll die Position des Erstbedachten gerade besonders gestärkt werden. Die weiteren Bedachten sind dem Erblasser gleichgültig solange nur nicht der auszuschließende Personenkreis zum Zuge kommt. Daher scheidet das Nießbrauchvermächtnis jedenfalls in seiner Grundform als Gestaltungsvariante im Geschiedenentestament aus.

Die Rechtsposition des Nießbrauchvermächtnisnehmers lässt sich aber durch zusätzliche letztwillige Verfügungen des Erblassers wesentlich stärken. So ist es möglich, den Nießbraucher zum Testamentsvollstrecker zu machen.[517] Dadurch wird dem Nießbraucher weitgehende Verfügungsfreiheit verschafft. Unentgeltliche Verfügungen sind wegen § 2205 Satz 3 BGB aber auch dann nicht zulässig. Den Zugriff auf die Nachlasssubstanz kann man dem

[515] Zawar, NJW 1988, 16 ,19; ders., Festschrift Schippel, 327, 337

[516] Nieder, Handbuch der Testamentsgestaltung, Rz. 563

[517] Allg. M.: Münchner Kommentar-Petzoldt, vor § 1030, Rz. 10; Staudinger-Reimann, § 2197, Rz. 25; Palandt-Edenhofer, § 2197, Rz. 3; Nieder, Handbuch der Testamentsgestaltung, Rz. 567; Rohlff, DNotZ 1971, 518, 519 ff.

Nießbraucher mittels einer zusätzlichen Vermächtnisanordnung eröffnen. Denkbar wäre ein Vermächtnis, wonach der Nießbraucher für den Fall, dass die bloßen Nutzungen einen bestimmten Wert nicht erreichen oder zum Lebensunterhalt nicht ausreichen, aus der Nachlasssubstanz die zusätzlichen Mittel erhält. Als Testamentsvollstrecker könnte der Nießbraucher diese Anordnung selbst durchführen.[518] Wirtschaftlich wird der Nießbraucher mit diesen zusätzlichen Anordnungen einem befreiten Vorerben weitgehend gleichgestellt.[519] Jedoch bleiben Unterschiede: Insbesondere gegenüber dem Zweitbedachten hat der Vorerbe eine bessere Stellung als der Nießbraucher-Testamentsvollstrecker. So hat der Erbe gegen den Testamentsvollstrecker weitergehende Auskunfts- und Rechnungslegungsansprüche (§§ 2218, 666 BGB) als der Nacherbe gegen den Vorerben (§ 2121 BGB). Während den befreiten Vorerben nur eine Haftungs- und Ersatzpflicht nach Eintritt der Nacherbschaft trifft für Verstöße gegen das Verbot von Schenkungen und der absichtlichen Schädigung des Nacherben (§ 2138 Abs. 2 BGB), trifft den Nießbraucher-Testamentsvollstrecker die unabdingbare Verpflichtung zur ordnungsgemäßen Ausübung des Testamentsvollstreckeramtes (§ 2216 BGB).[520] Auch bleibt es natürlich bei der grundsätzlich anderen Rechtsstellung. Der Vorerbe wird Eigentümer des gesamten Nachlasses während der Nießbraucher-Testamentsvollstrecker nur Verwalter fremden Vermögens ist. Konsequenz dieser unterschiedlichen Rechtsposition ist, dass der Nießbraucher die bisherige wirtschaftliche Zweckbestimmung des nießbrauchbelasteten Vermögens bestehen zu lassen hat, während der Vorerbe als Eigentümer auf Zeit hierzu nicht verpflichtet ist.[521] Diese verbleibenden Unterschiede machen auch das durch zusätzliche Verfügungen modifizierte Nießbrauchvermächtnis im Vergleich zur Vor- und Nacherbschaft wenig interessant als Gestaltungsform im Geschiedenentestament.

Das größte Manko der Nießbrauchvermächtnisvariante ist jedoch, dass bereits der Erblasser die Zweitbedachten festlegen muss. Seine Erstbedachten werden nur Vermächtnisnehmer. Erforderlich ist jedoch die Festlegung auf einen Universalrechtsnachfolger bereits zum Zeitpunkt des Erbfalles, auch wenn dieser Erbe erst nach dem Tod des primär bedachten Vermächtnisnehmers

[518] Rohlff, DNotZ 1971, 518, 522; Nieder, Handbuch der Testamentsgestaltung, Rz. 567; bei der Anordnung derartiger Zusatzvermächtnisse ist jedoch Vorsicht geboten, um zu vermeiden, dass der Nießbraucher als Vorerbe angesehen wird. Insbesondere könnte es Probleme in Bezug auf die Bestimmtheit des Vermächtnisses geben, wenn nicht der Umfang der erlaubten Substanzentnahme genau festgelegt wird durch den Erblasser. (vgl. hierzu Rohlff a.a.O. und Münchner Kommentar-Petzoldt, vor § 1030, Rz. 11)

[519] Münchner Kommentar-Petzoldt, vor § 1030, Rz.10; Rohlff, DNotZ 1971, 518, 523; Nieder, Handbuch der Testamentsgestaltung, Rz. 563

[520] Nieder, Handbuch der Testamentsgestaltung, Rz. 565

[521] Nieder, Handbuch der Testamentsgestaltung, Rz. 565

wirtschaftlich in den Genuss des Nachlasses kommen soll. Zielsetzung des Geschiedenentestaments ist es aber, die weitere Nachfolgeregelung in größtmöglichem Umfang dem Erstbedachten zu überlassen. Da dieser bei der Nießbrauchvermächtnisvariante in keiner Weise an der Auswahl der Erben beteiligt werden kann, kommt das Nießbrauchvermächtnis nicht in Frage als Gestaltungsform im Geschiedenentestament.

E. Problemstellungen im Zusammenhang mit Kindern

Zum Abschluss dieser Hinweise zur Ausgestaltung eines Geschiedenentestaments soll auf Problemstellungen aufmerksam gemacht werden, die sich im Zusammenhang mit Kindern im Geschiedenentestament ergeben können. Es wird darauf eingegangen, was zu beachten ist, wenn minderjährige Kinder erben, und was zu berücksichtigen ist, wenn Kinder aus verschiedenen Ehen erben sollen.

I. Minderjährige Kinder als Erben

Sind die gemeinschaftlichen Kinder, die der Erblasser zu seinen Erben bestimmt hat, zum Zeitpunkt des Erbfalles noch minderjährig, so hat der überlebende, geschiedene Ehegatte in der Regel das Sorgerecht über die Kinder und damit auch die Vermögenssorge. Für den Fall, dass die Eltern vor dem Erbfall die elterliche Sorge gemeinsam ausgeübt haben, ergibt sich dies aus § 1680 Abs.1 BGB, der bestimmt, dass das Sorgerecht im Falle des Todes eines Elternteils dem überlebenden Elternteil zusteht. Selbst wenn vor dem Erbfall der Erblasser die elterliche Sorge alleine inne hatte, fällt diese nach seinem Tod regelmäßig dem geschiedenen Ehegatten zu, da das Nachlassgericht gemäß § 1680 Abs.2 BGB das Sorgerecht dem überlebenden Elternteil zu übertragen hat, wenn dies dem Wohl des Kindes nicht widerspricht.[522] Ohne anderweitige Bestimmung im Testament wird demnach das vom Erblasser an das minderjährige Kind vererbte Vermögen in der Regel vom geschiedenen Ehegatten verwaltet werden. Wenn der Erblasser jedoch sein ganzes Testament gegen den geschiedenen Ehegatten und dessen Lebenskreis ausrichtet, wäre es

[522] Anwendungsbereich für die Ausnahmeregelung des § 1680 AbS. 2 BGB sind vor allem die sogenannten Stiefkindfälle, in denen der ursprünglich sorgeberechtigte Elternteil wieder geheiratet hat und sich das Kind in der neuen Familie geborgen fühlt und zum Stiefelternteil eine engere Beziehung hat als zum überlebenden Elternteil. Die Notwendigkeit eines bloßen Ortswechsels stellt allerdings in der Regel noch keine Gefährdung des Kindeswohls dar. (Münchner Kommentar-Hinz, § 1681, Rz.9; RGRK-Adelmann, § 1681, Rz.4)

inkonsequent oder zumindest ungewöhnlich, wenn er mit dieser Rechtslage einverstanden wäre.[523]

Grundsätzlich bieten sich zwei Möglichkeiten an, wie der Erblasser verhindern kann, dass der geschiedene Ehegàtte die Verwaltung des von ihm stammenden Vermögens eines gemeinschaftlichen, minderjährigen Kindes ausübt:[524]

1. Durch letztwillige Verfügung kann er festlege, dass das dem minderjährigen Kind aus seinem Nachlass zugeflossene Vermögen nicht der Vermögenssorge des geschiedenen Ehegatten unterliegt (§1638 BGB).

2. Er kann Verwaltungsvollstreckung über den Nachlass anordnen (§§ 2197, 2209 BGB). In diesem Fall steht dem Testamentsvollstrecker und nicht dem überlebenden Elternteil das Verwaltungs- und Verfügungsrecht über den Nachlass zu (§2205 BGB).

1. Entzug des Verwaltungsrechts (§ 1638 BGB)

Der Ausschluss der Vermögenssorge muss durch letztwillige Verfügung, also durch einseitige Verfügung von Todes wegen, erfolgen (§§ 1638 Abs.1, 1937 BGB). Ist ein Ausschluss des Verwaltungsrechts in einem Erbvertrag enthalten, so unterliegt dieser nicht der erbvertraglichen Bindung sondern kann als einseitige Verfügung jederzeit von ihrem Urheber aufgehoben werden (§ 2299 BGB).[525] Der Ausschluss der Vermögenssorge bezieht sich auf das gesamte Vermögen, welches das Kind von Todes wegen erwirbt. Als Erwerb von Todes wegen im Sinne des § 1638 BGB ist anzusehen, was das Kind durch Erbfolge, als Vermächtnis oder als Pflichtteil[526] erhält.

---

[523] Dieterle, BWNotZ 1971, 14, 16

[524] Damrau, ZEV 1998, 90

[525] Staudinger-Engler, § 1638, Rz. 12; Damrau, ZEV 1998, 90

[526] Gegen die Erstreckung der Ausschließungsbefugnis auf den Pflichtteil könnten Bedenken erhoben werden, da es insoweit an dem für die sonstigen Fälle des Verwaltungsentzugs typischen Element der Freiwilligkeit der Zuwendung fehlt. Der eindeutige Wortlaut des § 1638 Abs.1 BGB fordert jedoch nicht, dass die Vermögenszuwendung freiwillig erfolgt. Auch eine an den historischen Quellen des BGB orientierte Definition des „von Todes wegen erworbenen Vermögens" im Sinn von § 1638 BGB zeigt, dass hierzu der Pflichtteil zählt. (allgemeine Meinung: vgl. OLG Hamm v. 8.8.1969, MDR 1969, 1011, 1012; Staudinger-Engler, § 1638, Rz.7; Münchner Kommentar-Hinz, § 1638, Rz.2; Soergel-Strätz, § 1638, Rz.6; Gernhuber/Coester-Waltjen, § 61 I 3)

Nach § 1638 Abs.2 BGB ist der Verwaltung auch entzogen, was auf Grund eines zu dem verwaltungsfreien Vermögen gehörenden Rechts oder als Ersatz für die Zerstörung, Beschädigung oder Entziehung eines zu diesem Vermögen gehörenden Gegenstands oder durch ein Rechtsgeschäft, das sich auf dieses Vermögen bezieht, erworben wird. Durch diese dinglich wirkende Surrogationsvorschrift soll erreicht werden, dass das der Verwaltung entzogene Vermögen des Kindes den Charakter einer abgesonderten Vermögensmasse behält, die dauerhaft von der Vermögenssorge ausgenommen bleibt ohne Rücksicht darauf, welche rechtliche oder wirtschaftliche Form sie annimmt.[527] Die einzelnen Merkmale dieser Ersetzungsregel sind generell weit auszulegen, um eine umfassende Wirkung des Verwaltungsrechtsausschlusses dauerhaft zu gewährleisten. So umfasst beim „Erwerb auf Grund eines Rechts" der Begriff „Recht" alle körperlichen und unkörperlichen Bestandteile des verwaltungsfreien Vermögens. Ob das Kind etwas kraft Gesetzes (z.B. Früchte, Nutzungen) oder rechtsgeschäftlich (z.B. Erträge aus Pacht, Zinsen oder die Erfüllung von Kapitalforderungen) erwirbt, macht keinen Unterschied. So gehört der Gewinn aus einem zum Sondervermögen gehörenden Lotterielos genauso dazu wie die bei einem Schatzfund dem Kind als Eigentümer der Sache, in welcher der Schatz gefunden wurde, zustehende Hälfte (§ 984 BGB). Bei Erwerb durch Rechtsgeschäft ist ein bestimmter objektiver und subjektiver Zusammenhang zum Sondervermögen des Kindes ausreichend, um zur Surrogation zu führen. Ein wirtschaftlicher Bezug genügt, ein rechtlicher Bezug ist nicht notwendig. Auch muss die Gegenleistung nicht aus dem verwaltungsfreien Vermögen des Kindes erbracht werden.[528] Nach allgemeiner Auffassung stellt die Ersetzungsvorschrift des § 1638 BGB kein zwingendes Recht dar; ihre Anwendbarkeit kann durch den Zuwendenden ausgeschlossen werden.[529] Im Regelfall wird der Erblasser des Geschiedenentestaments jedoch kein Interesse daran haben, die gesetzlich vorgesehene Surrogation abzubedingen.

Der Entzug der Vermögenssorge nach § 1638 BGB macht die Bestellung eines Pflegers durch das Nachlassgericht zur Verwaltung des vom Erblasser stammenden Kindesvermögen notwendig (§ 1909 Abs.1 S.2 BGB). Der Erblasser hat das Recht, in der letztwilligen Verfügung eine Person als Pfleger zu benennen (§ 1917 Abs.1 BGB). Die vom Erblasser vorgeschlagene Person kann das Nachlassgericht nur aus den Gründen des § 1778 Abs. 1 BGB übergehen. Soweit es um die Verwaltung des von Todes wegen erlangten Vermögens des minderjährigen Kindes geht, ist der Pfleger der gesetzliche

[527] Staudinger-Engler, § 1638, Rz.29

[528] RG v. 28.6.1915, RGZ 87, 100, 104; BGH v. 6.5.1968, NJW 1968, 1824; zu weiteren Einzelheiten bzgl. der Surrogationsvorschrift des § 1638 Abs.2 BGB vgl. auch Staudinger-Engler, § 1638, Rz.29 ff.

[529] Staudinger-Engler, § 1638, Rz.32; Soergel-Strätz, § 1638, Rz.8

Vertreter des Kindes. Er unterliegt dabei der Aufsicht des Vormundschaftsgerichts. Die Einkünfte aus dem Kindesvermögen hat er dem erziehungsberechtigten geschiedenen Ehegatten zum Zwecke des Unterhalts des Minderjährigen zur Verfügung zu stellen (§1649 Abs.1 BGB).[530] Der geschiedene Ehegatte hat jedoch keinen Anspruch auf die Überschusseinkünfte nach § 1649 Abs.2 BGB, solange ein Pfleger für das Kindesvermögen bestellt ist.[531] Nach § 1917 Abs.2 BGB kann der Erblasser den Pfleger gemäß den §§ 1852 bis 1854 BGB Befreiungen gewähren. Danach kann der Pfleger insbesondere von der jährlichen Rechnungslegungspflicht und von einigen Beschränkungen bzgl. der Anlage von Geldern entbunden werden.

Der nach §§ 1638, 1909 BGB eingesetzte Pfleger ist jedoch nicht befugt, die Erbschaft anzunehmen oder auszuschlagen, da es sich hierbei nicht um einen Akt der Vermögensverwaltung handelt sondern um ein persönliches Recht des Erben, das bei Minderjährigen vom sorgeberechtigten Elternteil als dessen allgemeinen gesetzlichen Vertreter ausgeübt wird.[532] Eine ältere, - soweit ersichtlich - nicht mehr vertretene Gegenmeinung, die dem Pfleger auch das Ausschlagungsrecht geben will, stellt vor allem darauf ab, dass die Vermögenssorge von Anfang an und nicht erst mit der Pflegerbestellung entzogen ist[533] und meint, wenn schon die Verwaltung ausgeschlossen ist, dann muss erst recht das Ausschlagungsrecht als das bedeutsamste, eine Erbschaft betreffende Rechtsgeschäft ausgeschlossen sein.[534] Richtig ist, dass die Ausschlagung eine große wirtschaftliche Bedeutung hat. Der Anfall einer Erbschaft, eines Vermächtnisses oder eines Pflichtteils kann jedoch daneben auch eine gewichtige Auswirkung auf die persönlichen Verhältnisse des Kindes haben. Über derartige Dinge, die das persönliche Wohl des Kindes betreffen, ist der Sorgeberechtigte einscheidungsbefugt.[535] Zudem wird der minderjährige Erbe ausreichend dadurch geschützt, dass die Ausschlagung nach § 1643 Abs.2

[530] Damrau, ZEV 1998, 90

[531] BayObLG v.10.1.1975, FamRZ 1975, 219, 220; Staudinger-Engler, § 1638, Rz.22; RGRK-Adelmann, § 1649, Rz.4; Palandt-Diederichsen, § 1649, Rz.5

[532] Allg.M.: vgl.: BayObLG v. 25.4.1977, BayObLGZ 1977, 105, 109; OLG Karlsruhe v. 22.7.1965, OLGZ 1965, 260; Staudinger-Engler, § 1638, Rz.16; Münchner Kommentar-Hinz, § 1638, Rz.6; Soergel-Strätz, § 1638, Rz.10; Palandt-Diederichsen, § 1638, Rz.4; RGRK-Adelmann, § 1638, Rz.10; Damrau, ZEV 1998, 90; Limmer in Dittmann-Reimann-Bengel, Teil E, Rz. 58; Dieterle, BWNotZ 1971, 14, 16; Busse, MittRhNotK 1998, 225, 234

[533] BayObLG v. 8.5.1926; BayObLGZ, Band 25 (1926), 193, 194

[534] RGRK-Scheffler, 10./11. Aufl., § 1638, Anm.7;

[535] Staudinger-Engler, § 1638, Rz. 16

BGB ein Rechtsgeschäft darstellt, für das die Eltern eine vormundschaftliche Genehmigung benötigen.[536] Daher ist der Gegenmeinung nicht zu folgen.

Die Anordnung nach § 1638 BGB stellt keine erbrechtliche Beschwer im Sinne von § 2306 BGB dar.[537] Daher kann der geschiedene Ehegatten als gesetzlicher Vertreter des Kindes nicht gemäß § 2306 Abs.1 S.2 BGB die Erbschaft ausschlagen und den unbelasteten Pflichtteil verlangen, wenn die Erbschaft größer als die Hälfte des gesetzlichen Erbteils ist.[538] Dementsprechend bleibt die Anordnung nach § 1638 BGB auch bestehen, wenn die Erbschaft geringer als die Hälfte des gesetzlichen Erbteils ist. § 2306 Abs.1 S.1 BGB ist nicht anwendbar.[539] Wie oben dargestellt,[540] kann der Erblasser den Entzug des Verwaltungsrechts auch anordnen, wenn er dem Minderjährigen nur den Pflichtteil zukommen lässt. Schon aus diesem Grund, wäre die Anwendbarkeit des § 2306 BGB bei einer Anordnung nach § 1638 BGB inkonsequent. Der geschiedene Ehegatte kann also nicht durch Ausschlagung des Erbteils die Anordnung nach § 1638 BGB unterwandern und so zumindest für den Pflichtteil selbst die Vermögenssorge erlangen. Der Ausschluss der Vermögenssorge bleibt auch für den Pflichtteil bestehen.

Der Entzug des Verwaltungsrechts nach § 1638 BGB kann im Geschiedenentestament folgendermaßen formuliert werden:

Testamentsklausel 14

Der Erbteil / das Vermächtnis / der Pflichtteil, der meinen Kindern zufließt, soll nicht durch deren Vater/Mutter verwaltet werden. Die Verwaltung dieses Vermögens soll durch ... (Name) als Pfleger im Sinne von § 1909 Abs.1 S.2 BGB erfolgen. Der Pfleger ...(Name) wird gemäß §§ 1852 ff. BGB befreit.

oder

Der Pfleger .... (Name) wird von folgenden Beschränkungen befreit:

- *Er unterliegt bei der Anlegung von Geld nicht den Beschränkungen der §§ 1809, 1810 f. BGB*

[536] Staudinger-Engler, § 1638, Rz. 16; Limmer in Dittmann-Reimann-Bengel, Teil E, Rz. 58

[537] Soergel-Dieckmann, § 2306, Rz.8; Münchner Kommentar-Frank, § 2306, Rz.4; Damrau, ZEV 1998, 90

[538] Soergel-Stein, § 1945, Rz.5; OLG Karlsruhe v. 22.7.1965, OLGZ 1965, 260; Münchner Kommentar-Leipold, § 1945, Rz.12

[539] Damrau, ZEV 1998, 90

[540] Vgl. Fn. Nr. 526

- *Er bedarf zu den Geschäften gemäß § 1812 BGB nicht der vormundschaftlichen Genehmigung*
- *Er ist von der Hinterlegungspflicht für Inhaber- und Orderpapiere befreit*
- *Er braucht während der Dauer seines Amts keine Rechnung zu legen.*[541]

2. Verwaltungstestamentsvollstreckung (§ 2209 BGB)

Durch letztwillige Verfügung kann der Erblasser Testamentsvollstreckung anordnen und eine beliebige Person mit dem Amt des Testamentsvollstreckers betrauen (§ 2197 BGB). Die Bestimmung der Person des Testamentsvollstreckers kann er jedoch auch einem Dritten (§ 2198 BGB) oder dem Nachlassgericht (§ 2200 BGB) überlassen. Wird dem Testamentsvollstrecker die Aufgabe eines Verwaltungsvollstreckers (§ 2209 BGB) für den Zeitraum bis zur Volljährigkeit der Erben zugewiesen, so wird damit ebenso wie mit der Anordnung nach § 1638 BGB erreicht, dass der geschiedene Ehepartner bis zur Volljährigkeit des Kindes nicht das aus dem Nachlass stammende Vermögen des Kindes verwaltet. Diese Aufgabe fällt dem Testamentsvollstrecker zu. Der Vorteil der Verwaltungsvollstreckung gegenüber dem Entzug der Vermögenssorge besteht darin, dass sie als eine Art fürsorglicher Bevormundung des Erben weniger schroff erscheint als die Anordnung nach § 1638 BGB, die eindeutig gegen den geschiedenen Ehegatten gerichtet ist. Auch wird die Anordnung einer Pflegschaft grundsätzlich entbehrlich gemacht,[542] und außerdem endet die Verwaltungsvollstreckung nicht notwendigerweise mit der Volljährigkeit des Erben. Der Erblasser hat einen großen Gestaltungsspielraum bezüglich des Umfangs der Befugnisse, die er dem Testamentsvollstrecker zukommen lassen möchte, und auch bezüglich der Dauer der Testamentsvollstreckung. So ist es selbstverständlich möglich, über den 18. Geburtstag des Kindes hinaus, beispielsweise bis zum Abschluss der Ausbildung oder bis zu einem späteren Geburtstag, die Verwaltungsvollstreckung aufrechtzuerhalten. Der Testamentsvollstrecker unterliegt nicht der Aufsicht des Nachlassgerichts; dem Erben beziehungsweise

[541] Formulierungsvorschlag in Anlehnung an Formular bei Damrau, ZEV 1998, 90; zum Verwaltungsrechtsausschluss nach § 1638 BGB im Geschiedenentestament incl. weiterer Formulierungsbeispiele siehe auch: Dieterle, BWNotZ 1971, 14, 16 f.; Nieder, ZEV 1994, 156, 160; Limmer in Dittmann/Reimann/Bengel, Teil E, Rz. 57 f.; Busse, MittRhNotK, 1998, 225,230 und 234

[542] LG Dortmund v. 12.5.1959, NJW 1959, 2264, 2265; Staudinger-Reimann, § 2209, Rz.7

dessen gesetzlichem Vertreter stehen jedoch gewisse Kontrollrechte zu.[543] Demgemäß gelten für ihn auch nicht die Beschränkungen der §§ 1806 ff. und 1821 ff. BGB. Der Testamentsvollstrecker kann jedoch ebenso wie ein nicht ordnungsgemäß handelnder Pfleger entlassen werden (§§ 1915, 1886, 2227 BGB).

Gleichgültig ist, ob der Minderjährige auf Grund gesetzlichen oder gewillkürten Erbrechts oder durch ein Vermächtnis das zu verwaltende Vermögen erlangt hat. Anders als beim Entzug des Verwaltungsrechts nach § 1638 BGB ist es jedoch nicht möglich, Testamentsvollstreckung anzuordnen über ein als Pflichtteil zugewandtes Vermögen, da die Testamentsvollstreckung für den Erben eine Beschränkung im Sinne von § 2306 Abs.1 BGB darstellt. Der geschiedene Ehegatte könnte daher als gesetzlicher Vertreter des Erben die Erbschaft ausschlagen und für das minderjährige Kind den unbelasteten Pflichtteil beanspruchen. Das Verwaltungsrecht über diesen Pflichtteil fiele ihm sodann unbeschränkt zu. Jedoch bedarf er zur Ausschlagung der Erbschaft die Genehmigung des Vormundschaftsgerichts nach § 1643 Abs.2 BGB. Diese wird das Gericht wohl nur erteilen, wenn der Wert des Erbteil des Kindes nur unwesentlich höher ist als der Pflichtteilsanspruch.[544]

Das der Testamentsvollstreckung unterliegende Vermögen umfasst alle zum Zeitpunkt des Erbfalls vorhandenen Nachlassgegenstände und alles, was der Testamentsvollstrecker für den Nachlass erwirbt. Zwar ist das Surrogationsprinzip für die Testamentsvollstreckung im Gesetz nicht ausdrücklich erwähnt wie etwa für die Erbengemeinschaft (§ 2041 BGB) oder die Vor- und Nacherbschaft (§ 2111 BGB) und grundsätzlich gilt Surrogation auch nur dort, wo sie ausdrücklich im Gesetz vorgesehen ist, da das BGB keinen allgemeinen Grundsatz der Surrogation kennt.[545] Trotzdem ist nach allgemeiner Ansicht das Surrogationsprinzip auch auf das der Testamentsvollstreckung unterliegende Vermögen anwendbar.[546] Zum Teil wird dies aus einer Analogie zu § 2041 BGB hergeleitet[547] zum Teil aus einer Analogie zu § 2111 BGB.[548] Unabhängig von der Begründung kann jedenfalls

---

[543] Vgl. hierzu unten „Kombination beider Möglichkeiten", S.183
[544] Damrau, ZEV 1998, 90, 91
[545] Lange/Kuchinke, § 41 VI 1; Kirchner, MittBayNot 1997, 203, 206
[546] RG v. 3.11.1932, RGZ 138, 132, 134; BayObLG v. 14.11.1991, BayObLGZ 1991, 390, 393; Staudinger-Reimann, § 2205, Rz.15; Lange/Kuchinke, § 41 VI 3; Kipp/Coing, § 68 III 1; Haegele/Winkler, Der Testamentsvollstrecker, Rz.290; Schaub in Bengel/Reimann, Handbuch der Testamentsvollstreckung, Kap. 4, Rz.67; Kirchner, MittBayNot 1997, 203, 206
[547] RG v. 3.11.1932, RGZ 138, 132, 134; Staudinger-Reimann, § 2205, Rz.15; Kipp/Coing, § 68 III 1; Haegele/Winkler, Der Testamentsvollstrecker, Rz.290; Schaub in Bengel/Reimann, Handbuch der Testamentsvollstreckung, Kap. 4, Rz.67
[548] Lange/Kuchinke, § 41 VI 3

als gesichert gelten, dass auch im Rahmen der Testamentsvollstreckung alles, was durch ein Rechtsgeschäft erworben wird und sich auf den Nachlass bezieht, wiederum zu dem Sondervermögen zählt, für das Testamentsvollstreckung gilt. Nur so werden die Erben ausreichend gegen einen Erwerb des Testamentsvollstreckers für sein Eigenvermögen geschützt und nur so werden der dauerhafte Bestand und Umfang des der Testamentsvollstreckung unterliegenden Sondervermögens sichergestellt, mit dem der Testamentsvollstrecker im Interesse der Erben am Wirtschaftsleben teilnimmt und Veräußerungen beziehungsweise Zuerwerbungen vornimmt.

Grundsätzlich kann der Erblasser auch festlegen, in welchem Umfang Erträge des verwalteten Vermögens an den Minderjährigen auszukehren sind.[549] Die ausgekehrten Erträge unterliegen dann der Verwaltung des geschiedenen Ehegatten als gesetzlichem Vertreter des Minderjährigen. Nicht möglich ist es jedoch, jedwede Auskehrung von Früchten an den Erben zu verbieten, wenn es mangels der Auskehrung der Erträge aus dem Nachlass zu einer Gefährdung der wirtschaftlichen Existenz des Erben kommt, da dies als eine Gefährdung des Nachlasses im Sinne von § 2216 Abs.2 BGB angesehen werden würde.[550] Die Konsequenz wäre, dass der geschiedene Ehegatte gemäß § 2216 Abs.2 BGB die Aufhebung des totalen Auskehrungsverbots beim Nachlassgericht beantragen könnte.

Die Testamentsvollstreckung könnte im Geschiedenentestament mit folgender Formulierung angeordnet werden:

Testamentsklausel 15

Ich ordne für meinen Nachlass Testamentsvollstreckung an.

Zum Testamentsvollstrecker ernenne ich .....(Name), ersatzweise ....(Name).

Der Testamentsvollstrecker hat das Recht, einen Nachfolger zu benennen. Sollte er das Amt nicht annehmen wollen oder können, steht ihm als Dritten das Bestimmungsrecht nach § 2198 BGB zu. Soweit eine Nachfolgebestimmung nicht erfolgt, wird das Nachlassgericht ersucht, einen Testamentsvollstrecker zu benennen.

Der Testamentsvollstrecker ist Verwalter des Nachlasses nach § 2209 BGB bis zum ....(Zeitpunkt, z.B. 21. Geburtstag des jüngsten Kindes).

549 Damrau, ZEV 1998, 90, 91
550 Staudinger-Reimann, § 2216, Rz.28; Soergel-Damrau, § 2216, Rz.12

Sonstige Bestimmungen wie zum Beispiel:

Sonstige Aufgabenstellungen für einen Testamentsvollstrecker (z.B.: Berufung zum Nacherbenvollstrecker (§ 2222 BGB) für die Dauer der Vorerbschaften bzw. zum Vermächtnistestamentsvollstrecker)[551]

Erweiterung oder Beschränkung der Befugnisse des Testamentsvollstreckers (z.B. durch Vollmacht über den Tod hinaus)

Regelung über Vergütung des Testamentsvollstreckers [552]

Gegenüber dem Testamentsvollstrecker werden die Rechte des minderjährigen Erben von seinem gesetzlichen Vertreter wahrgenommen.[553] Hierbei handelt es sich im Wesentlichen um die Kontroll- und Mitwirkungsrechte der §§ 2204 Abs.2, 2206 Abs.2, 2215 ff. BGB,[554] die der geschiedene Ehegatte als gesetzliche Vertreter für den Minderjährigen ausüben kann. Wenn jedoch, wie hier vorgeschlagen, die Testamentsvollstreckung angeordnet wird, um das Verwaltungsrecht des gesetzlichen Vertreters auszuschließen, resultiert hieraus leicht ein belastetes Verhältnis zwischen Testamentsvollstrecker und gesetzlichem Vertreter, welches die Arbeit des Testamentsvollstreckers erschweren kann.[555] Um dies zu vermeiden, wird in der

---

551 Im Vermächtnismodell wurde Testamentsvollstreckung sowohl in Testamentsklausel 12 als auch in Testamentsklausel 13 empfohlen. Der Grund dafür ist, dass nur so die Erfüllung der bedingten Vermächtnisanordnung sichergestellt ist, wenn eine der auszuschließenden Personen Erbe des Erstbedachten wird, da anzunehmen ist, dass diese die Erfüllung der Vermächtnisanordnung erschweren oder verzögern will (vgl. S.137). Im Nacherbenmodell ist die Anordnung der Testamentsvollsteckung von Vorteil, wenn minderjährige oder unbekannte Nacherben vorhanden sind, da durch die Nacherbentestamentsvollstreckung eine Pflegerbestellung vermieden werden kann und dem Vorerben die Teilnahme am Wirtschaftsleben mit dem Sondergut aus der Vorerbschaft erleichtert wird (vgl. auch Fn. Nr. 168). Jedoch wird man die Nacherbentestamentsvollstreckung wohl nicht isoliert nur aus diesem Grund anordnen, da die dauerhafte Nacherbentestamentsvollstreckung für den Vorerben mindestens so belastend ist, wie eine unter Umständen notwendig werdende Pflegerbestellung. (so auch Busse, MittRhNotK 1998, 225, 235)

552 Formulierungsvorschlag in Anlehnung an Formular bei Dittmann/Reimann/Bengel, Formularteil, Rz.36 ff.; für weitere Formulierungsbeispiele siehe auch Bengel/Reimann, Handbuch der Testamentsvollstreckung; Busse, MittRhNotK 1998, 225, 230

553 Mayer in Bengel/Reimann, Handbuch der Testamentsvollstreckung, Kap. 5, Rz.360

554 Vgl. zu diesen Rechten im einzelnen: Haegele/Winkler, Der Testamentsvollstrecker, Rz.472 ff.

555 Dieterle, BWNotZ 1971, 14, 16; Busse, MittRhNotK 1998, 225, 234

Literatur vorgeschlagen, neben der Verwaltungstestamentsvollstreckung auch die Anordnung nach § 1638 BGB zu treffen.[556]

3. Kombination beider Möglichkeiten

Durch die Kombination der beiden Anordnungen wird erreicht, dass die Kontroll- und Mitwirkungsrechte gegenüber dem Testamentsvollstecker nicht vom geschiedenen Ehegatten als dem allgemeinen gesetzlichen Vertreter des minderjährigen Erben ausgeübt werden sondern durch den nach §§ 1638, 1909 Abs.1 S.2 BGB eingesetzten Ergänzungspfleger als gesetzlichen Vertreters des Minderjährigen für die Verwaltung des aus dem Erblassernachlass stammenden Sondervermögens. Wichtig ist jedoch, dass im Testament ausdrücklich bestimmt wird, dass sowohl Verwaltungsvollstreckung als auch Ausschluss der Vermögenssorge gewollt ist. Wird nur Dauerverwaltung angeordnet und festgelegt, dass der überlebende Elternteil von der Nutzziehung aus dem Kindesvermögen ausgeschlossen sein soll, so wird in der Regel nicht anzunehmen sein, dass der Erblasser hiermit zugleich auch eine Anordnung nach § 1638 BGB treffen wollte.[557]

Ist im Testament ausdrücklich eine Kombination beider Anordnungen festgelegt, so muss das Nachlassgericht neben dem Testamentsvollstrecker auch einen Pfleger einsetzten.[558] Die beiden Ämter müssen wegen der möglichen Interessenkollision von zwei verschiedenen Personen wahrgenommen werden. Während der Dauer der Testamentsvollstreckung übernimmt der Pfleger als gesetzlicher Vertreter des Erben in Bezug auf das ererbte Vermögen die oben beschriebenen Kontroll- und Mitwirkungsaufgaben. Die eigentlichen Verwaltungsaufgaben werden durch den Testamentsvollstrecker ausgeübt, so dass diesbezüglich für den Pfleger keine Befugnisse übrigbleiben. Bei vorzeitiger Beendigung der Testamentsvollstreckung (z.B. nach § 2225 BGB) werden diese

[556] Dieterle, BWNotZ 1971, 14, 16; Damrau, ZEV 1998, 90, 91; Busse, MittRhNotK 1998, 225, 234

[557] LG Dortmund v. 12.5.1959, NJW 1959, 2264; RGRK-Dickescheid, § 1909, Rz. 23; Münchner Kommentar-Hinz, § 1638, Rz.9

[558] Busse, MittRhNotK 1998, 225, 234, hält dies wegen der Entscheidung des LG Dortmund vom 12.5.1959, NJW 1959, 2264, für strittig. Er übersieht dabei jedoch, dass das Landgericht Dortmund nur deshalb die Einsetzung eines Ergänzungspflegers neben dem Testamentsvollstecker ablehnte, weil in dem der Entscheidung zu Grunde liegenden Sachverhalt der Erblasser gerade nicht ausdrücklich angeordnet hat, dass er sowohl Verwaltungsvollstreckung als auch Ausschluss der Vermögenssorge wolle (vgl. NJW 1959 , 2265 a.E., wo das Gericht auf eine im Ergebnis abweichende Entscheidung des Kammergerichts vom 16.4.1909 hinweist, in der ausdrücklich eine Kombination beider Anordnungen bestimmt war). Das Landgericht Dortmund ging vielmehr davon aus, dass in dem dort zu entscheidenden Fall nur Testamentsvollstreckung angeordnet war.

Verwaltungsaufgaben jedoch vollständig wiederhergestellt.[559] Durch die Kombination der beiden Anordnungen wird also nicht nur erreicht, dass der Testamentsvollstrecker vor möglichen Konflikten mit dem geschiedenen Ehegatten geschützt wird, sondern auch vermieden, dass bei ungeplantem, vorzeitigem Wegfall der Testamentsvollstreckung dem geschiedene Ehegatte die Verwaltungsaufgabe zufällt.[560] Zu bedenken ist, dass sowohl der Testamentsvollstrecker wie auch der Pfleger Anspruch auf Vergütung für ihre jeweilige Tätigkeit haben, [561] was eine Koppelung der beiden Anordnungen etwas von ihrer Attraktivität nimmt.

---

[559] Münchner Kommentar-Hinz, § 1638, Rz.9

[560] Mit einer sorgfältig formulierten Ersatzregelung für den Testamentsvollstrecker kann dies jedoch ebenso sichergestellt werden

[561] Die Vergütung des Testamentsvollstreckers wird in der Regel höher sein als die des Pflegers (vgl. auch Damrau, ZEV 1998, 90, 91)

II. Exkurs: Kinder aus verschiedenen Ehen

Wenn der Erblasser ein zweites Mal heiratet und aus dieser zweiten Verbindung Kinder hervorgehen, ergeben sich weitere Fragen, die bisher noch nicht angesprochen wurden.[562] In diesem Fall muss der Erblasser entscheiden, wie er den neuen Ehegatten und die weiteren Kinder bedenken will. Die Beantwortung dieser Fragen steht nicht im unmittelbaren Zusammenhang mit der typischen Thematik des Geschiedenentestaments, eine Teilnahme des geschiedenen Ehegatten und dessen einseitiger Verwandter am Nachlass des Erblassers über die gemeinschaftlichen Kinder zu verhindern. Jedoch ist dies eine sich für einen geschiedenen Erblasser häufig stellende Problematik. Da diese Arbeit eine umfassende Darstellung des Geschiedenentestaments geben soll, wird auch zu diesem Problemkreis in der gebotenen Kürze Stellung genommen. Den Ausgangspunkt für diesbezügliche Betrachtungen bildet folgender Beispielsfall:

> <u>Sachverhalt:</u> *Der Erblasser E ist in zweiter Ehe mit Z verheiratet. Aus dieser Ehe ist das Kind K3 hervorgegangen. Auch für Z ist dies bereits die zweite Ehe. Sowohl E wie auch Z haben aus ihrer jeweils ersten Ehe mit G1 bzw. mit G2 jeweils ein Kind (K1 und K2).*

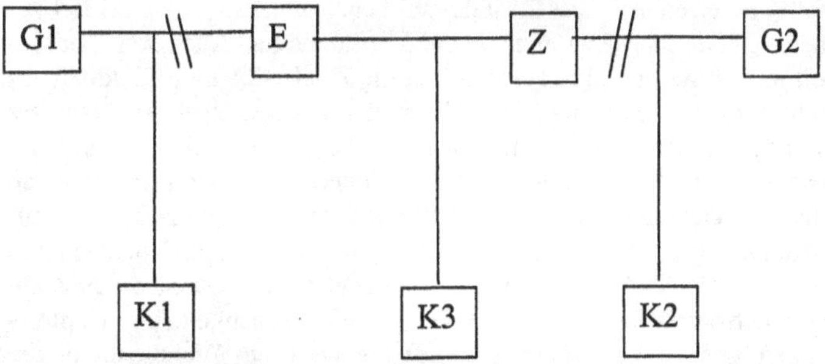

Bei vorliegendem Sachverhalt stellt sich für den Erblasser nicht nur die Frage, wie er seinen geschiedenen Ehegatten G1 und dessen einseitige Verwandte von jeder Vermögensnachfolge ausschließen kann, sondern er muss auch entscheiden, wie der neue Partner Z, das mit diesem gemeinschaftliche Kind K3 und das von Z in die Ehe mitgebrachte Kind K2 bedacht werden sollen.

---

562 Vgl. zu dieser Thematik auch Busse, MittRhNotK 1998, 225, 240 f.

Bei der ersten Fragestellung handelt es sich um die typische Problemstellung des Geschiedenentestaments, deren Lösungsmöglichkeiten oben ausführlich dargestellt wurden. Dem Erblasser stehen hierzu entweder das Nacherbenmodell oder das Vermächtnismodell eines Geschiedenentestaments zur Verfügung mit den jeweiligen Variationen.

Die Nachlassgestaltung in Bezug auf den neuen Ehegatten und die weiteren Kinder hängt in erster Linie von der höchstpersönlichen Entscheidung des Erblassers ab, in welchem Umfang er den neuen Partner an seinem Nachlass beteiligen will und ob er auch das einseitige Kind des neuen Partners K2, das dieser mit in die Ehe gebracht hat, bedenken will oder nicht. Für den Erblasser wird bei dieser Entscheidung insbesondere eine Rolle spielen, ob sich zu dem nicht leiblichen Kind K2 ein starkes Eltern-Kind-Verhältnis entwickelt hat und ob der neue Partner über ausreichendes eigenes Vermögen verfügt. Hier sollen zunächst drei verschiedene Motivationslagen des Erblassers näher betrachtet werden:

1. Es soll angenommen werden, dass der Erblasser dem einseitigen Kind seines zweiten Ehepartners K2 nichts aus seinem Vermögen zukommen lassen will, auch nicht indirekt über dessen Erbfolge nach Z. Andererseits will er den neuen Ehepartner versorgt wissen. Der Erblasser muss in diesem Fall erreichen, dass Z zu dessen Lebzeiten ausreichend Mittel zur Sicherung seines Lebensstandards zur Verfügung hat. Nach dem Tod des Z soll jedoch der gesamte Nachlass an die Kinder K1 und K3 fallen. Es besteht also eine Situation, in welcher der Erstbedachte den Nachlass oder Teile davon nur für eine begrenzte Zeit erhalten soll, und der Erblasser klare Vorstellungen über die Weitergabe seines Nachlasses an die nächste Generation hat. Dies stellt quasi den Standardsachverhalt für die Anordnung einer Vor- und Nacherbschaft dar mit Z als Vorerben und K1 und K3 als Nacherben. Ebenso ist vorstellbar, zu Gunsten des Z ein Nießbrauchvermächtnis auszusetzen. Auch sonstige Vermächtnislösungen sind denkbar, beispielsweise könnte Z ein Wohnrecht in der gemeinschaftlichen Wohnung und ein (Vor-) Vermächtnis am Hausrat und an bestimmten anderen Nachlassgegenständen eingeräumt werden. Die Erben K1 und K3 erhalten bei dieser Gestaltungsvariante die als Vorvermächtnis an Z übergegangenen Gegenstände nach dem Tod des Z als Nachvermächtnisnehmer.

2. Wiederum will der Erblasser dem Kind K2 nichts zukommen lassen. Da Z über ausreichend eigenes Vermögen verfügt, soll sein gesamter Nachlass unmittelbar an die Kinder K1 und K3 fallen. Da Z als Ehegatte

einen Pflichtteilsanspruch hat, kann E einen vollständigen Ausschluss des Z von der Vermögensnachfolge nur mittels eines Pflichtteilsverzichtsvertrages erreichen. (Bei dieser Motivlage kann es angemessen sein, die Eheleute auf ehevertragliche Gestaltungsmöglichkeiten hinzuweisen, um die erbrechtlich angestrebte strikte Vermögenstrennung auch auf familienrechtlicher Ebene herzustellen. In Betracht kommen insbesondere die Vereinbarung von Gütertrennung und ein gegenseitiger Verzicht auf Versorgungsausgleich und Unterhalt.)

3. In diesem Fall soll angenommenen werden, dass der Erblasser E das einseitige Kind K2 des Ehegatten Z wie ein eigenes Kind bedenken möchte. Dies kann völlig unproblematisch geschehen durch entsprechende Erbeinsetzung im Testament[563] Wenn jedoch auf der anderen Seite auch K1 am Nachlass des Z beteiligt werden soll, sind entsprechende Einzeltestamente wegen der fehlenden Bindungswirkung nicht geeignet. In diesem Fall sollten die Ehepartner im Interesse des einseitigen Kindes des vorversterbenden Ehegatten einen für beide Vertragspartner verbindlichen Erbvertrag mit entsprechendem Inhalt schließen.[564]

Die Gestaltung, welche die Beteiligung des zweiten Ehegatten und der weiteren Kinder regelt, kann völlig unabhängig von der Gestaltung, die gegen die Nachlassteilhabe des geschiedenen Ehegatten G1 gerichtet ist, getroffen werden. Bezüglich des Erbteils, der dem Kind K1 zukommen soll, muss der Erblasser entweder Nacherbschaft entsprechend des Vor- und Nacherbschaftsmodells anordnen oder ein Vermächtnis entsprechend des Vermächtnismodells aussetzen, um die typischen Zielsetzungen des Geschiedenentestaments zu erreichen.[565] Dabei ist es belanglos, wie hoch der

[563] Erbschaftsteuerlich wird K2 als Stiefkind genauso behandelt wie ein leibliches Kind (Steuerklasse I nach § 15 Abs.1 ErbStG, Freibetrag DM 400.000,- nach § 16 Abs.1 Nr.2 ErbStG; näheres hierzu bei Schulz, Erbschaftsteuer / Schenkungssteuer, S.420).

[564] Busse, MittRhNotK 1998, 225, 240

[565] Theoretisch ist es auch möglich, dass die auszuschließenden Personen indirekt über den Nachlass des Kindes K3 am Nachlass des Erblassers partizipieren. Im vorliegenden Fall wäre dies der Fall, wenn nach dem Tod des E zunächst K3 stirbt und dieser von seinem Geschwister K1 beerbt wird. Stirbt in der Folgezeit auch noch K1, so könnte G1 Vermögensnachfolger für einen Teil des Nachlasses des geschiedenen Ehegatten E werden, obwohl E bezüglich des dem K1 direkt Zugewendeten Vorkehrungen getroffen hatte, um eine derartige Teilhabe des G1 zu verhindern. Da bezüglich des Erbteils des K3 entsprechende Vorkehrungen nicht getroffen worden sind, erwirbt K1 von K3 jedoch unbelastetes Vermögen, das auch an die auszuschießenden Personen übergehen kann. Dies kann selbstverständlich verhindert werden, wenn auch K3 nur Vermögen zugewendet bekommt in der für Geschiedenentestamente vorgesehenen Form. Ob dies angesichts einer derart

Erbteil des K1 ist oder welche Anordnungen der Erblasser bezüglich des sonstigen Nachlasses trifft. Die Gestaltungsmöglichkeiten für das Geschiedenentestament im engeren Sinne sind beliebig kombinierbar mit anderen Verfügungen.[566] Wenn K1 nur ein Vermächtnis erhalten soll, müssen die Gestaltungsmöglichkeiten für Geschiedenentestamente eben entsprechend angepasst werden („Vor- und Nachvermächtnislösung"). Das gleiche gilt für den Fall, dass K1 nur als Nacherbe vorgesehen ist. Unbedingt zu vermeiden ist jedoch, K1 nur den Pflichtteil zu überlassen, da dieser einer Einfußnahme des Erblassers bezüglich der Weitergabe an die nächste Generation entzogen ist. K1 sollte daher jedenfalls einen Erbteil oder ein Vermächtnis erhalten, dessen Wert höher ist als der Wert eines etwaigen Pflichtteilsanspruchs, um das Risiko einer Erbausschlagung zu mindern bzw. um einen möglichen Wegfall der Nacherben- bzw. Vermächtnisanordnung nach § 2306 Abs.1 S.1 BGB zu vermeiden. Auf den ihm zugedachten Erbteil sind die Gestaltungsmöglichkeiten für Geschiedenentestamente sodann entsprechend anzuwenden.

Wenn der Erblasser in einem vielschichtigen Verwandtschafts- und Beziehungsgeflecht lebt, ist es von besonderer Wichtigkeit, die Ziele und Wünsche des Erblassers genau zu ermitteln. Standardlösungen verbieten sich in solchen Fällen von selbst. Eine Vielzahl möglicher Vorgaben des Erblassers und möglicher Varianten im Sachverhalt ist vorstellbar. So müssen die Gestaltungen, die oben für den Fall einer zweiten Ehe, aus der weitere Kinder hervorgegangen sind, vorgeschlagen wurden, revidiert werden, wenn der Erblasser sich von den Kindern aus erster Ehe bereits so weit entfremdet hat, dass er diese nicht mehr zu gleichen Teilen wie seine „neuen" Kinder am Nachlass beteiligen möchte.[567] Dies gilt auch für den Fall, dass der Erblasser vorrangig und weitmöglichst den neuen Lebenspartner bedenken will (Schlagwort: „Alterssolidarität"), beispielsweise weil die Kinder bereits selbst gesicherte Lebensstellungen erreicht haben oder schon zu seinen Lebzeiten großzügig bedacht worden sind. Vorstellbar ist auch, dass die zweite Ehe kinderlos geblieben ist oder dass der Erblasser mit seinem neuen Lebenspartner nicht verheiratet ist, sondern in nichtehelicher Lebensgemeinschaft zusammenlebt.[568]

---

wagen Möglichkeit des Abflusses des Vermögens an die unerwünschten Personen notwendig ist, ist jedoch sehr fraglich.

[566] Busse, MittRhNotK, 1998, 225, 240

[567] Um auch in diesem Fall die klassischen Ziele des Geschiedenentestaments zu erreichen, sollte – wie bereits oben ausgeführt würde – wegen der Regelung des § 2306 BGB der Erblasser den Kindern aus erster Ehe nicht nur den Pflichtteil zukommen sondern ein Erbteil, dessen Wert etwas über dem Wert des Pflichtteils liegt.

[568] In diesem Fall wird der Erblasser regelmäßig wollen, dass seine Kinder aus erster Ehe erben. Den neuen Partner will er jedoch versorgt wissen. Hierzu bieten sich

Eine detaillierte Aufarbeitung der unterschiedlichen Sachverhaltsvarianten würde den Rahmen dieser Arbeit überschreiten. Mit diesem Exkurs weg von der Problematik des Geschiedenentestaments im engeren Sinne sollte jedoch vermittelt werden, dass der Ausschluss des geschiedenen Ehegatten nicht das einzige Ziel sein muss, das ein geschiedener Erblasser mit seinem Testament verfolgt. Ein gut ausgestaltetes Geschiedenentestament muss den Gesamtzusammenhang berücksichtigen. Es muss Regelungen enthalten, welche die sonstigen Wünsche des Erblassers, insbesondere diejenigen in Bezug auf eine neue Ehefrau oder Lebensgefährtin oder auf weitere Kinder, zum Ausdruck bringen. Das eigentlich Geschiedenentestament muss ergänzt werden mit entsprechenden Gestaltungen und die vorgeschlagenen Modelllösungen für Geschiedenentestamente lassen auch Raum für derartigen Ergänzungen bzw. sie sind mit sonstigen Gestaltungen kombinierbar.

---

insbesondere Vermächtnissen zu Gunsten des neuen Lebenspartners an (z.B. Wohnrecht in gemeinschaftlicher Wohnung; (Vor-) Vermächtnis an Hausrat und bestimmten anderen Nachlassgegenständen, Nießbrauch an vermieteter Wohnung). War der Erblasser mit dem neuen Lebenspartner verheiratet, so steht diesem selbstverständlich ein gesetzliches Erb- und Pflichtteilsrecht zu, dass unter Umständen mittels Erbvertrag ausgeschlossenen werden sollte, um den Erbteil der Kinder nicht zu beeinträchtigen. Zu Gestaltungsmöglichkeiten bei nichtehelicher Lebensgemeinschaft vgl. auch: Bengel in Dittmann/Reimann/Bengel, Teil E, Rz.74 ff.; Nieder, Handbuch der Testamentsgestaltung, Rz.629 ff.; Kössinger, S.50 mit Formulierungsvorschlag für Vermächtnisse zu Gunsten des nichtehelichen Lebenspartners

F. Erbschaftsteuerliche Konsequenzen

Ein für den Testator in der Praxis sehr bedeutsamer Aspekt ist die steuerliche Belastung, die durch die von ihm gewählte Testamentsgestaltung auf seine Vermögensnachfolger zukommt. Die erbschaftsteuerlichen Folgen der verschiedenen Gestaltungsformen konnten in den bisherigen Ausführungen außen vor bleiben. Zivilrechtliche Fragen standen im Vordergrund. Es sollte ein zivilrechtlich zulässiger Weg gefunden werden, auf dem die Ziele eines geschiedenen Testators in größtmöglichem Umfang verwirklicht werden können. Eine Darstellung über das Geschiedenentestament wäre jedoch unvollständig, ohne auf die erbschaftsteuerlichen Konsequenzen der einzelnen Gestaltungen einzugehen. Zu diesem Zweck werden nachfolgend die erbschaftsteuerlichen Folgen der Vor- und Nacherbenlösung und des Vermächtnismodells, also der beiden Gestaltungsgrundformen, die nach der hier vertretenen Meinung für ein Geschiedenentestament grundsätzlich in Frage kommen, erläutert.[569]

Ein Unterschied zwischen den beiden Gestaltungsvarianten im Bezug auf ihre erbschaftsteuerlichen Folgen gibt es für den Regelfall eines Geschiedenentestaments zumindest nach herrschender Meinung nicht. Beim ersten Erbfall, also beim Vermögensübergang vom Erblasser auf den Erben bzw. Vorerben wird die Erbschaftsteuerbelastung regelmäßig identisch sein. Beim zweiten Erbfall, also beim Vermögensübergang vom Vorerben auf den Nacherben bzw. vom Erben auf den Vermächtnisnehmer kann es grundsätzlich zu einer unterschiedlichen Belastungshöhe kommen.

Im Fall der Vor- und Nacherbschaft wird erbschaftsteuerlich das Sondervermögen aus der Nacherbschaft und das Eigenvermögen des Vorerben als Einheit betrachtet. Ist der Erbe des Vorerben zugleich auch Nacherbe, sie liegt hierin ein einheitlicher Erwerbsvorgang. Der Nacherbe hat den Erwerb als vom Vorerben stammend zu versteuern (§ 6 Abs.2 S.1 ErbStG).[570] Ein Freibetrag wird daher nur einmal gewährt und der Steuersatz richtet sich nach dem Gesamtwert des übertragenen Vermögens.

[569] Allgemeine Darstellungen der steuerlichen Auswirkungen von Nacherbschafts- und Vermächtnisgestaltungen bieten etwa J.Mayer, ZEV 1998, 50 ff, der in einer Abhandlung über das Berliner Testament die unterschiedlichen erbschaft- und einkommensteuerlichen Konsequenzen dieser beiden Gestaltungsformen darstellt und auch auf mögliche zivilrechtliche Probleme hinweist, sowie Daragan, DStR 1998, 357 ff., der allgemein aufzeigt, wie Vermächtnisse zur erbschaftsteuerschonenden Nachlassgestaltung eingesetzt werden können.

[570] Gebel in Troll/Gebel/Jülicher, § 6 ErbStG, Rz.28; Meincke, § 6 ErbStG, Rz.10 ff.

Im Gegensatz zur dazu sind bei Vermächtnisanordnungen im Allgemeinen auch erbschaftsteuerlich zwei getrennt zu behandelnde Erwerbsvorgänge anzunehmen. Der Vermächtnisnehmer erhält zum einen Vermögen vom Erblasser in Form des Vermächtnisses und zum anderen auch vom Erstbedachten direkt als dessen Erbe (jedenfalls für den hier unterstellten Fall, dass der Vermächtnisnehmer zugleich auch der Erbe des Erstbedachten ist). Dies bedeutet, dass auch zweimal ein Freibetrag gewährt wird und dass es durch die Aufspaltung des Vermögens zu einem Progressionsvorteil kommen kann.[571] Ein zusätzlicher Vorteil einer Vermächtnisgestaltung ist grundsätzlich, dass bei Eintritt der Bedingung, die auf Grund der Vermächtnisanordnung zu erbringenden Leistungen den Nachlasswert für den ersten Erbfall mindern, da Vermächtnisse als Nachlassschulden abziehbar sind (§ 10 Abs.5 Nr.2 ErbStG).[572] Zum Zeitpunkt des ersten Erbfalls hat ein aufschiebend bedingtes Vermächtnis zwar noch keine wertmindernde Wirkung (§ 6 Abs.1 BewG). Bei Eintritt der Bedingung für das aufschiebend bedingte Vermächtnis ist jedoch auf Antrag die ursprüngliche Steuerfestsetzung zu berichtigen (§ 6 Abs. 2 i.V.m. § 5 Abs. 2 BewG).[573]

Wegen der Regelung des § 6 Abs.4 ErbStG ist es jedoch unsicher, ob es in den für das Geschiedenentestament vorgeschlagenen Varianten der Vor- und Nacherbschaft bzw. der Vermächtnisanordnung zu einer unterschiedlichen Erbschaftsteuerbelastung kommt. Nach § 6 Abs.4 ErbStG ist ein Vermächtnis, das

---

571 Diese Aufteilung in zwei gesonderte Erwerbsvorgänge kann jedoch erbschaftsteuerlich auch von Nachteil sein, wenn für die beiden Erwerbsvorgänge beim zweiten Erbfall verschiedene Steuerklassen anzunehmen sind. Dies kann beispielsweise passieren, wenn der Erblasser sein Kind zum Erben beruft und der Ehegatte des Kindes Vermächtnisnehmer des ersten Erblassers und Erbe des Erstbedachten wird. In diesem Fall ist für das aus dem Vermächtnis stammende Vermögen Steuerkasse II anwendbar, da der Ehegatte des Erstbedachten ein Schwiegerkind des Erblassers ist (§ 15 Abs.1 Nr. II/5 ErbStG), während der Übergang des Eigenvermögens des Erstbedachten auf seinen Ehegatten unter Steuerkasse I fällt. Steuerklasse I würde bei einer entsprechenden Sachverhaltsgestaltung im Falle des Vor- und Nacherbenmodells für den gesamten Gesamtnachlass gelten. In diesem Beispiel kann die Vermächtnislösung zu einer höheren Erbschaftsteuerbelastung führen als das Vor- und Nacherbenmodell, da nur noch der geringe zusätzliche Freibetrag für Personen der Steuerklasse II (§ 16 Abs.1 Nr.4 ErbStG: i.H.v. DM 20.000,-) anwendbar ist, andererseits jedoch die wesentlich höheren Steuersätze der Steuerklasse II gelten (§ 19 Abs.1 ErbStG: 12-40 % in Steuerklasse II gegenüber 7-30 % in Steuerklasse I). Dieser mögliche Nachteil der Vermächtnislösung kann aber jedenfalls dann nicht greifen, wenn sowohl beim ersten wie auch beim zweiten Erbfall ausschließlich Abkömmlinge des ersten Erblassers begünstigt werden, da dann alle Erwerbsvorgänge in Steuerklasse I fallen.

572 Gebel in Troll/Gebel/Jülicher, § 10 ErbStG, Rz.177; Meincke, § 10 ErbStG, Rz.37

573 Gebel in Troll/Gebel/Jülicher, § 10 ErbStG, Rz.178

erst mit dem Tod der Beschwerten fällig wird, wie eine Nacherbschaftsanordnung zu behandeln. In diesem Ausnahmefall sind also auch auf eine Vermächtnisanordnung die in der Regel nachteiligen erbschaftsteuerlichen Anordnungen für die Vor- und Nacherbschaft anzuwenden (einheitlicher Erwerbsvorgang, nur ein Freibetrag, kein nachträglicher Abzug als Nachlassverbindlichkeit für den ersten Erbfall).

Unstreitig liegt ein derartiger Ausnahmefall des § 6 Abs.4 ErbStG vor, wenn ein Vermächtnis bereits mit dem ersten Erbfall anfällt jedoch erst mit dem zweiten Erbfall fällig wird.[574]

Ob § 6 Abs.4 ErbStG auch anwendbar ist auf die nach der hier vertretenen Meinung im Geschiedenentestament regelmäßig zu benutzende Vermächtnisgestaltung, bei der das Vermächtnis erst mit dem zweiten Erbfall anfällt und zugleich auch fällig wird (§ 271 BGB),[575] ist in der Literatur umstritten.[576] Die gängige Kommentarliteratur zum Erbschaftsteuer- und Schenkungsteuergesetz nimmt zu dieser Streitfrage nicht ausdrücklich Stellung und differenziert auch nicht zwischen einem bereits angefallenen Vermächtnis, das erst mit dem zweiten Erbfall fällig wird, und einem Vermächtnis, das mit dem zweiten Erbfall anfällt und fällig wird.[577] Auch dem Gesetz lässt sich eine entsprechende Differenzierung nur schwerlich entnehmen. § 6 Abs.4 ErbStG spricht allgemein von Vermächtnissen, die mit dem Tod des Beschwerten fällig werden. Dies trifft nach dem Wortsinn dieser Vorschrift sowohl auf sogenannte betagte Vermächtnisse zu, die zwar bereits angefallen sind, deren Fälligkeit jedoch bis zum Tod des Beschwerten aufgeschoben ist, als auch auf Vermächtnisse, die erst mit dem Tod des Beschwerten anfallen und fällig werden.

Daragan meint dagegen, nur betagte Vermächtnisse seien als zeitlich gestreckte Vermächtnisse mit Nachvermächtnissen bzw. mit Nacherbschaftsanordnungen vergleichbar. Daher sei § 6 Abs.4 ErbStG auch nur auf betagte Vermächtnisse anwendbar.[578] Dem ist jedoch nicht zuzustimmen. Im Steuerrecht ist in viel stärkerem Umfang als im Zivilrecht die wirtschaftliche Betrachtungsweise bei der Gesetzesauslegung zu berücksichtigen.[579] Da es auch bei einem erst mit dem Tod des Beschwerten anfallenden Vermächtnis nicht zu einer wirtschaftlichen Belastung für den Vermächtnisbeschwerten zu dessen Lebzeiten durch die Vermächtnisanordnung kommt, besteht auch in diesem Fall

---

574 Daragen, DStR 1999, 393, 394
575 Vgl. hierzu auch oben Seite 152
576 Dafür: J.Mayer, ZEV 1998, 50, 56; dagegen: Daragan, DStR 1998, 357, 360
577 Gebel in Troll/Gebel/Jülicher, § 6 ErbStG, Rz. 54 ff.; Kapp/Ebeling, § 6 ErbStG, Rz. 51 ff.; Meincke, § 6 ErbStG, Rz.24
578 Daragan, DStR 1998, 357, 360
579 Tipke/Lang, § 1, Rz.17 ff.

bei wirtschaftlicher Betrachtungsweise eine Parallele zur Nacherbschaft bzw. zum Nachvermächtnis. Die besseren Argumente sprechen daher dafür, dass § 6 Abs.4 ErbStG auch für diesen Fall gilt.

Dies hat zur Konsequenz, dass im Geschiedenentestament regelmäßig die Besteuerungsregeln der Vor- und Nacherbschaft zur Anwendung kommen werden, auch wenn zivilrechtlich eine Vermächtnisanordnung gewählt worden ist. Zumindest darf ein vorsichtiger Testamentsgestalter wegen der oben dargestellten Unsicherheiten im Zusammenhang mit der Auslegung des § 6 Abs.4 ErbStG nicht damit rechnen, mittels eines erst beim Tod des Beschwerten anfallenden Vermächtnisses die Regelung des § 6 Abs.4 ErbStG umgehen zu können.[580]

Die negativen Steuerfolgen des § 6 Abs.4 ErbStG dürften auch nicht vermeidbar sein, indem man die Fälligkeit des Vermächtnisses auf einen Termin in Abhängigkeit vom Tod des Erstbedachten legt (z.B. „zwei Wochen nach ..." oder „ein Monat vor dem Tod des Erstbedachten"). Bei derartigen Formulierungen liegt wohl eine steuerlich nicht anzuerkennende, missbräuchliche Gestaltung im Sinne von § 42 AO vor, da eine direkte Anknüpfung des Fälligkeitstermins an den Tod des Vermächtnisbeschwerten durch Bestimmung einer Frist in zeitlicher Abhängigkeit und Nähe zum Tod des Beschwerten offensichtlich nur der Umgehung des § 6 Abs.4 ErbStG dienen soll.[581]

Wegen der Regelung des § 6 Abs.4 ErbStG und da auch generell vorrangig die nichtsteuerlichen Zielsetzungen verwirklicht werden sollten,[582] wird die Erbschaftsteuerfrage für die Auswahlentscheidung zwischen den beiden Gestaltungsformen des Geschiedenentestaments nur eine untergeordnete Rolle spielen.

---

[580] Auch Daragan hält entsprechende Gestaltungen mangels einer abschließenden Klärung der Streitfrage nur für bedingt praxistauglich (DStR 1999, 393, 394).
[581] J.Mayer, ZEV 1998, 50, 55
[582] Vgl. oben Seite 10: „Steuerliche Zweckmäßigkeit"

Teil Vier: Zusammenfassung der Ergebnisse

A. Verhinderung der unmittelbaren Nachlassteilhabe des geschiedenen Ehegatten

Die Aufgabenstellung dieser Abhandlung war es, einem geschiedenen Erblasser Handlungsmöglichkeiten aufzuzeigen, wie er eine Teilhabe seines früheren Ehepartners an seiner Vermögensnachfolge verhindern kann. Dabei wurde zunächst dargestellt, was zu tun ist, um eine unmittelbare Vermögensnachfolge des geschiedenen Ehepartners nach dem Tod des Erblassers zu unterbinden.[583]

Grundsätzlich entfällt zwar das Ehegattenerbrecht nach den gesetzlichen Vorgaben mit der Ehescheidung bzw. bereits bei Vorliegen der Tatbestandsvoraussetzungen des § 1933 BGB. Dies gilt sowohl für die gesetzliche Erbfolge (§§ 1931, 1933 BGB) als auch für die gewillkürte Erbfolge (§§ 2077, 2268, 2279 Abs.2 BGB). Aber zum einen greifen diese Regeln erst relativ spät ein. Allein das Getrenntleben der Ehegatten wird regelmäßig nicht zum Wegfall des Ehegattenerbrechts führen. Daher besteht für einen Erblasser, der bereits bei Anbahnung einer Scheidung, also zu einem Zeitpunkt, zu dem die Ehe noch formell fortbesteht, das Erbrecht seines (Noch-) Ehepartners unterbinden will, unbedingt Handlungsbedarf. Zum anderen sind im Rahmen der gewillkürten Erbfolge die gesetzlichen Vorschriften, die den Wegfall des Ehegattenerbrechts vorsehen, nicht zwingendes Recht. Wenn die Auslegung ergibt, dass der Erblasser zur Zeit der Errichtung der letztwilligen Verfügung wollte, dass die den Ehegatten begünstigenden letztwilligen Verfügungen auch für den Fall einer Scheidung fortgelten, so ist dieser Wille des Erblassers vorrangig und die Verfügungen sind trotz der Scheidung weiterhin wirksam. Da die Erforschung des Erblasserwillens naturgemäß schwierig ist, besteht die Gefahr, dass fälschlicherweise ein entsprechender Fortgeltungswille angenommen wird.

Aus diesen beiden Gründen ist es ratsam, baldmöglichst die Wirksamkeit bestehender letztwilliger Verfügungen ausdrücklich und mit ihrem gesamten Inhalt zu beseitigen. Einseitige und gemeinschaftliche Testamente sollten widerrufen werden und von einem Ehegattenerbvertrag sollte zurückgetreten werden. Falls kein Rücktrittsvorbehalt im Erbvertrag vereinbart worden ist, sollte der Erbvertrag wegen Motivirrtums angefochten werden. Auf diese Weise wird das gewillkürte Erbrecht des Ehegatten bereits im Vorfeld einer Scheidung beseitigt. Aber auch nach einer Scheidung sind entsprechende Maßnahmen

[583] Vgl. Teil Zwei: „Einfluss von Trennung und Scheidung auf bestehende Erbfolgeregelungen"

noch sinnvoll, um die Unsicherheiten in Bezug auf eine mögliche Fortgeltung der Verfügung zu beseitigen.

Um auch das gesetzliche Erbrecht des Ehegatten bereits während der Trennungszeit zu unterbinden, muss der Erblasser den Ehegatten testamentarisch enterben (§ 1938 BGB). Das Pflichtteilsrecht des anderen Ehegatten lässt sich nur durch einen notariell beurkundeten Pflichtteilsverzichtsvertrag gemäß §§ 2346 Abs.2, 2348 BGB beseitigen. Ein gegenseitiger Pflichtteils- bzw. Erbrechtsverzicht könnte beispielsweise als Zusatz zu einer Unterhalts- oder Scheidungsvereinbarung vereinbart werden. Kommt es zu einer Scheidungsvereinbarung, so erscheint diese auch als geeigneter Ort, um neben dem Erb- bzw. Pflichtteilsverzicht auch vorher errichtete gemeinschaftliche Testamente oder Erbverträge ausdrücklich aufzuheben.

Handlungsbedarf besteht auch, wenn der geschiedene Ehegatte als Bezugsberechtigter in einem Lebensversicherungsvertrag des Erblassers benannt ist. In diesem Fall ist ein sofortiger schriftlicher Widerruf der Bezugsberechtigung gegenüber der Versicherung vorzunehmen.

B. Verhinderung der mittelbaren Nachlassteilhabe des geschiedenen Ehegatten – Geschiedenentestament im engeren Sinne

Das Hauptaugenmerk dieser Abhandlung war darauf gerichtet, Gestaltungen zu finden, die auch eine mittelbare Teilnahme eines geschiedenen Ehegatten über ein Erb- oder Pflichtteilsrecht am Nachlass von mit dem Erblasser gemeinschaftlichen Kindern verhindern.[584] Insbesondere diese Problemstellung wird in der Literatur unter dem Schlagwort „Geschiedenentestament“ diskutiert. Dabei sollten durch die vorgeschlagenen Gestaltungen folgende, zum Teil gegenläufige Zielvorgaben erreicht werden:

- Die Teilnahme des unerwünschten Personenkreises – also des geschiedenen Ehegatten, dessen nicht mit dem Erblasser gemeinschaftlichen Kinder und der sonstigen einseitigen Verwandten des geschiedenen Ehegatten – am Nachlass des Erblassers sollte unbedingt verhindert werden.

[584] Vgl. Teil Drei: „Testamentsgestaltungen zur Verhinderung der indirekten Teilhabe des geschiedenen Ehepartners am eigenen Nachlass“

- Dem Erstbedachten sollte Gestaltungsfreiheit bzgl. der Weitergabe des Nachlasses an die folgende Generation gegeben werden.

- Der Erstbedachte sollte zu Lebzeiten in seiner Verfügungsfreiheit über Nachlassgegen-stände unbeschränkt sein.

Es stellte sich heraus, dass zwei Grundmodelle für die Gestaltung eines Geschiedenentestaments in Betracht kommen, welche die gestellten Vorgaben befriedigend erfüllen. Jedes dieser Grundmodelle kann im Detail abgewandelt und an die Bedürfnisse des Einzelfalls angepasst werden. Dabei handelt es sich um:

1. das Vor- und Nacherbschaftsmodell

2. das Vermächtnismodell

Beim Vor- und Nacherbschaftsmodell werden die Kinder des Erblassers zu befreiten Vorerben eingesetzt. Als Nacherben können beliebige Personen bestimmt werde, nur der geschiedene Ehegatte und dessen einseitige Verwandte dürfen nicht zum Zuge kommen. Die Teilnahme der auszuschließenden Personen wird vermieden, da zum einen der Erblasser durch die Nacherbenbestimmung steuern kann, dass diese nicht in der folgenden Generation als Erben seines Vermögens in Frage kommen und zum anderen ein Pflichtteilsanspruch des geschiedenen Ehegatten nicht den vom Erblasser stammenden Teil des Vermögens der gemeinschaftlichen Kinder mitumfasst, da der Nachlass des Erblassers nicht zum Eigenvermögen der Kinder wird sondern als Sondervermögen nur zeitweise (bis zum Nacherbfall) in deren Eigentum steht.

Beim Vermächtnismodell werden die Kinder des Erblassers zu seinen Erben. Ihr Nachlass ist jedoch beschwert mit einem auf deren Tod aufgeschobenen Vermächtnis, das den gesamten zur Zeit des Todes der Erben noch vorhandenen Nachlass des Erblassers einschließlich etwaiger Surrogate umfasst. Als Vermächtnisnehmer können wiederum beliebige Personen mit Ausnahme des auszuschließenden Personenkreises eingesetzt werden. Hierdurch werden Erb- und Pflichtteilsansprüche der unerwünschten Personen minimiert, da diese Vermächtnisanordnung vorrangig zu bedienen ist und das Vermögen der Erstbedachten, das für Erb- oder Pflichtteilsansprüche zur Verfügung steht, entsprechend reduziert wird.

In Teil Drei dieser Abhandlung sind die Vor- und Nachteile der verschiedenen Gestaltungsformen zwar dargestellt worden. Bisher ist aber noch nicht klar Stellung bezogen worden, welches der beiden Gestaltungsmodelle zu bevorzugen ist bzw. in welcher Abwandlung das jeweilige Grundmodell in der Praxis zum Einsatz kommen soll. Dies soll nun nachgeholt werden. Um dazu eine Aussage treffen zu können, werden im Folgenden die Vorzüge und Nachteile der unterschiedlichen Varianten noch einmal kurz zusammengefasst.

I. Vor- und Nachteile der verschiedenen Gestaltungsmodelle

Zunächst ist festzuhalten, dass sowohl die Vor- und Nacherbschaftsvariante als auch das Vermächtnismodell zuverlässig die primäre Zielsetzung des Geschiedenentestaments erfüllen. Die Erbansprüche der auszuschließenden Personen werden in beiden Fällen verhindert und Pflichtteilsansprüche des geschiedenen Ehegatten gegen den Nachlass der gemeinschaftlichen Kinder reduziert. Die Pflichtteilsfestigkeit der Vermächtnislösung wird zwar vereinzelt in der Literatur angezweifelt. Die überzeugenderen Argumente sprechen jedoch eindeutig dafür, dass auch ein aufschiebend bedingt angeordnetes Vermächtnis, das erst mit dem Tod des Beschwerten anfällt, vorrangig vor Pflichtteilsansprüchen gegen den Nachlass des Vermächtnisbeschwerten zu bedienen ist. Da diese Ansicht außerdem auch die in der Literatur vorherrschende Meinung ist, spricht auch aus dem Gesichtspunkt der Wahl eines sicheren Weges nichts gegen die Verwendung des Vermächtnismodells in der Praxis.[585] Wenn der Erblasser die hier vertretene Einschätzung zur Pflichtteilsfestigkeit der Vermächtnislösung nicht teilen sollte und trotzdem nicht völlig auf die Vorteile dieses Gestaltungsmodells verzichten möchte, bietet sich eine von Nieder vorgeschlagene Kombinationslösung an. Nieder schlägt vor, für den Zeitraum bis zum Tod des geschiedenen Ehegatten, in dem die Gefahr des Abflusses von Teilen des Nachlasses an unerwünschte Personen besonders groß ist, Nacherbschaft anzuordnen. Da nach dem Tod des geschiedenen Ehegatten keine Pflichtteilsansprüche gegen den Kindesnachlass von Seiten der unerwünschten Personen mehr möglich sind, sei für die Zeit nach dem Tod des geschiedenen Ehegatten die Vermächtnislösung ausreichend.[586]

In völlig unterschiedlichen Maße bieten die beiden zur Diskussion stehenden Gestaltungsvarianten die Möglichkeit, dem Erstbedachten Verfügungsfreiheit zu Lebzeiten zu gewähren. Beim Vermächtnismodell ist es möglich, dem Erben zu Lebzeiten völlige Freiheit zu jedweder Verfügung über Nachlassgegenstände zu geben. Dazu ist es notwendig, den Umfang des

585 Vgl. oben Seite 150 ff.: „Werden etwaige Pflichtteilsansprüche verhindert?"

586 Nieder, ZEV 1994, 156, 159; vgl. auch ein entsprechendes Testamentsformular im Anhang, Formular Nr. 5

Vermächtnisses auf den zur Zeit des Vermächtnisanfalls noch vorhandenen Überrest des ursprünglichen Nachlasses zu begrenzen. Der Erbe kann in diesem Fall völlig ungehindert auch unentgeltlich über Nachlassgegenstände verfügen. Weder aus dem Grundbuch noch aus dem Erbschein wird ersichtlich, dass sein Vermögen mit einem aufgeschobenen Vermächtnis beschwert ist. Andererseits ist es selbst dem befreiten Vorerben wegen § 2136 BGB nicht möglich, unentgeltlich über Nachlassgegenstände zu verfügen. Auch ist die Nacherbschaftsanordnung im Erbschein und im Grundbuch erkennbar. Durch eine nur bedingte Anordnung der Vor- und Nacherbschaft kann zwar erreicht werden, dass die Beschränkungen für den Vorerben mit dem Bedingungseintritt wegfallen. Da der Eintritt oder Ausfall der Bedingung jedoch regelmäßig erst mit dem Tod des Vorerben feststehen wird, bringt auch eine bedingte Vor- und Nacherbschaftsanordnung regelmäßig keine entscheidenden Vorteile für den Erstbedachten zu seinen Lebzeiten. Insoweit ist die Vermächtnislösung die den Erstbedachten weniger belastende Gestaltung. Als Kehrseite dieser unbeschränkten Verfügungsfreiheit des Vermächtnisbeschwerten muss der Erblasser aber in Kauf nehmen, dass auch Verfügungen zu Gunsten der auszuschließenden Personen möglich werden.

Im Rahmen der Beschreibung des Vor- und Nacherbenmodells wurde überlegt, ob mittels eines bedingten Vorausvermächtnisses dem Vorerben einerseits unentgeltliche Verfügungen zu Gunsten der unerwünschten Personen verboten werden, andererseits aber Schenkungen zu Gunsten Dritter ermöglicht werden können.[587] Ein derartiges Vorausvermächtnis wurde jedoch für rechtlich sehr zweifelhaft und daher nicht für praxistauglich befunden.

Zwar gibt es auch bei der Vermächtnislösung Möglichkeiten, ungewollte Verfügungen zu Gunsten der auszuschließenden Personen zu unterbinden.[588] Derartige Strafklauseln machen das ohnehin schon komplizierte Geschiedenentestament noch schwieriger handhabbar und sind deshalb nicht anzuraten. Ein Erblasser, der befürchtet, sein Erstbedachter wolle die auszuschließenden Personen mittels Verfügungen unter Lebenden begünstigen, sollte daher zur Nacherbenlösung greifen. Soll den Erstbedachten jedoch zu Lebzeiten jede vermögensrechtliche Freiheit gegeben werden, so ist die Vermächtnislösung vorzuziehen.

---

[587] Vgl. oben Seite 59, Testamentsklausel 4: „*Der Vorerbe ist berechtigt, vor Eintritt des Nacherbfalles über jeden Nachlassgegenstand unentgeltlich zu verfügen, es sei denn, die Verfügung des Vorerben begünstigt eine der auszuschließenden Personen. Macht der Vorerbe von dieser Befugnis Gebrauch, so gilt ihm der Gegenstand, über den er verfügt hat, als durch Vorausvermächtnis frei von der Vor- und Nacherbschaft zugewendet*“

[588] Vgl. oben Seite 149: z.B. Strafklausel oder Auflagen gekoppelt mit Testamentsvollstreckung

Als besonders problematisch hat sich der Wunsch des Erblassers erwiesen, dem Erstbedachten die Entscheidung über die Weitergabe des Vermögens auf die Folgegeneration zu überlassen. Der Höchstpersönlichkeitsgrundsatz des § 2065 BGB setzt dem Erblasser dabei enge Grenzen. Nach der hier vertretenen Meinung ist es jedoch zulässig, diejenigen Personen als Vorerben bzw. als Vermächtnisnehmer einzusetzen, die der Erstbedachte als Erben seines Eigenvermögens auswählt. Dies gilt jedenfalls dann, wenn der Erblasser ein nachvollziehbares Eigeninteresse daran hat, dass seine Nacherben bzw. Vermächtnisnehmer personengleich sind mit den Erben des Erstbedachten. Dies wird für das Geschiedenentestament regelmäßig zu bejahen sein. Die Motive des Erblassers sollten jedoch in der Testamentsurkunde ausdrücklich dargelegt werden, um Zweifel an der Rechtmäßigkeit einer derartigen Koppelung leichter widerlegen zu können. Die Zulässigkeit der Nacherbeneinsetzung nach der sogenannten Dieterle-Formel oder eine in entsprechender Weise vorgenommene Vermächtnisnehmereinsetzung ist jedoch nach wie vor eine höchst umstrittene Rechtsfrage. Eine Prognose der Rechtsprechungsmeinung ist naturgemäß mit Risiken verbunden. Nach der hier vertretenen Meinung, fällt die Rechtsprechungsprognose jedoch positiv aus. Sowohl die Dieterle-Formel wie auch eine entsprechende Vermächtnisanordnung sind praxistauglich.

Ein Erblasser, der diese positive Einschätzung zur Gerichtsfestigkeit der Dieterle-Formel nicht teilt, ist gezwungen, eine starre Nacherbeneinsetzung bzw. Vermächtnisanordnung vorzunehmen, wodurch er natürlich dem Erstbedachten den Einfluss auf die Auswahl der weiteren Vermögensnachfolger entzieht. Die §§ 2151 ff. BGB bieten für die Vermächtnislösung zwar eine unstrittig zulässige Methode, wie der Erstbedachte an dieser Entscheidung mitwirken kann. Eine derartige Gestaltung ist jedoch überaus komplex, da zum einen der Erblasser einen Personenkreis vorgeben muss, aus dem der Vermächtnisnehmer auszuwählen ist, und da zum anderen der Erstbedachte die Auswahl nicht selbst in seinem Testament vornehmen kann, sondern hiermit ein Dritter, möglicherweise der Testamentsvollstrecker, den der Erstbedachte für seinen Eigennachlass erwählt, beauftragt werden muss. Diesem Dritten kann der Erstbedachte sodann unverbindliche Anweisungen bzgl. der Auswahl der Vermächtnisnehmer geben. Diese Komplexität schränkt die Praxistauglichkeit derartiger Gestaltungen stark ein. Sie sollten nur gewählt werden, wenn entweder der Erstbedachte selbst juristisch vorgebildet ist oder sichergestellt ist, dass er gut beraten wird.

II. Welche Gestaltungsform ist die bessere?

Im Anhang zu dieser Abhandlung werden insgesamt sechs unterschiedliche Formulierungsvorschläge gemacht für Geschiedenentestamente.

Diese unterschiedlichen Testamentsformulare stellen die wichtigsten Gestaltungsalternative dar, die für Geschiedenentestamente in Frage kommen. Dabei handelt es sich um drei Varianten des Vor- und Nacherbschaftsmodells (mit starrer Nacherbeneinsetzung (Formular Nr.1), aufschiebend bedingt mit starrer Nacherbeneinsetzung (Formular Nr.2) und mit Nacherbeneinsetzung nach der Dieterle-Formel (Formular Nr.3)), um zwei Varianten des Vermächtnismodells (mit Einsetzung des Vermächtnisnehmers entsprechend der Dieterle-Formel (Formular Nr.4) und mit Auswahlermächtigung nach §§ 2151 ff. BGB (Formular Nr.5)) sowie um eine Kombinationslösung (Vor- und Nacherbeneinsetzung, die mit dem Tod des geschiedenen Ehegatten entfällt, und ab Bedingungseintritt bedingte Vermächtnisanordnung jeweils mit starrer Nacherben- bzw. Vermächtnisnehmerberufung (Formular Nr.6)). Sämtliche dieser Gestaltungen sind rechtlich zulässig und nach der hier vertretenen Meinung auch nach dem Gesichtspunkt der Wahl des sichersten Weges praxistauglich.

Die aufschiebend bedingte und die unbedingte Vor- und Nacherbengestaltung mit starrer Nacherbeneinsetzung und auch die Kombinationslösung sind Ausweichlösungen für Erblasser, welche die hier vertretene Einschätzung bzgl. der Pflichtteilsfestigkeit der Vermächtnislösung und der Gerichtsfestigkeit der Dieterle-Formel nicht teilen. Beide Streitfragen spielen für diese Gestaltungen keine Rolle. Innerhalb dieser Varianten ist wohl die Kombinationslösung zu bevorzugen, da hier wenigstens ab dem Tod des geschiedenen Ehegatten die Beschränkungen des Vorerben wegfallen. Der Vorteil der aufschiebend bedingten Nacherbenlösung ist, dass diese nur greift, wenn tatsächlich Vermögen an die unerwünschten Personen abfließt. Jedoch unterliegen die bedingten Vorerben den gleichen Beschränkungen wie die unbedingten, da regelmäßig erst bei ihrem Tod feststehen wird, ob die gesetzte Bedingung eintritt. Insgesamt ist jedoch keine dieser Gestaltungen eine befriedigende Lösung, da der Erstbedachte jeweils nicht über die Weitergabe des Vermögens mitbestimmen kann.

Die Vermächtnislösung mit Auswahlermächtigung nach §§ 2151 ff. BGB für einen vom Erben zu bestimmenden Dritten ist ebenfalls eine Ausweichlösung. Bei dieser Lösung wird die Problematik der Zulässigkeit der Vermächtniseinsetzung entsprechend der Dieterle-Formel umgangen. Oben wurde jedoch bereits dargelegt, dass auf Grund ihrer Komplexität diese Gestaltung nur bedingt praxistauglich ist.

Gestaltungen, in denen die Erben des Erstbedachten zugleich auch die weiteren Begünstigten des Erblassers sind, sind zu favorisieren, da nur hierdurch der Wille des Erblassers umgesetzt wird, dem Erstbedachten weitgehende Entscheidungsfreiheit über die Weitergabe des Nachlasses auf die Folgegeneration zu gewähren. Ob eine entsprechende Gestaltung innerhalb des Vor- und Nacherbschaftsmodells oder des Vermächtnismodells gewählt werden soll, hängt im Wesentlichen davon ab, ob der Erblasser die Gefahr einer lebzeitigen Verfügung des Erstbedachten zu Gunsten der unerwünschten Personen für dringlich hält. Regelmäßig wird diese Gefährdung jedoch eher für gering einzuschätzen sein.

Auch ist zu bedenken, dass üblicherweise die speziellen Vorkehrungen eines Geschiedenentestaments, die gegen den geschiedenen Ehegatten gerichtet sind, nicht zum Tragen kommen werden, weil die gemeinschaftlichen Abkömmlinge in der Regel beide Elternteile überleben werden, und auch Halbgeschwister oder Großeltern nur in Ausnahmefällen zu Erben berufen werden. Das Geschiedenentestament stellt also eine Vorkehrung für den Ausnahmefall dar.[589] Um zu vermeiden, dass die Vorkehrung für den Ausnahmefall zu einem unerwünschten Hindernis für den Regelfall mutieren, ist darauf zu achten, dass die Beteiligten im Regelfall nicht durch das Geschiedenentestament beeinträchtigt werden. Dies spricht dafür, den Erstbedachten weitmöglichst von Einschränkungen zu Lebzeiten freizustellen. Da dies am besten durch das Vermächtnismodell zu erreichen sein wird, ist dies im Allgemeinen wohl vorzugswürdig. Aus diesen Gründen ist ein bedingt angeordnetes Vermächtnis, bei dem die Erben des Erstbedachten als Vermächtnisnehmer eingesetzt werden,[590] im Regelfall die günstigste Gestaltungsform für ein Geschiedenentestament.

[589] Hierauf weist auch Wagner, ZEV 1997, 369, 370, hin, der hieraus den Schluss zieht, dass lediglich Vorkehrungen dahingehend zu treffen sind, dass der geschiedenen Ehegatte nicht zum Zug kommt. Diese Vorkehrungen können sodann mit dem Tod des geschiedenen Ehegatten wegfallen. Darüber hinausgehende Vorkehrungen gegen die Nachlassteilnahme sonstiger Personen seien zu belastend für den Erstbedachten, da er in jedem Fall und unbefristet Einschränkungen in seiner Verfügungsfreiheit hinnehmen müsse.

[590] Vgl. Anhang, Formular Nr.3

Anhang:

Im Folgenden sollen sechs verschiedene Varianten eines Geschiedenentestaments für einen Standardsachverhalt, der in ähnlicher Weise auch schon der Darstellung der typischen Problemstellungen des Geschiedenentestaments im Einleitungsteil dieser Arbeit zu Grund lag, dargestellt werden.

> Sachverhalt: *Der Erblasser E ist Vater zweier minderjähriger Kinder (K 1 und K 2). Die Kinder sollen jeweils zu gleichen Teilen erben. Sein Nachlass umfasst mehrere bebaute Grundstücke sowie Wertpapiere. Seine geschiedene Frau (G) ist in zweiter Ehe verheiratet mit A. Aus dieser Ehe ist ein weiteres Kind (K_g) hervorgegangen. E will jede zukünftige Teilhabe von G und K_g an seinem Nachlass verhindern.*

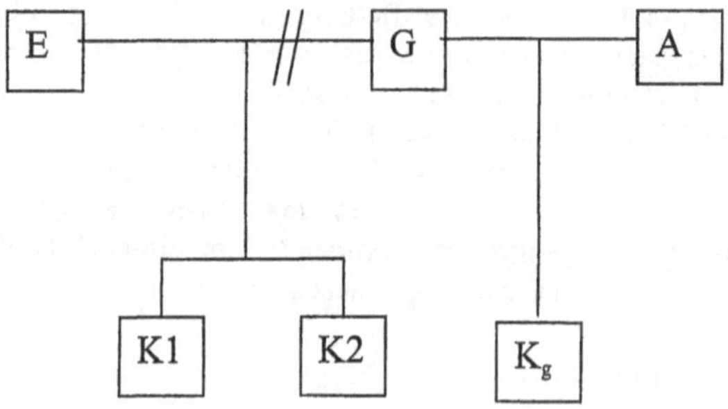

Formulare:

Formular Nr.1:
Geschiedenentestament mit Vor- und Nacherbeneinsetzung und starrer Nacherbenbestimmung

§ 1
Frühere Verfügungen von Todes wegen
1) Ich gehe davon aus, dass der mit meiner früheren Ehefrau G geschlossene Erbvertrag durch unsere Scheidung gegenstandslos geworden ist
2) Vorsorglich hebe ich alle bisher von mir getroffenen Verfügungen von Todes wegen auf. Mein letzter Wille soll sich ausschließlich nach diesem heutigen Testament richten.

§ 2
Vor- und Nacherbeneinsetzung
1) Ich setze zu meinen Vorerben ein meine beiden Kinder K1 und K2 je zur Hälfte. Die Vorerben sind von den gesetzlichen Beschränkungen befreit, soweit dies zulässig ist.
2) Nacherben nach meinen Kindern sollen jeweils ihre gesetzlichen Erben werden entsprechend den Regeln der gesetzlichen Erbfolge.[591] Nicht Nacherben werden können meine geschiedene Frau G, alle ihre nicht aus unserer Ehe stammenden Abkömmlinge und ihre Verwandten aufsteigender Linie. Für den Fall, dass eine der ausgeschlossenen Personen nach der gesetzlichen Erbfolge Erben werden würden, soll nachstehende Nacherbenbestimmung gelten:

- das andere Kind,
- ersatzweise die Abkömmlinge des anderen Kindes nach gleichen Stammanteilen,
- wiederum ersatzweise meine sonstigen Verwandten, die nach den Regeln der gesetzlichen Erbfolge meine Erben geworden wären, wenn ich zum Zeitpunkt des Eintritts des Nacherbfalles ohne Hinterlassung von Abkömmlingen gestorben wäre.

3) Die Nacherbfolge tritt hinsichtlich jedes Vorerben ein mit dessen Ableben. Das Nacherbschaftsrecht ist zwischen Erbfall und Nacherbfall nicht vererblich und nicht übertragbar.
4) Wenn ein Abkömmling von mir Nacherbe wird, so unterliegt die Erbschaft auch bei ihm wieder der für seinen Vorerben angeordneten Nacherbfolge.
5) Die Nacherbfolgeanordnung entfällt nach dem Ableben meiner geschiedenen Ehefrau, sofern Abkömmlinge meiner geschiedenen Ehefrau, soweit sie nicht mit mir gemeinschaftlich sind, und Verwandte aufsteigender Linie meiner geschiedenen Ehefrau nicht (nicht mehr) leben. Gleiches gilt, wenn eine Erbberechtigung des ausgeschlossenen Personenkreises insbesondere auf Grund Erbverzichts nicht gegeben ist.

§ 3
Testamentsvollstreckung
1) Ich ordne für meinen Nachlass Testamentsvollstreckung an.
2) Zum Testamentsvollstrecker ernenne ich .....(Name), ersatzweise ....(Name). Der Testamentsvollstrecker hat das Recht, einen Nachfolger zu benennen. Sollte er das Amt nicht annehmen wollen oder können, steht ihm als Dritten das Bestimmungsrecht nach § 2198 BGB zu. Soweit eine Nachfolgebestimmung nicht erfolgt, wird das Nachlassgericht ersucht, einen Testamentsvollstrecker zu benennen.

---

[591] Wahlweise ist auch die Nacherbeneinsetzung der Abkömmling der Vorerben möglich entsprechend dem Vorschlag in Testamentsklausel 9, Seite 108

3) Der Testamentsvollstrecker ist Verwalter des Nachlasses nach § 2209 BGB bis zum ....(Zeitpunkt, z.B. 21. Geburtstag des jüngsten Kindes).
4) Der Testamentsvollstrecker ist auch zum Nacherbenvollstrecker (§ 2222 BGB) berufen für die Dauer der Vorerbschaften.
5) Regelung über Vergütung des Testamentsvollstreckers

§ 4
Beschränkung der Vermögenssorge

1) Der Erbteil, der meinen Kindern zufließt, soll nicht durch deren Mutter verwaltet werden. Die Verwaltung dieses Vermögens soll durch ... (Name) als Pfleger im Sinne von § 1909 Abs.1 S.2 BGB erfolgen.
2) Der Pfleger wird von folgenden Beschränkungen befreit:

- Er unterliegt bei der Anlegung von Geld nicht den Beschränkungen der §§ 1809, 1810 f. BGB.
- Er bedarf zu den Geschäften gemäß § 1812 BGB nicht der vormundschaftlichen Genehmigung.
- Er ist von der Hinterlegungspflicht für Inhaber- und Orderpapiere befreit.
- Er braucht während der Dauer seines Amts keine Rechnung zu legen.

§ 5
Sonstige Verfügungen

Zum Beispiel:

- Anordnungen bzgl. der Aufteilung des Nachlasses auf die einzelnen Erben
- Ausschluss der Auseinandersetzung
- Vermächtnis zugunsten einer neuen nichtehelichen Lebensgefährtin

Formular Nr.2:
Geschiedenentestament mit auflösend bedingter Vor- und Nacherbeneinsetzung und starrer Nacherbenbestimmung

§ 1
Frühere Verfügungen von Todes wegen
(wie in Formular 1)

§ 2
Vor- und Nacherbeneinsetzung
1) Ich setze zu meinen Erben ein meine beiden Kinder K1 und K2 je zur Hälfte. Die Vorerben sind von den gesetzlichen Beschränkungen befreit, soweit dies zulässig ist.
2) Für den Fall, dass Gegenstände aus meinem (unbeweglichen)[592] Nachlass im Wege der Erbfolge oder der Vermächtniserfüllung oder durch Verfügung unter Lebenden auf meine geschiedene Ehefrau, deren Abkömmlinge, soweit sie nicht mit mir gemeinschaftlich sind, oder ihre Verwandten aufsteigender Linie übergehen oder Grundlage einer Pflichtteilsberechnung meine geschiedene Ehefrau sind, ordne ich aufschiebend bedingt Nacherbfolge an. Nacherben nach meinen Kindern sollen sein:

- die Abkömmlinge des jeweiligen Kindes nach gleichen Stammanteilen,
- ersatzweise das andere Kind,
- wiederum ersatzweise die Abkömmlinge des anderen Kindes nach gleichen Stammanteilen,
- wiederum ersatzweise meine sonstigen Verwandten, die nach den Regeln der gesetzlichen Erbfolge meine Erben geworden wären, wenn ich zum Zeitpunkt des Eintritts des Nacherbfalles ohne Hinterlassung von Abkömmlingen gestorben wäre.

3) Die Nacherbfolge tritt hinsichtlich jedes Vorerben ein mit dessen Ableben. Das Nacherbschaftsrecht ist zwischen Erbfall und Nacherbfall nicht vererblich und nicht übertragbar.
4) Wenn ein Abkömmling von mir Nacherbe wird, so unterliegt die Erbschaft auch bei ihm wieder der für seinen Vorerben angeordneten Nacherbfolge.
5) Die Nacherbfolgeanordnung entfällt nach dem Ableben meiner geschiedenen Ehefrau, sofern Abkömmlinge meiner geschiedenen Ehefrau, soweit sie nicht mit mir gemeinschaftlich sind, und Verwandte aufsteigender Linie meiner geschiedenen Ehefrau nicht (nicht mehr) leben. Gleiches gilt, wenn eine Erbberechtigung des ausgeschlossenen Personenkreises insbesondere auf Grund Erbverzichts nicht gegeben ist.

§ 3
Testamentsvollstreckung
(wie in Formular 1)

§ 4
Beschränkung der Vermögenssorge
(wie in Formular 1)

§ 5
Sonstige Verfügungen
(wie in Formular 1)

---

[592] Um die Überprüfbarkeit der Bedingung zu erleichtern, kann eine Einschränkung auf den unbeweglichen Nachlass sinnvoll sein.

Formular Nr.3:
Geschiedenentestament mit Vor- und Nacherbeneinsetzung und Nacherbenbestimmung in Abhängigkeit von der Erbeinsetzung des Vorerben in dessen Testament („Dieterle-Formel")

§ 1
Frühere Verfügungen von Todes wegen
(wie in Formular 1)

§ 2
Vor- und Nacherbeneinsetzung
1) Ich setze zu meinen Vorerben ein meine beiden Kinder K1 und K2 je zur Hälfte. Die Vorerben sind von den gesetzlichen Beschränkungen befreit, soweit dies zulässig ist.
2) Ich möchte, dass die Erben meiner Vorerben auch Nacherben meines Vermögens werden, weil ich glaube, dass meine Vorerben würdige Personen bedenken werden. Nacherben nach meinen Kindern sollen daher jeweils ihre gewillkürten Erben sein. Nicht Nacherben werden können meine geschiedene Frau G sowie alle ihre nicht aus unserer Ehe stammenden Abkömmlinge und ihre sonstigen Verwandten aufsteigender Ordnung. Für den Fall, dass ein Kind keine gewillkürten Erben bestimmt oder eine der ausgeschlossenen Personen als Erben einsetzt, soll ersatzweise für dessen Anteil an meinem Nachlass nachstehende Nacherbenbestimmung gelten:

- die Abkömmlinge des jeweiligen Kindes nach gleichen Stammanteilen,
- ersatzweise das andere Kind,
- wiederum ersatzweise die Abkömmlinge des anderen Kindes nach gleichen Stammanteilen,
- wiederum ersatzweise meine sonstigen Verwandten, die nach den Regeln der gesetzlichen Erbfolge meine Erben geworden wären, wenn ich zum Zeitpunkt des Eintritts des Nacherbfalles ohne Hinterlassung von Abkömmlingen gestorben wäre.

3) Die Nacherbfolge tritt hinsichtlich jedes Vorerben ein mit dessen Ableben. Das Nacherbschaftsrecht ist zwischen Erbfall und Nacherbfall nicht vererblich und nicht übertragbar.
4) Wenn ein Abkömmling von mir Nacherbe wird, so unterliegt die Erbschaft auch bei ihm wieder der für seinen Vorerben angeordneten Nacherbfolge.
5) Die Nacherbfolgeanordnung entfällt nach dem Ableben meiner geschiedenen Ehefrau, sofern Abkömmlinge meiner geschiedenen Ehefrau, soweit sie nicht mit mir gemeinschaftlich sind, und Verwandte aufsteigender Linie meiner geschiedenen Ehefrau nicht (nicht mehr) leben. Gleiches gilt, wenn eine Erbberechtigung des ausgeschlossenen Personenkreises insbesondere auf Grund Erbverzichts nicht gegeben ist.

§ 3
Testamentsvollstreckung
(wie in Formular 1)

§ 4
Beschränkung der Vermögenssorge
(wie in Formular 1)

§ 5
Sonstige Verfügungen
(wie in Formular 1)

Formular Nr.4:
Geschiedenentestament mit bedingter Vermächtnisanordnung und Einsetzung der Vermächtnisnehmer in Abhängigkeit von der Erbeinsetzung des Vorerben in dessen Testament

§ 1
Frühere Verfügungen von Todes wegen
(wie in Formular 1)

§ 2
Erbeinsetzung
Als Erben setze ich meine beiden Kinder ein zu gleichen Teilen

§ 3
Vermächtnisanordnung
1) Jeden einzelnen meiner Erben und jeden nach dieser Anordnung zum Vermächtnisnehmer Berufenen beschwere ich mit folgendem aufschiebend bedingten Vermächtnis:
Sofern Gegenstände aus meinem Nachlass nach dem Tod einer der vorgenannten Personen im Wege der Erbfolge oder auf Grund eines Vermächtnisses an meinen geschiedenen Ehegatten, dessen Abkömmlinge, die nicht mit mir gemeinschaftlich sind, oder an seine Verwandte aufsteigender Linie fallen, vermache ich alle Vermögensgegenstände, die der Verstorbene aus meinem Nachlass erhalten hat und die sich zum Zeitpunkt seines Todes noch in seinem Vermögen befinden, seinen Erben zu Miteigentumsanteilen entsprechend ihrer Erbteile. Gleiches gilt für den Fall, dass mein geschiedener Ehegatte Pflichtteilsansprüche nach dem Tod des jeweiligen Erben oder Vermächtnisnehmers geltend machen könnte. Ausgeschlossen als Vermächtnisnehmer sind mein geschiedener Ehegatte, dessen Abkömmlinge, die nicht mit mir gemeinschaftlich sind, und seine Verwandten aufsteigender Linie. Sollte eine dieser Personen zum Zuge kommen, bestimme ich als Ersatzvermächtnisnehmer:

- die Abkömmlinge des jeweiligen Erben oder Vermächtnisnehmers nach gleichen Stammanteilen,
- ersatzweise meine übrigen Abkömmlinge nach den Regeln der gesetzlichen Erbfolgeordnung,
- wiederum ersatzweise meine sonstigen Verwandten, die nach den Regeln der gesetzlichen Erbfolge meine Erben geworden wären, wenn ich zum Zeitpunkt des Eintritts des Nacherbfalles ohne Hinterlassung von Abkömmlingen gestorben wäre

2) Als Nachlassgegenstand von mir gilt auch, was als Ersatz oder Erlös für nicht mehr vorhandene Nachlassgegenstände erlangt wird.
3) Diese Vermächtnisse fallen dem Berechtigten mit dem Tode des Beschwerten an und werden zugleich fällig. Die Vererblichkeit und Übertragbarkeit des Vermächtnisanwartschaftsrechts für die Zeit zwischen dem Erbfall und dem Vermächtnisanfall ist ausgeschlossen.

§ 4
Testamentsvollstreckung

1) Ich ordne für meinen Nachlass Testamentsvollstreckung an.

2) Zum Testamentsvollstrecker ernenne ich .....(Name), ersatzweise ....(Name). Der Testamentsvollstrecker hat das Recht, einen Nachfolger zu benennen. Sollte er das Amt nicht annehmen wollen oder können, steht ihm als Dritten das Bestimmungsrecht nach § 2198 BGB zu. Soweit eine Nachfolgebestimmung nicht erfolgt, wird das Nachlassgericht ersucht, einen Testamentsvollstrecker zu benennen.

3) Der Testamentsvollstrecker ist Verwalter des Nachlasses nach § 2209 BGB bis zum ....(Zeitpunkt, z.B. 21. Geburtstag des jüngsten Kindes).

4) Der Testamentsvollstrecker ist hat auch für die Erfüllung der angeordneten Vermächtnisse sorge zu tragen.

5) Regelung über Vergütung des Testamentsvollstreckers

§ 5
Beschränkung der Vermögenssorge
(wie in Formular 1)

§ 6
Sonstige Verfügungen
(wie in Formular 1)

Formular Nr.5:
Geschiedenentestament mit bedingter Vermächtnisanordnung und Auswahl der Vermächtnisempfänger durch einen vom Erben zu bestimmenden Dritten

§ 1
Frühere Verfügungen von Todes wegen
(wie in Formular 1)

§ 2
Erbeinsetzung
(wie in Formular 4)

§ 3
Vermächtnisanordnung
1) Jeden einzelnen meiner Erben und jeden nach dieser Anordnung zum Vermächtnisnehmer Berufenen beschwere ich mit folgendem aufschiebend bedingten Vermächtnis:
Sofern Gegenstände aus meinem Nachlass nach dem Tod einer der vorgenannten Personen im Wege der Erbfolge oder auf Grund eines Vermächtnisses an meinen geschiedenen Ehegatten, dessen Abkömmlinge, die nicht mit mir gemeinschaftlich sind, oder an seine Verwandte aufsteigender Linie fallen, vermache ich alle Vermögensgegenstände, die der Verstorbene aus meinem Nachlass erhalten hat und die sich zum Zeitpunkt des Todes noch in seinem Vermögen befinden, den wie folgt zu bestimmenden Personen:
Diejenige Person, die der jeweilige Erbe oder Vermächtnisnehmer zu seinem Testamentsvollstecker ernennt, ist berechtigt, als Dritter im Sinne der §§ 2151 und 2153 BGB zu bestimmen, wer Vermächtnisnehmer werden soll und was jeder der Vermächtnisnehmer von den vermachten Gegenständen erhalten soll. Der Personenkreis, aus dem dieser Dritte auswählen darf setzt sich zusammen aus den gesetzlichen Erben des jeweiligen Erben oder Vermächtnisnehmers sowie aus den Abkömmlingen dieser gesetzlichen Erben. Die Entscheidungen dieses Dritten sind endgültig und nicht gerichtlich überprüfbar.
Gleiches gilt für den Fall, dass mein geschiedener Ehegatte Pflichtteilsansprüche nach dem Tod des jeweiligen Erben oder Vermächtnisnehmers geltend machen könnte. Ausgeschlossen als Vermächtnisnehmer sind mein geschiedener Ehegatte, dessen Abkömmlinge, die nicht mit mir gemeinschaftlich sind, und seine Verwandten aufsteigender Linie. Sollte eine dieser Personen zum Zuge kommen oder sollte es nicht zu einer oben angeordneten Bestimmung des Vermächtnisnehmers kommen, bestimme ich als Ersatzvermächtnisnehmer:

- die Abkömmlinge des jeweiligen Erben oder Vermächtnisnehmers nach gleichen Stammanteilen,
- ersatzweise meine übrigen Abkömmlinge nach den Regeln der gesetzlichen Erbfolgeordnung,
- wiederum ersatzweise meine sonstigen Verwandten, die nach den Regeln der gesetzlichen Erbfolge meine Erben geworden wären, wenn ich zum Zeitpunkt des Eintritts des Nacherbfalles ohne Hinterlassung von Abkömmlingen gestorben wäre.

2) Als Nachlassgegenstand von mir gilt auch, was als Ersatz oder Erlös für nicht mehr vorhandene Nachlassgegenstände erlangt wird.
3) Diese Vermächtnisse fallen dem Berechtigten mit dem Tode des Beschwerten an und werden zugleich fällig. Die Vererblichkeit und Übertragbarkeit des Vermächtnisanwartschaftsrechts für die Zeit zwischen dem Erbfall und dem Vermächtnisanfall ist ausgeschlossen.

§ 4
Testamentsvollstreckung
(wie in Formular 4)

§ 5
Beschränkung der Vermögenssorge
(wie in Formular 1)

§ 6
Sonstige Verfügungen
(wie in Formular 1)

Formular Nr.6:
Geschiedenentestament mit Vor- und Nacherbeneinsetzung auflösend bedingt bis zum Tod des geschiedenen Ehegatten und anschließender bedingter Vermächtnisanordnung

§ 1
Frühere Verfügungen von Todes wegen
(wie in Formular 1)

§ 2
Vor- und Nacherbeneinsetzung
1) Ich setze zu meinen Vorerben ein meine beiden Kinder K1 und K2 je zur Hälfte. Die Vorerben sind von den gesetzlichen Beschränkungen befreit, soweit dies zulässig ist.
2) Nacherben nach meinen Kindern sollen jeweils ihre gesetzlichen Erben werden entsprechend den Regeln der gesetzlichen Erbfolge. Nicht Nacherbe werden kann meine geschiedene Frau G. Für den Fall, dass sie nach der gesetzlichen Erbfolge Erbe werden würde, soll nachstehende Nacherbenbestimmung gelten:

- das andere Kind,
- ersatzweise die Abkömmlinge des anderen Kindes nach gleichen Stammanteilen,
- wiederum ersatzweise meine sonstigen Verwandten, die nach den Regeln der gesetzlichen Erbfolge meine Erben geworden wären, wenn ich zum Zeitpunkt des Eintritts des Nacherbfalles ohne Hinterlassung von Abkömmlingen gestorben wäre.

3) Mit dem Tod meines geschiedenen Ehegatten entfällt diese Nacherbeneinsetzung.
4) Die Nacherbfolge tritt hinsichtlich jedes Vorerben ein mit dessen Ableben. Das Nacherbschaftsrecht ist zwischen Erbfall und Nacherbfall nicht vererblich und nicht übertragbar.
5) Wenn ein Abkömmling von mir Nacherbe wird, so unterliegt die Erbschaft auch bei ihm wieder der für seinen Vorerben angeordneten Nacherbfolge.

§ 3
Vermächtnisanordnung
1) Jeden einzelnen meiner Erben und jeden nach dieser Anordnung zum Vermächtnisnehmer Berufenen beschwere ich mit folgendem aufschiebend bedingten Vermächtnis:
Sofern Gegenstände aus meinem Nachlass nach dem Tod einer der vorgenannten Personen im Wege der Erbfolge oder auf Grund eines Vermächtnisses an Abkömmlinge meines geschiedenen Ehegatten, die nicht mit mir gemeinschaftlich sind, oder an dessen Verwandte aufsteigender Linie fallen, vermache ich alle Vermögensgegenstände, die der Verstorbene aus meinem Nachlass erhalten hat und die sich zum Zeitpunkt seines Todes noch in seinem Vermögen befinden, den gesetzlichen Erben des verstorbenen Erben zu Miteigentumsanteilen entsprechend ihrer nach den gesetzlichen Regelungen zu ermittelnden Erbteile. Ausgeschlossen als Vermächtnisnehmer sind die Abkömmlinge meines geschiedenen Ehegatten, die nicht mit mir gemeinschaftlich sind, und seine Verwandten aufsteigender Linie. Sollte eine dieser Personen zum Zuge kommen, bestimme ich als Ersatzvermächtnisnehmer:

- die Abkömmlinge des jeweiligen Erben oder Vermächtnisnehmers nach gleichen Stammanteilen,
- ersatzweise meine übrigen Abkömmlinge nach den Regeln der gesetzlichen Erbfolgeordnung,

- wiederum ersatzweise meine sonstigen Verwandten, die nach den Regeln der gesetzlichen Erbfolge meine Erben geworden wären, wenn ich zum Zeitpunkt des Eintritts des Nacherbfalles ohne Hinterlassung von Abkömmlingen gestorben wäre

2) Als Nachlassgegenstand von mir gilt auch, was als Ersatz oder Erlös für nicht mehr vorhandene Nachlassgegenstände erlangt wird.

3) Diese Vermächtnisse fallen dem Berechtigten mit dem Tode des Beschwerten an und werden zugleich fällig. Die Vererblichkeit und Übertragbarkeit des Vermächtnisanwartschaftsrechts für die Zeit zwischen dem Erbfall und dem Vermächtnisanfall ist ausgeschlossen.

§ 4
Testamentsvollstreckung
(wie in Formular 4)

§ 5
Beschränkung der Vermögenssorge
(wie in Formular 1)

§ 6
Sonstige Verfügungen
(wie in Formular 1)

Literaturverzeichnis:

Achilles; Gebhard; Spahn	Protokolle der Kommission für die zweite Lesung des Entwurfs des Bürgerlichen Gesetzbuches, Band V, Erbrecht, Berlin 1899
Bartholomeyczik, Horst	Die Verfügung von Todes wegen zur Bestimmung, zur Änderung und zum Widerruf der Bezugsberechtigung aus einem Lebensversicherungsvertrag, Festschrift für Lübtow zum 70. Geburtstag, S.729 ff., Berlin, 1970
Battes, Robert	Zur Wirksamkeit von Testamenten und Erbverträgen nach der Ehescheidung, JZ 1978, S. 733 ff.
Bengel, Manfred	Rechtsfragen zum Vor- und Nachvermächtnis, NJW 1990, S. 1826 ff.
Bengel, Manfred	Anmerkung zu BGH v. 13.7.1994, ZEV 1994, S. 360 f.
Bengel, Manfred; Reimann Wolfgang	Handbuch der Testamentsvollstreckung, 2. Aufl., München, 1998
BGB-RGRK	Das Bürgerliche Gesetzbuch, Kommentar herausgegeben von Reichsgerichtsräten und Bundesrichtern, 12. Aufl., Berlin: Band IV/4 (FamR), 1999, Band V (ErbR) 1974/75; 10./11. Aufl., Berlin: Band IV/2 (FamR), 1964
Brox, Hans	Die Bestimmung des Nacherben oder des Gegenstandes der Zuwendung durch den Vorerben, in Festschrift für Bartholomeyczik, S. 41 ff., Berlin, 1973
Brox, Hans	Erbrecht, 18. Aufl., Köln, 2000
Buchholz, Stephan	Erbfolge und Wiederverheiratung, Paderborn, 1986
Bühler, Jörg	Zum Inhalt der Vermächtnisanwartschaft im Vergleich zur Anwartschaft des Nacherben, BWNotZ, 1967, S. 174 ff.
Busse, Reinhard	Verfügungen von Todes wegen Geschiedener, MittRhNotK, 1998, S. 225 ff.
Bydlinski, Franz	Juristische Methodenlehre und Rechtsbegriff, 2.Aufl., Wien 1991
Coester-Waltjen, Dagmar	Die dingliche Surrogation, JURA 1996, S. 24 ff.
Creifelds, Carl	Rechtswörterbuch, 10.Aufl., München 1990

Damrau, Jürgen — Minderjährige Kinder aus geschiedenen Ehen als Erben, ZEV, 1998, S. 90 f.

Daragan, Hanspeter — Vermächtnisse als Mittel der Erbschaftsteuergestaltung, DStR 1998, S.357 ff.

Daragan, Hanspeter — Auflagen als Mittel der Erbschaftsteuergestaltung, DStR 1999, S.393 ff.

Dieckmann, Albrecht — Erbrechtliche Fragen familienrechtlicher Reformgesetze im Spiegel neuerer Lehrbücher, FamRZ 1979, S. 389 ff.

Dieckmann, Albrecht — Kein nachehelicher Unterhaltsanspruch gegen Erben nach Erb- oder Pflichtteilsverzicht – Eine Erwiderung, FamRZ 1999, S. 1029 ff.

Dieckmann, Albrecht — Pflichtteilsverzicht und nachehelicher Unterhalt, FamRZ 1992, S. 633 ff.

Dieterle, Rolf — Das Geschiedenen-Testament, BWNotZ, 1970, S. 170 ff. und 1991, S. 14 ff.

Dittmann, Ottmar; Reimann, Wolfgang; Bengel, Manfred — Testament und Erbvertrag 3. Auf. Neuwied, 1999 , und 2. Aufl. München, 1986

Dobroschke, Eduard — Die Unternehmensnachfolge Minderjähriger, DB 1967, S. 803 ff.

Ebenroth, Carsten — Erbrecht, München, 1992

Erman, Walter — Handkommentar zum Bürgerlichen Gesetzbuch, 2. Band, 9. Aufl., Münster, 1993

Esch, Günter; Schulze zur Wiesche, Dieter; Baumann, Wolfgang — Handbuch der Vermögensnachfolge, 5. Aufl., Berlin, 1997

Fikentscher, Wolfgang — Methoden des Rechts in vergleichender Darstellung - Band III: Mitteleuropäischer Rechtskreis, Tübingen, 1976

Finger, Peter — Lebensversicherung, Scheidung oder Aufhebung der Ehe und § 2077 BGB, VersR 1990, S. 229 ff.

Flad — Certum consilium debet esse testantis, ZAkDR 1938, S. 431 ff.

Flume, Werner — Allgemeiner Teil des Bürgerlichen Rechts -Zweiter Band : Das Rechtsgeschäft, 3. Aufl. Berlin, 1979

Foer, Heinz — Die Berücksichtigung des Willens des Testators bei der Auslegung mehrdeutiger Verfügungen von Todes wegen, AcP 153 (1954), S. 492 ff.

Frank, Johann — Die Nacherbeneinsetzung unter Vorbehalt anderweitiger Verfügungen des Vorerben, MittBayNot 1987, S. 231 ff.

Frenz, Norbert — Zum Verhältnis von Pflichtteils- und Unterhaltsrecht bei Ehescheidung, MittRhNotK 1995, S. 227 ff.

Frey, Johannes — Flexibilisierung der Nachlassgestaltung im Lichte von § 2065 BGB, Frankfurt a. M., 1999 (zugl. Dissertation, Universität München, 1998)

Gernhuber, Joachim; Coester-Waltjen, Dagmar — Lehrbuch des Familienrechts, 4. Aufl., München, 1994

Grossfeld, Bernhard — Höchstpersönlichkeit der Erbenbestimmung und Auswahlbefugnis Dritter, JZ 1968, S. 113 ff.

Grziwotz, Herbert — Pflichtteilsrecht und nachehelicher Unterhalt, FamRZ 1991, S. 1258 f.

Gudian, Gunther — Kann der mit einem Vermächtnis Beschwerte wie ein Vorerbe befreit werden?, NJW 1967, S. 431

Haegele, Karl — Zulässigkeit der Bezeichnung eines Erben oder eines Vermächtnisnehmers durch einen Dritten, BWNotZ 1972, S. 74 ff.

Haegele, Karl; Winkler, Karl — Der Testamentsvollstrecker, 15. Aufl., Regensburg, 1999

Heider, Karsten — Die Befugnis des Vorerben zur unentgeltlichen Verfügung über Nachlassgegenstände, ZEV 1995, S. 1 ff.

Hepting, Reinhard — Das Eheschließungsrecht nach der Reform, FamRZ 1998, S. 713 ff.

Hess, Harald — Kommentar zu Konkursordnung, 5. Aufl., Neuwied, 1995

Immel, Gerhard — Die Höchstpersönliche Willensentscheidung des Erblassers, Köln, 1965 (zugl. Dissertation, Universität Frankfurt a.M., 1963)

Jauernig, Othmar — Bürgerliches Gesetzbuch, 9. Aufl., München, 1999

Jünemann, Matthias — Rechtsstellung und Bindung des überlebenden Ehegatten bei vereinbarter Wiederverheiratungsklausel im gemeinschaftlichen Testament, ZEV 2000, S. 81 ff.

Kanzleiter, Rainer	Anmerkung zu BGH Urteil vom 24.4.1991, DNotZ 1992, S. 511 ff.
Kanzleiter, Rainer	Der „unbekannte" Nacherbe, DNotZ 1970, S. 326 ff.
Kanzleiter, Rainer	Ermächtigung des Vorerben zu Schenkungen aus dem Nachlass, in Festschrift für Schippel, S. 287 ff., München, 1996
Kapp, Reinhard; Ebeling, Jürgen	Erbschaftsteuer- und Schenkungsteuergesetz, Loseblattsammlung, Köln
Kaser, Max	Römisches Privatrecht, 16.Aufl., München, 1992
Keller, Hermann	Überlegungen zum Ehegattentestament, BWNotZ 1970, S. 49 ff.
Kipp, Theodor	Anmerkung zu RG v. 16. 4. 1919, JW 1920, 286
Kipp, Theodor; Coing, Helmut	Erbrecht - ein Lehrbuch, 14. Aufl., Tübingen, 1978
Kirchner, Jens	Vormundschaft und Testamentsvollstreckung im Elterntestament, MittBayNot 1997, S. 203 ff.
Klumpp, Hans-Hermann	Anmerkung zu BGH v. 8.3.1995, ZEV 1995, S. 263
Klunzinger, Eugen	Die erbrechtliche Ermächtigung zur Auswahl des Betriebsnachfolgers durch Dritte, BB 1970, S. 1197 ff.
Köhler, Helmut	Rechtsprechungsprognose als Amtspflicht des Notars, Festschrift 125 Jahre Bayerisches Notariat, S. 197 ff., München, 1987
Kössinger, Reinhard	Das Testament Alleinstehender, 2. Aufl., München, 1997
Kuhn, Georg; Uhlenbruck, Wilhelm	Konkursordnung, 11. Aufl., München 1994
Lange, Heinrich; Kuchinke, Kurt	Lehrbuch des Erbrechts, 4. Aufl., München, 1995
Langenfeld, Gerrit	Vertragsgestaltung, 2.Aufl., München, 1997
Langenfeld, Gerrit	Testamentsgestaltung, 2.Aufl., Köln, 1998
Langenfeld, Gerrit	Münchner Vertragshandbuch, Band 4. –Bürgerliches Recht- , 3. Aufl., München, 1992
Larenz, Karl; Canaris, Claus-Wilhelm	Methodenlehre der Rechtswissenschaft, 3. Aufl., Berlin, 1995

Liebl-Wachsmuth, Andreas — Das Schicksal der Ehegatten-Bezugsberechtigung gemäß § 166 VVG nach Ehescheidung, VersR 1983, S. 1004

Lübtow, Ulrich von — Erbrecht, Band I, Berlin, 1971

Mähler, Hans-Georg; Mähler, Gisela; Fiedler, Edith; Fritz, Thomas — Das Testament, München 1988

Maier-Kraut, Angela — Zur Wiederverheiratungsklausel in gemeinschaftlichen Testamenten mit Einheitslösung, NJW 1992, S. 143 ff.

Männer — Abhängigkeit letztwilliger Verfügungen von fremdem Willen, LZ 1925, S. 570 ff.

Mayer, Jörg — Der Fortbestand letztwilliger Verfügungen bei Scheitern von Ehe, Verlöbnis und Partnerschaft, ZEV 1997, S. 280 ff.

Mayer, Jörg — Der superbefreite Vorerbe? - Möglichkeiten und Grenzen der Befreiung des Vorerben, ZEV 2000, S. 1 ff.

Mayer, Jörg — Berliner Testament ade? – Ein Auslaufmodell wegen zu hoher Erbschaftsteuerbelastung?, ZEV 1998, S. 50 ff.

Mayer, Jörg — Ja zu „Jastrow" ? – Pflichtteilsklausel auf dem Prüfstand, ZEV 1995, S. 136 ff.

Mayer, Jörg — Anmerkung zu OLG Hamm v. 8.11.1993, ZEV 1994, S. 368 f.

Mayer, Norbert — Die Bestimmung des Erben durch Dritte, ZEV 1995, S. 247 ff.

Meincke, Jens Peter — Erbschaftsteuer- und Schenkungsteuergesetz, 12. Aufl., München, 1999

Menz, Werner — Die Regelung der Unternehmensnachfolge bei noch jugendlichen Erben, DB 1966, S. 1719

Mertens, Hans-Georg — Die Entstehung der Vorschriften des BGB über die gesetzliche Erbfolge und das Pflichtteilsrecht, Berlin, 1970

Mommsen, Friedrich — Entwurf eines deutschen Reichsgesetzes über das Erbrecht nebst Motiven, Braunschweig, 1876

Mugdan, Benno — Die gesamten Materialien zum Bürgerlichen Gesetzbuch für das Deutsche Reich - Band 5 - Erbrecht, Neudruck der Ausgabe Berlin 1899, Aalen, 1979

Müller, Gabriele — Möglichkeiten der Befreiung des Vorerben über § 2136 BGB hinaus, ZEV 1996, S. 179 ff.

Münchner Kommentar — Kommentar zum Bürgerlichen Gesetzbuch, 3. Aufl. München,Band1 (BGB-AT) 1993, Band 2 (SchuldR AT) 1994,Band 7 (FamR I) 1993, Band 8 (FamR II) 1992, Band 9 (ErbR) 1997

Muscheler, Karlheinz — Vertrag zugunsten Dritter auf den Todesfall und Erbenwiderruf, WM 1994, S. 921 ff.

Muscheler, Karlheinz. — Der Einfluss der Eheauflösung auf das gemeinschaftliche Testament, DNotZ 1994, S. 733 ff.

Musielak, Hans-Joachim — Zur Vererblichkeit des Anwartschaftsrechts eines Nacherben, ZEV 1995, S. 5 ff.

Nieder, Heinrich — Das Geschiedenentestament und seine Ausgestaltung, ZEV, 1994, S. 156 ff.

Nieder, Heinrich — Handbuch der Testamentsgestaltung, München, 1992

Odersky, Walter — Beitrag zum Podiumsgespräch im Rahmen des 23. Deutschen Notarstages, DNotZ-Sonderheft 1989, S. 46* ff.

Olshausen, Eberhard von — Die Sicherung gleichmäßiger Vermögensteilhabe bei „Berliner Testamenten“ mit nicht-gemeinsamen Kindern als Schlusserben, DNotZ 1979, S. 707 ff.

Palandt — Bürgerliches Gesetzbuch, 59. Aufl., München, 2000

Pentz, Adolf — Nachehelicher Unterhalt trotz Pflichtteilsverzichts, FamRZ 1998, S. 1344 ff.

Prölss, Erich; Martin, Anton — Versicherungsvertragsgesetz, 26. Aufl., München 1998

Radke, Christoph — Das Berliner Testament und die gegenseitige gemeinschaftliche Einsetzung der Ehegatten zu Vorerben in Formularsammlungen, Bielefeld, 1999 (zugl. Dissertation, Universität Würzburg, 1998)

Rappe, Leo — Die Testierbefugnis des Vorerben, AcP 140 (1935), S. 233 ff.

Rehbinder, Eckard — Vertragsgestaltung, Frankfurt a.M., 1982

Reimann, Wolfgang — Zur Kongruenz von ehevertraglicher Regelung und erbrechtlicher Gestaltung, Festschrift für Schippel, S. 301 ff., München, 1996

Reimann, Wolfgang	Erbrechtliche Überlegungen aus Anlass der Ehescheidung, ZEV, 1995, S. 329 f.
Reithmann, Christoph	Kautelarjurisprudenz und vorsorgende Rechtspflege, in Festschrift 125 Jahre Bayerisches Notariat, S.159 ff., München, 1987
Reithmann, Christoph; Albrecht, Andreas; Basty, Gregor	Handbuch der notariellen Vertragsgestaltung, 7. Aufl., Köln 1995
Rohlff, Reimer	Nießbraucher und Vorerbe als Testamentsvollstrecker, DNotZ 1971, S. 518 ff.
Rohlfing, Hubertus	Erbrecht in der anwaltlichen Praxis, 2. Aufl. Bonn, 1999
Rötelmann	Anmerkung zu OLG Celle v. 16. 12. 1957, NJW 1958, S. 953 f.
Schäfer	Die Mindestanforderungen an die Bestimmbarkeit des Erblasserwillens bei der letztwilligen Verfügung, BWNotZ 1961, S. 188 ff.
Schalhorn, W.	Kann der schuldlos geschiedene Ehemann durch ein Testament verhindern, dass die schuldig geschiedene Ehefrau als gesetzliche Erbin ihrer gemeinsamen Kinder Vermögen aus dem von dem Ehemann herrührenden Nachlass erlangt?, JurBüro 1973, S. 700 f.
Schiemann, Gottfried	Die Renaissance des Erbrechts, ZEV 1995, S. 197 ff.
Schlüter, Wilfried	Erbrecht, 13. Aufl., München 1996
Schmalz-Brüggemann, Gernot	Die Rechtsstellung des Bezugsberechtigten aus einem Lebensversicherungsvertrag nach testamentarischem Widerruf der Bezugsberechtigung, ZEV 1996, 84 ff.
Schulz, Burghard	Erbschaftsteuer / Schenkungssteuer, 6.Aufl., Achim, 1997
Sens, Karin	Die Erbenbestimmung durch Dritte, Dissertation, Universität Marburg, 1990
Skibbe, Manfred	Anmerkung zu LG München II v.5.7.1994, ZEV 1995, S. 375 f.
Soergel	Bürgerlicher Gesetzbuch mit Einführungsgesetz und Nebengesetzen, 13. Aufl., Stuttgart: Band 2 (BGB AT) 1999; 12. Aufl.: Band 7 (FamR I) 1988, Band 8 (FamR II) 1987, Band 9 (ErbR) 1992; 11. Aufl.: Band 7 (ErbR) 1982

Staudinger	Kommentar zum Bürgerlichen Gesetzbuch, 12. Aufl., Berlin, ab 1983; 13. Aufl., ab 1994
Stiegeler, Andreas	Die Nacherbeneinsetzung, abhängig vom Willen des Vorerben, BWNotZ 1986, S. 25 ff.
Stiegeler, Andreas	Der Grundsatz der Selbstentscheidung des Erblassers, Dissertation, Universität Freiburg, 1986
Strothmann, York	Privatautonome Gestaltungsfreiheit im Recht der Verfügung von Todes wegen, JURA 1982, S. 349 ff.
Sudhoff, Heinrich	Die Regelung der Unternehmensnachfolge bei noch jugendlichen Erben, DB 1966, S. 1720
Tappmeier, Klaus	Erbeinsetzung und Bezugsberechtigung des Ehegatten aus einer Kapitallabensversicherung nach Scheidung der Ehe, DNotZ 1987, S. 715 ff.
Tipke, Klaus; Lang, Joachim	Steuerrecht, 16. Auflage, Köln, 1998
Titze, Heinrich	Testamentarischer Schenkungswiderruf, ZAkDR 1943, S. 134
Troll, Max; Gebel, Dieter; Jülicher, Mark	Erbschaftsteuer- und Schenkungsteuergesetz, Loseblattsammlung, München
Vogels	Anmerkung zu RG v.6.2.1939, DR 1939, S. 310 f.
Völkel, Rüdiger	Bereicherungsanspruch gegen einen bezugsberechtigten Ehegatten aus einer Kapitallebensversicherung nach der Scheidung und Tod des Versicherungsnehmers unter Berücksichtigung der Probleme des Widerrufs durch Testament und der Wirkung der §§ 12, 13 ALB 81, VersR, 1992, S. 539 ff.
Wagner, Franz	Der Grundsatz der Selbstentscheidung bei Errichtung letztwilliger Verfügungen - eine gesetzgeberische Unentschlossenheit ?, Berlin 1997 (zugl. Dissertation, Universität Passau, 1995/96)
Wagner, Franz	Das Geschiedenentestament - eine sinnvolle erbrechtliche Gestaltungsform?, ZEV 1997, S.369 ff.
Watzek, Jens	Vor- und Nachvermächtnis, MittRhNotK 1999, S. 37 ff.
Weber, Harald	Methodenlehre der Rechtsgestaltung, JuS 1989, S. 636 ff. und S. 818 ff.

Westermann, Harry	Die Auswahl des Nachfolgers im frühzeitigen Unternehmertestament, Festschrift für Möhring, S. 183 ff., München, 1965
Weyers, Hans-Leo	Versicherungsvertragsrecht, 2.Aufl., Neuwied, 1995
Wilhelm, Jan	Wiederverheiratungsklausel, bedingte Erbeinsetzung und Vor- und Nacherbschaft, NJW 1990, S. 2857 ff.
Windscheid, Bernhard; Kipp, Theodor	Lehrbuch des Pandektenrechts Bd. 3, 8. Aufl., Frankfurt a. M., 1901
Wingerter, Armin	Die Erweiterung der Befugnisse des befreiten Vorerben, Regensburg, 2000 (zugl. Dissertation, Universität Regensburg, 1999)
Wolf, Manfred	Prinzipien und Anwendungsbereich der dinglichen Surrogation, JuS 1975, S. 643 ff., S. 710 ff., 1976, S. 36 ff., S. 104 ff.
Zawar, Rolf	Der bedingte oder der befristete Erwerb von Todes wegen, DNotZ 1986, S. 515 ff.
Zawar, Rolf	Der auflösend bedingte Vollerbe, NJW 1988, S. 16 ff.
Zawar, Rolf	Zur Wiederverheiratungsklausel, Festschrift für Schippel, S. 327 ff., München, 1996
Zawar, Rolf	Das Vermächtnis in der Kautelarjurisprudenz, Berlin, 1983
Zimmermann, Reinhard	„Quos Titius voluerit" - Höchstpersönliche Willensentscheidung des Erblassers oder „power of appointment"?, München 1991
Zopfs, Jannpeter	Die Verfassungswidrigkeit des einseitigen Erbausschlusses in § 1933 BGB, ZEV 1995, S. 309 ff.

FSC
www.fsc.org
MIX
Papier | Fördert gute Waldnutzung
FSC® C083411

Kolibri 360 GmbH
Ferdinand-Jühlke-Straße 7
99095 Erfurt, Deutschland
produktsicherheit@kolibri360.de